한글판

한민족의 자주성과 도덕성

- 우리가 위기를 극복하자 -

장기근(張基槿) 著

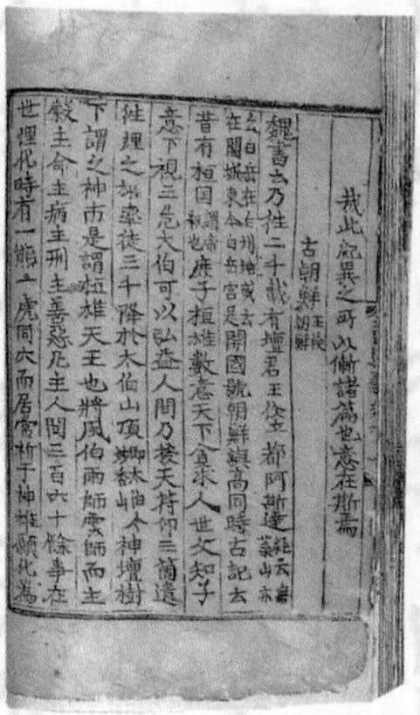

明文堂

▲ 단군 영정(檀君影幀)

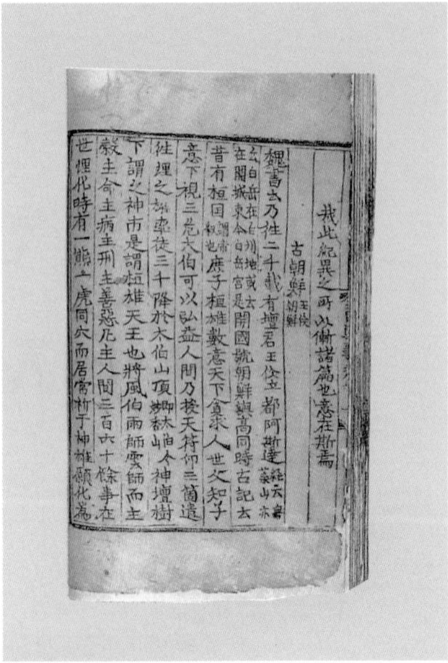

我此紀異之所以備諸篇也意在斯焉
古朝鮮(王儉朝鮮)
魏書云乃往二千載有壇君王儉立都阿斯達(經云無葉山亦
云白岳在白州地或云在開城東今白岳宮是)開國號朝鮮與高同時古記云
昔有桓因(謂帝釋也)庶子桓雄數意天下貪求人世父知子
意下視三危太伯可以弘益人間乃授天符印三箇遣
往理之雄率徒三千降於太伯山頂(即太伯今妙香山)神壇樹
下謂之神市是謂桓雄天王也將風伯雨師雲師而主
穀主命主病主刑主善惡凡主人間三百六十餘事在
世理化時有一熊一虎同穴而居常祈于神雄願化爲

▲《삼국유사》에 실려 있는 단군에 관한 기록

▼ 공자 입상(孔子立像) 유교의 개조(開祖)로 받들어지는 중국의 사상가

▼ 성선설(性善說)을 설명하는 맹자(孟子)

▲ 사서오경(四書五經) 논어(論語), 맹자(孟子), 대학(大學), 중용(中庸)이 사서이고, 시경(詩經), 서경(書經), 역경(易經), 춘추(春秋), 예기(禮記)가 오경이다.

▶ 서당(書堂) 단원(檀園) 김홍도(金弘道) 그림

▼ 오륜행실도(五倫行實圖)

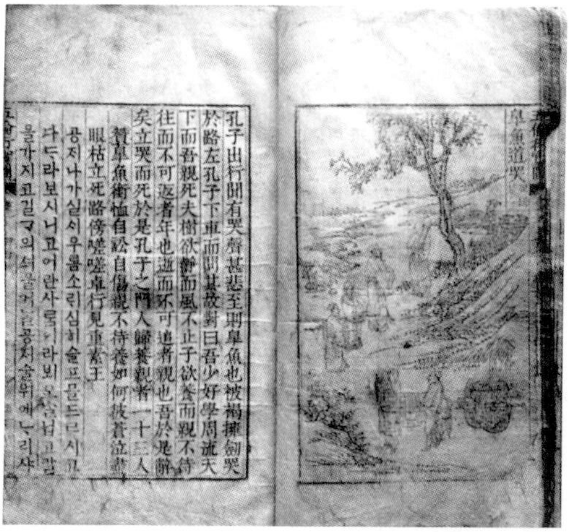

▼ 효경(孝經)

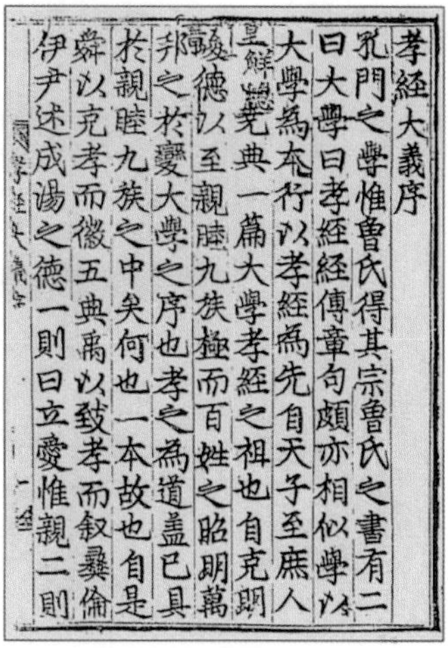

孝經大義序

孔門之學惟曾氏得其宗曾氏之書有二曰大學曰孝經經傳章句頗亦相似學以大學爲本行以孝經爲先自天子至庶人[illegible]堯典一篇大學孝經之祖也自克明[illegible]德以至親睦九族極而百姓之昭明萬邦之於變大學之序也孝之爲道蓋已具於親睦九族之中矣何也一本故也自是舜以克孝而徽五典禹以致孝而叙彝倫伊尹述成湯之德一則曰立愛惟親二則

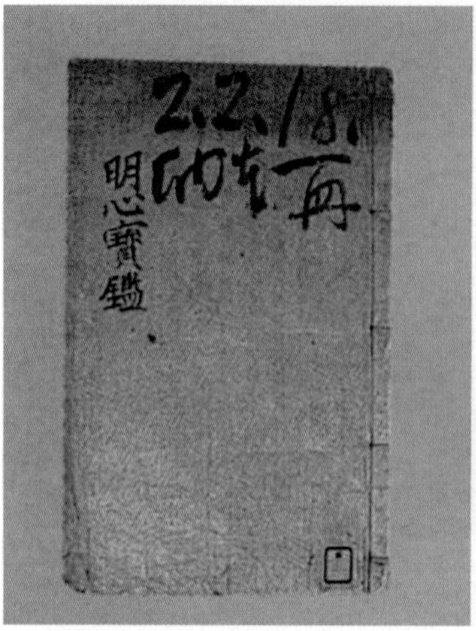

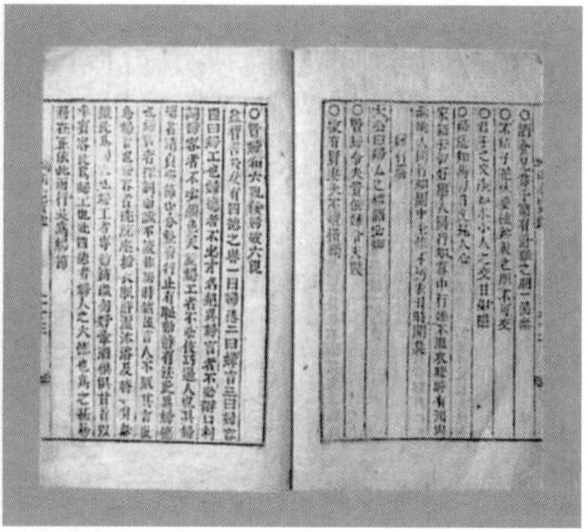

▲ 명심보감(明心寶鑑) 명심보감 책 표지(왼쪽)와 내용(오른쪽)

▼ 안중근(安重根) 의사(義士) 글씨

한글판

한민족의 자주성과 도덕성

— 우리가 위기를 극복하자 —

우리는 「나(我)」와 「한민족(韓民族)이다.」
위기는 「정신 도덕적 위기를 말한다.」
극복은 「천도와 본성으로 복귀함이다.」
구제는 「효도(孝道)와 인정(仁政)으로 한다.」

권두언

명문당(明文堂)은 근 90년 간 한문 책을 출판했으며 지금도 계속하고 있다. 대부분의 책들은 동양사상을 선양할 한문을 바탕으로 한 학술서적이다. 지금도 많은 학자들이 우리의 언해본을 애독하고 연구하고 있다.

그러나 오늘의 세계는 문화가 서로 교류 통합되고 있으며, 또 언어가 다양하게 되었다.

우선 우리나라의 지식인, 특히 청소년들은 한문을 바탕으로 한 책만으로는 동양의 탁월한 전통사상과 효도 윤리 도덕을 알게 할 수 없다. 그래서 한글판을 출판하는 바이다.

명문(明文)의 일차적인 뜻은 밝게 빛나는 좋은 글이라는 뜻이다. 그러나 더 깊은 뜻은 광명(光明), 정대(正大)한 하늘의 빛과 도리를 문화적으로 알게 한다는 뜻이 포함되어 있다.

그러나 오늘의 인류는 심각한 위기에 처해 있다. 즉 개인적으로는 이기심을 바탕으로 재물만을 높이고, 또 육체적 쾌락만을 추구하고 있다. 국가적 차원에서는 부국강병을 바탕으로 약육강식을 당연시하고 있다. 그래서 항상 서로 다투고 있다.

이래서는 안 된다. 바르게 배우고 알아야 한다.

사람은 만물의 영장이다. 동물과는 절대로 차원이 다른 착한 본성을 지니고 있다. 탁월한 본성 속에는「지인용(智仁勇)」이 포함되어 있다.

「지(智)는 우주 천지 만물을 주재하는 하늘의 도리를 바르게 알고 행하는 지혜다.」「인(仁)은 하늘이 내려준 인심(仁心)을 바탕으로 인덕(仁德)을 세움이다.」「용(勇)은 지와 인을 용감하게 실천함이다.」이는 곧「천도(天道)를 따라 지덕(地德)을 세우는 것이 인행(人行)」이라는 뜻이다.

본서 한글판을 출판하는 의도와 목적은 다름이 아니다. 우리나라 지식인, 특히 청소년이 동양의 전통 사상의 핵심인 효도 윤리 도덕을 바르게 알고 아울러 착하게 살게 하기 위해서다.

명문당 대표 김동구 근서

머리말 : 저자의 신념

본서는 한글판이다. 우리나라의 모든 사람들이 손쉽게 읽고 알고 또 실천하기를 갈망하여 이 책을 저술했다.

먼저 「우리」에 대한 깊은 뜻풀이를 하겠다. 「우리」는 「나〔我〕와 남」, 「나와 우리 가족」, 「나와 우리 국민」, 그리고 역사적으로는 「나와 우리 민족의 조상을 다 포함한다.」 더 넓게 말하면 「나와 인류」, 「나와 우주」 더 나아가서는 「나와 하늘」이 하나라는 뜻이다.

위기는 「오늘의 세계 인류가 빠져 있는 어둠의 심각한 정신적·도덕적 위기를 말한다.」 바꾸어 말하면 다음 같다. 「먹고 마시고 뛰고 놀기만 한다. 또 이기적 탐욕과 주먹으로 돈과 물질, 높은 자리와 권력을 독점하려고 한다. 그러면서도 비도덕적인 줄 모른다. 그래서 더욱 어둠 속에 빠져 있는 것이다.」

극복은 「우선 어둠과 악덕을 모르는 우리 모두를 깨우친다. 그리고 착한 본성으로 되돌아가 천도를 따라 빛나는 삶을 살게 함이다.」 다시 말하면 「구제는 곧 정신적·도덕적 복귀를 말한다.」

나는 믿는다. 인류를 구제할 주체적 민족이 바로 「우리 한민족(韓民族)」이다.

차 례

제 1 편
단군신화와 한민족의 자주성

우리는 단군의 후손이다.
민족의 주체성을 확립하고
하늘의 도리를 바탕으로 도덕성을 높이고
위기에 처한 인류를 구제하자.
이 글 속에는 오랜 세월 격심한 국난을
극복하고 민족과 국토를 지켜 온
선인들의 영혼이 살아 있다.

제1장 서설

(1) 한민족은 단일민족으로 유구한 역사와 전통을 면면히 이어왔다. 그 간, 우리의 선조들은 많은 국난을 겪어야 했다. 현재의 우리들도 여러 면에서 국난을 극복하고 전진하고 있다. 앞으로도 많은 국난을 겪어야 할 것이다. 그러나 탁월한 우리 민족은 모든 어려움을 극복하고 더욱 발전해 나갈 것이다.

(2) 뿐만이 아니다. 21세기에 기대되는 「하나의 지구촌 인류 세계 창건」에 있어 우리 한민족은 세계와 인류를 영도할 「정신적 중심 민족 국가가 될 것이다.」

(3) 진정한 평화를 수립하고 전 인류의 행복을 보장하는 「참다운 인류 대동의 평화세계」를 창건함에 있어 「우리 한민족이 정신적·도덕적 중심」이 될 것이다.

(4) 이와 같은 예견이나 포부는 절대로 민족의 자존을 과장하고 높이기 위한 허장성세가 아니다. 또 우리가 무력적 강대국이 되어 외형적으로 세계를 제패해야 한다는 뜻도 아니다.

(5) 한민족이 지닌 바의 본질적·정신적 특성으로 인해 인류가 희구하는 「선세계 창건」에 있어 「정신적·윤리 도덕적 차원에서 세계의 영도적 중심민족」이 되어야 하고, 또 「중심적 역할」을 담당하리라는 뜻이다. 우리가 대전환

기에 처한 인류를 구제할 것이다.

(6) 한민족의 숭고한 정신은 곧 「한울 정신」이다. 그것은 한민족의 발상, 단군신화(檀君神話)에 나타난 「건국이념(建國理念) 및 한민족의 고유 신앙(固有信仰)」이기도 하다. 동시에 「반만년(半萬年)에 걸친 국난(國難)을 슬기롭게 극복하고 발전케 한 역사적 저력」이기도 하다. 그래서 「우리가 인류를 하나 되게 할 주재자」가 되어야 한다.

(7) 아직까지는 인류 및 민족의 발상을 고고학적 혹은 학문적으로 구명하지 못한다. 오직 종교적 혹은 신화적 차원에서 근사치(近似値)를 기술할 수밖에 없다.

(8) 따라서 이 글도 한민족의 발상을 신화적으로 추리했다. 그리고 「단군신화」를 주체적으로 해석하고 「우리의 건국이념」과 「우리의 고유신앙」 및 「한울 정신」을 말한 것이다.

(9) 그러므로 역사에 속하는 「고난에 찬 민족사의 발전」은 간략하게 언급했다.

(10) 한민족의 발상 및 단군신화에 나타난 건국이념은 신화에 속한다. 한편 한민족의 고유 신앙과 「한울 정신」은 다분히 종교적 신앙에 속한다.

<* 한울 정신을 선양한 한민족의 자주 독립 정신과 역사적 공적에 대한 연구를 해야 한다. 신화라면 황당무계한 설화로 경시하기 쉽다. 신화의 의미를 알리기 위해 다음에서 신화에 대해 서술했다.>

제2장 역사기록과 신화 전설

(1) 역사는 실증적으로 기록되어야 한다. 검증을 거친 고고학적 유물이나 유적 등의 자료, 혹은 사실적 기록문서 등을 바탕으로 엮어져야 한다. 그런 의미에서 역사기록에서는 이심전심(以心傳心)으로 구전되어 온 이야기나 내용을 후세 사람이 붓으로 적은 신화나 전설을 배제한다. 그래서 사학자는 태고에 대해서 언급하지 않는다. 실증할 수가 없으므로 함구하는 것이다. 그러나 역사가 함구하고 언급하지 않는다 해도 태고 때에 엄연히 있었던 제반 사실을 없었던 것으로 치부할 수는 없다.

(2) 태고 때에 지구에 인류가 발생하고 뒤이어 많은 종족들이 저마다의 시조를 중심으로 점차로 씨족 부족 민족이 형성되었다. 아울러 크고 작은 공동체를 꾸미고 또 오랜 세월에 걸쳐 생존 생활 발전해 나갔다. 이들은 이른바 선사시대에 속하는 모든 사실이다. 설사 역사에 수록되지 않아도 엄연히 있었다.

(3) 역사 기록에는 없으나 엄연히 있었던 가장 중대한 역사적 사실이 곧 겨레의 시조 및 나라 창건에 관한 사항이다. 이들은 오직 신화 전설로 전해 오고 있는 것이다. 건국이 일천(日淺)한 나라는 건국신화가 없다. 오직 장구한 역사를 지닌 민족 국가들은 저마다의 특유한 민족의 시조, 혹은 건국에 관한 신화 전설을 전승해 오고 있는 것이다.

제3장 고대의 의식을 반영한 신화

[1] 고대의 우주 해석 및 발전 기록

(1) 인류는 동물과 다르다. 하늘에 의해 만물의 영장으로 태어난 인류는 수십만 년 전부터 동물과는 차원이 다른 생활을 했다. 즉 위협적인 자연 앞에서 거의 무력하게 눌려 살면서도 자연을 해석하고 또 활용했던 것이다.

(2) 그리고 미처 자연법칙을 깨닫기 전의 옛사람들은 우주 천지 자연 만물이 저마다 살아 있는 신령이나 귀신이라고 생각했다. 동시에 사람은 자기네의 인식이나 해석을 언어를 통해 서로 교환하면서 조절하고 또 발전시켰다.

(3) 그리고 다시 시간의 흐름에 따라 우주에 대한 해석을 역사적으로 발전시켜 나갔다. 그래서 「다신론적(多神論的) 서물신앙(庶物信仰)」에서 「유일무이(唯一無二)한 천제(天帝)를 믿는 일신론적(一神論的) 종교신앙(宗教信仰)」으로 발전하게 되었던 것이다.

(4) 이와 같은 선사시대의 「우주 및 자연에 대한 인식과 해석」의 발전 과정을 대략 다음과 같이 추릴 수 있다.

① 경외와 공포의 시기

② 신(神)과 귀(鬼)의 잡신 시기

③ 절대선의 유일신(唯一神) 신앙 시기

④ 자연 법칙적 파악과 인식의 시기

(5) 자연과학을 높이는 입장에서는 우주에 대한 해석에 있어 종교 신앙적 입장을 비과학적이라고 배제한다. 그렇다고 자연 법칙적 파악과 인식으로 모든 우주적 현상을 해명할 수 있는 것이 아니다.

(6) 민족의 발상이나 고유 신앙에 대한 설명은 아직도 신화적으로 해명할 수밖에 없다. 따라서 신화는 잡신 시기에서 유일신 시기로 넘어가는 단계에서의 우주 천지 자연 및 만물에 대한 해석이라고 말할 수 있다. 곧 그 속에 많은 의미와 가치가 내포되어 있는 것이다.

[2] 자연과의 투쟁에서 승리한 인간

(1) 신화는 자연과의 투쟁에서 승리한 인간 및 인류의 예술적 기록이다. 오늘의 인류가 찬란한 문화를 누리기까지는 오랜 세월이 걸렸다. 수십만 년에 걸친 인류발전에서 무수하게 많은 인류의 선조들이 희생적으로 헌신했을 것이다. 특히 태고의 원시인들은 거의 알몸과 맨주먹으로 외롭게 자연 만물과 싸워야 했다.

(2) 외형적 싸움에서 인간은 허약하다. 그러나 내면적으로 타고난 지능과 정신은 탁월하다. 그래서 자연과의 투쟁에서 승리했던 것이다. 뿐만 아니다. 역사 문화적으로도 계승 발전했던 것이다.

(3) 그 과정에서 두드러지게 활약하고 위대한 업적을 남긴 거대한 인물을 주로하여 엮은 이야기가 바로 신화다.

(4) 신화 전설은 인간의 탁월한 상상력과 예술성을 바탕

으로 꾸며진 이야기다. 후세의 문학예술 내지는 종교의 시발점이기도 하다. 그와 같은 신화는 곧 진선미(眞善美)를 통합한 예술이기도 하다.

[3] 영웅적 영도자인 신화의 주인공

(1) 신화의 주인공은 부족이나 민족의 영웅적 영도자이다. 식물도 동물도 동류가 군생(群生)하는 것이 자연의 도리다. 특히 인간은 집단생활을 하고 또 협동해서 자연의 위협을 극복했고, 또 포악한 맹수들을 물리칠 수가 있었다.

(2) 사람은 혼자서는 거대한 맹수와 맞서 싸울 수 없다. 그러나 여러 사람이 협동하고 지능을 조직화함으로써 맹수를 물리치거나 죽일 수가 있었다. 홍수 같은 천재지변도 여러 사람이 지혜와 힘을 합해서 막거나 피해를 줄일 수가 있었다.

(3) 오늘날 극도로 발달한 과학도 말하자면 오랜 세월에 걸친 인류의 노력의 결정이다. 즉 모든 학자와 과학자들의 지혜와 노력의 결정이다.

(4) 옛날이나 오늘이나 함께 사는 많은 사람들은 각양각색이고 또 천차만별이다. 그래서 대동세계(大同世界)를 실현하기 위해서라도 하나의 중심적 영도자가 있어야 했다. 특히 정치적 공동체에서는 정치적 중심인물이 있어야 한다.

제4장 하나의 세계와 전제 조건

[1] 정신 우위와 하늘의 도리

(1) 고고학자(考古學者)는 북경원인(北京猿人)의 두개골(頭蓋骨)을 바탕으로 약 백만년 전에 중국에 원시인(原始人)이 살았을 거라고 한다.

(2) 원시인의 끈질긴 삶으로 해서 인류가 번식하고 역사가 오늘까지 이어졌을 것이다. 오늘 우리가 누리고 있는 과학 기술도 그들과 무관하지 않다. 그와 같이 오늘의 우리도 미래의 인류와 무관하지 않다.

(3) 인류의 발전에는 양적인 면과 질적인 면이 있다. 동물의 세계에는 오직 수적 번식만 있다. 그러나 인간 인류 세계에는 수적 증가와 동시에 문화의 향상 발전이 있다.

(4) 한편 인류의 문화에도 양면이 있다. 외형적 물질문화와 내면적 정신문화다. 전자에 속하는 것은 과학 기술 산업 공업 등이고, 후자에 속하는 것이 종교 철학 윤리 도덕이다. 단 효도(孝道) 윤리 예의범절을 실천하는 것은 외형적으로 나타나는 행동철학이다.

(5) 그래서 도(道)와 덕(德)이라고 한다. 형이상(形而上)의 도리를 천도(天道)라 하고, 사람이 행동으로 실천해서 지상에 좋은 성과(成果)를 거두는 것을 지덕(地德)이라고 한다. 자연과학도 눈에 보이지 않는 법칙을 눈에 보이

게 구체화 해야 한다.

(6) 인간은 만물의 영장이다. 그러므로 육체적 삶보다 정신적·도덕적 삶을 귀중히 여겨야 한다. 따라서 외형적 물질문화보다 내면적 정신문화를 높이고 중시했던 것이다. 그러므로 역사의 발전 과정에서도 정신문화가 우위에 서서 외형적 물질문화를 영도해 왔다. 그렇게 함으로써 인류는 선하게 공동체를 확대하고 아울러 역사 문화를 선한 방향으로 발전시켜 왔던 것이다.

(7) 물론 장구한 세월에 걸친 인류는 역사와 문화의 발전 과정에서 일시적으로 시행착오를 거듭했고, 또 그 결과 악과 악덕이 판을 쳤던 때가 많았다. 오늘의 인류 위기도 그 중의 하나다.

(8) 그러나 총체적으로 인류의 역사 문화는 선 방향으로 발전해 왔고 또 발전하고 있다. 앞으로도 발전할 것이라고 낙관해도 좋다. 그와 같은 낙관을 바탕으로 해야 우리는 하나의 인류 세계를 창건할 수도 있다.

(9) 다른 각도에서 보면 다음과 같다. 태고 때에는 군혼(群婚)과 모계(母系)사회를 거쳐 씨족사회 및 부족사회의 단계를 지났다. 그리고 지금은 대체로 민족 중심의 국가, 혹은 여러 민족이 모여 사는 국가 합동 단계에 도달했다. 그러나 21세기에는 민족적 국가의 공동체 사회에서 「하나의 지구촌 인류 공동체 사회」로 발전할 것으로 기대한다.

「하나의 인류 세계 창건」을 위해 양식(良識)있는 지성인들이 더욱 노력해야 한다.

[2] 위기 극복의 길

(1) 오늘날은 부족사회나 폐쇄적 민족국가만을 고집할 때가 아니다. 따라서 이민족을 배척하거나 다른 나라의 존재나 가치를 무시하면 안 된다.

(2) 더욱 다른 민족이나 국가를 침략 혹은 정복하여 토지나 재물을 약탈하면 안 된다. 바야흐로 지구상의 모든 민족, 모든 국가가 대동(大同)하여 「하나의 지구촌 인류 세계」를 실현해야 한다.

(3) 외형적 물질문명, 특히 과학 기술 산업 등은 그만하면 성숙되었다고 말할 수 있다. 그러나 내면적 정신문화나 도덕적 인정덕치(仁政德治)는 낙후되었다.

(4) 그래서 과학 기술 재물을 악용하여 남을 억압하거나 점령하려는 악덕정치가 근절되지 않고 있다. 또 심각한 사회 문제를 야기하고 있는 것이다.

(5) 거듭 말하겠다. 인류 위기의 요인을 「혹심한 국가 이기주의와 물질 만능 및 무력의 팽창주의」라고 요약할 수 있다. 국가적·이기적 탐욕을 채우기 위해 과학 기술 지식 인력 및 조직을 무력화 한다.

(6) 이는 일종의 경제전쟁(經濟戰爭)이다. 경제전쟁도 전쟁이다. 대포를 쏴서 상대방을 살육하지는 않으나 사실적으로는 상대방을 억압하는 전쟁행위에는 틀림이 없다.

(7) 전쟁에서 승리하기 위해서는 무력을 상대보다 증강해야 한다. 따라서 세계의 모든 국가는 저마다 무력 증강에 광분하고 있다. 안 그러면 패배하거나 강자에게 예속된다. 무력을 증강하기 위해서는 과학 기술을 항상 발전시켜야 하며, 그러기 위해서는 돈이 많아야 하고, 또 돈을 벌기 위해서는 무력이 강해야 한다.

(8) 이에 「무력 과학 재력이 삼위일체(三位一體)가 된 악순환(惡循環)」이 이어지고 또 증폭되게 마련이다.

(9) 옛날의 무력전쟁의 종국적 목적도 상대방의 국토와 재물을 탈취하고 남을 지배하고 내가 남보다 더 잘살기 위한 짓거리였다.

(10) 한마디로 나의 이기주의적 탐욕을 채우기 위해서 잔인무도한 범죄적 살상을 국가의 이름으로 자행했던 것이다. 따라서 오늘의 인류 세계는 아직도 저마다의 민족국가가 분립 대결하고 또 전쟁을 되풀이하고 있다.

(11) 그리고 저마다 승리하기 위하여 과학 기술 재물 인력 등 모든 고귀한 가치를 악용하거나 낭비하고 있다. 여기서 냉철히 생각해 보자. 서로 싸워서 얻는 총체적 이익이나 가치가 큰가? 반대로 인류가 서로 사랑하고 협동하여 얻는 총체적 이익이나 가치가 더 클까?

(12) 정답은 후자에 있다. 이는 삼척동자(三尺童子)도 알 수 있다. 그래서 모든 나라들은 겉으로는 경제협력이다 공동체협력이라고 말한다. 그래서 속과 겉이 다르고 말과

행동이 판이하게 다르게 마련이다.

[3] 하나의 세계를 창건할 민족

(1) 공동체가 확대되고 또 발전해야 「공동선의 신」도 위상이 더욱 높아진다. 비근한 예를 들어 말하겠다. 김씨들만의 부족집단에서는 최고신은 김씨의 시조다. 한편 이씨 박씨의 경우도 같다. 그러나 김씨 이씨 박씨를 통합한 공동체에서는 「김, 이 및 박」의 「셋을 통합한 최고신」이 된다.

(2) 그와 같이 여러 족속을 통합한 「민족국가의 신」은 그 위상(位相)이 더욱 높아야 한다. 더 나가서는 모든 민족국가를 통합하여 「하나의 인류세계」를 창건할 「공동선의 최고신」, 즉 「인류신(人類神)의 위상」은 더 높아야 한다.

(3) 따라서 우리가 오늘의 인류 위기를 극복하고 「하나의 도덕적 선세계(善世界)」를 창건하려면 「현재의 정치적 차원을 넘어서 도덕적으로 하나가 되어야 한다.」 거듭 강조하겠다. 「인류가 하나의 공동선의 정점에 귀의해야 한다.」 그러기 위해서는 「인류의 최고선(最高善)의 절대신(絶對神)」을 중심으로 해야 한다.

(4) 이는 「내면적 · 정신적 · 도덕적 차원의 일이다.」 절대로 「외형적인 돈이나 무력으로 이루어지는 것이 아니다.」 즉 소아(小我)가 아닌 대아(大我)의 도(道)를 따라야 한다.

(5) 그러나 오늘의 세계 정치는 어떠한가. 강대국이 돈과 무력으로 약소국가를 지배하고 있으면서 하나가 되자고 한다. <* 현실정치를 더 말할 수 없다.>

[4] 필자의 대담한 주장

(1) 재래에는 저마다의 민족적 신을 내세우고 믿었다. 즉 기독교에서는 하나님, 불교에서는 부처님을 내세웠다. 기타도 많다. 그러나 필자는 대담하게 주장한다.

① 인류구제의 신은 「단군신(檀君神)」이라야 한다.

② 인류구제의 정신은 「한울 정신」이다.

③ 인류구제의 「중심 민족은 한민족(韓民族)이다.」

④ 「주체성(主體性)이 강한 한민족」이 「한울 정신」으로 「도덕적으로 인류를 구제한다.」

(2) 다음에서 그 이유를 간단히 말하겠다.

① 앞으로 창건할 세계는 모든 민족이 서로 사랑하고 협동하는 「하나의 대동세계(大同世界)」다.

② 따라서 종교적으로도 신들을 통합해서 「하나의 절대신(絶對神)」을 정해야 한다.

③ 하나의 인류 세계를 창건하기 위한 중심점을 어느 민족의 정신적 혹은 종교적 사상에서 찾아야 하나.

④ 근거를 이 글의 본론인 「단군의 건국이념과 한민족의 특성」에서 서술하겠다. <* 필자의 주장이다.>

(3) 거듭 말하겠다. 인류의 정점을 차지할 「절대신」은 「단군신」이 되어야 한다. 따라서 세계 인류를 영도할 정신적 중심 민족도 바로 한민족이 되어야 한다. 우리는 많은 국난을 극복한 도덕성이 강한 민족이다.

제5장 한민족의 발상(發祥)과 특성

[1] 우랄 알타이(Ural-Altai) 어족인 한민족

(1) 언어는 민족의 기원 및 계통과 관련이 깊다. 세계 인류의 언어를 크게 셋으로 분류한다.

① 교착어(膠着語) : 한국어, 일본어, 몽고어, 만주어 등을 포함한 「우랄 알타이(Ural-Altai)」 어족.

② 고립어(孤立語) : 중국어, 티베트(Tibet), 미얀마(Myanmer), 타이(Thai) 등을 포함한 「인도 차이니즈(Indo-Chinese)」 어족.

③ 굴절어(屈折語) : 영어, 불어, 독어, 라틴어 등을 포함한 「인도 유로피언(Indo-Europian)」 어족.

(2) 이들 세 어족 중, 한국어는 교착어에 속하며, 그 분포는 광범위하다. 즉 알타이 산맥을 중심으로 서쪽으로는 우랄 산맥에 이르고, 동쪽으로는 몽고, 만주, 한국 및 일본에 퍼져 있다.

(3) 언어는 부족이나 민족을 바탕으로 형성되고 또 발달한다. 그러므로 「우랄 알타이 계」의 언어는 「우랄 알타이 계」에 속하는 여러 부족이나 민족들을 바탕으로 형성되고 또 발전해 왔을 것이다.

(4) 다음으로 이들 「우랄 알타이 어족」에 속하는 여러 부족이나 민족들의 기원에 대하여 고찰해 보자. 이들 부족

이 서구나 중국 계통의 민족에서 분파되었거나 혹은 이주민이 아닌 것은 분명하다. 따라서 자생하고 스스로 성장 발전해 온 부족이나 민족인 것이다.

(5) 특색을 말하는 의도는 타 부족이나 타 민족과의 교류 및 접촉을 부정하는 것은 아니다. <* 오랜 역사 발전 과정에서 자연히 합칠 수 있다.>

[2] 신화적 추측

(1) 그렇다면 그 발상지가 어디이며 어떤 경유를 통해 서쪽으로는 우랄 산맥, 동쪽으로는 한반도를 거쳐 일본에까지 퍼져 나갔을까. <* 고고학적 자료나 역사 기록이 없는 상태에서> 신화적으로 다음과 같이 추리할 수 있다.

(2) 인류의 시조는 하늘에서 알타이 산맥을 타고 지상에 내려왔다. 즉 알타이 산맥은 지구의 몸체가 되는 아시아 대륙의 지붕이자 머리에 해당한다. 하느님은 이곳에 태양의 아들인 천신(天神)을 내려 인간의 원조가 되게 했다. 그 천신은 영적으로 밤에 달님과 짝을 지어 인류를 탄생하고 또 번식케 했다. 그들 태양의 후손들이 차츰 하늘에 잇닿은 연산을 내려와 동물이 서식하는 초원과 식물이 무성한 평야를 따라 사방으로 퍼져 나갔을 것이다.

(3) 그 중에도 몽고 초원 및 만주 평야를 가로질러 아시아 대륙의 동쪽 끝머리이자 동시에 가장 「첫 번째로 해가 뜨는 조선반도」에 정착한 부족이 바로 우리 한민족이다.

(4) 「조선(朝鮮)」의 「아침 조(朝)」는 옛말로 「첫 번과 아침의 뜻」을 겸한 글자다. 「고울 선(鮮)」은 「선명하고 아름답다」의 뜻을 나타내는 글자다. 따라서 「조선」은 「아침에 해가 먼저 아름답게 비치는 고장」의 뜻이다.

(5) 단 그들은 아직도 동물적 존재를 벗어나지 못한 원시인 단계에 머무르고 있었을 것이다. 이들이 씨족사회 부족사회를 거쳐 연합체적 국가 형태에 도달하기 위해서는 단군(檀君) 왕검(王儉)의 탄생을 기다려야 했다.

<* 인류의 시조를 학문적으로 구명할 수 없다. 오직 종교적 신화를 통해 추리할 뿐이다. 모든 종교는 유일무이한 「하늘의 절대신」에서 성령이 하강하여 인류의 시조를 탄생했다고 풀이한다.>

(6) 성령이 하늘에서 땅으로 하강했다면, 그 위치는 지구의 한복판에 있으며 또 가장 하늘에 가까운 고산지대, 즉 「히말라야, 알타이, 천산산맥」 일대일 것이다. 따라서 「우랄 알타이 어족」에 속하는 몽고 만주 및 한민족이 바로 성령이 하강하여 탄생한 인류의 시조의 후예에 속한다는 신화를 창작할 수 있다.

(7) 그 중에도 단군신화에 있듯이, 지상에 최초의 국가, 특히 천제의 직손인 「단군 왕검」을 임금으로 모시고, 「절대선 천제의 도리를 따라 이화(理化)」하고 또 「천제의 뜻인 홍익인간(弘益人間)」을 구현하기 위해 세운 「최초의 지상국가」가 바로 한국이고 그 「천손족(天孫族)의 후예가

바로 한민족(韓民族)」이다.

(8) 따라서 한민족은 근원적으로 세계 인류의 중심민족이 되게 마련이다. 이상과 같은 한민족의 발상에 대한 서술은 다분히 신화적이다. 따라서 학술적 정설이라고 강변할 수 없다. <* 단 학술적으로 부정할 수도 없다.>

(9) 그러나 그와 같은 한민족의 발상에서 연유된 한민족의 「고유신앙(固有信仰)」과 또 그를 바탕으로 한 「한울 정신」은 엄연한 역사적 실재로 인정해야 한다. 먼저 역사적 사실로서의 한민족의 국난 극복에 대해 개략적으로 서술하겠다.

제6장 한민족의 국난극복(國難克服)

(1) 한민족은 태고 때부터 한반도를 터로 하고 오랜 세월에 걸쳐 역사적으로 발전해 온 「토착 단일민족(土着 單一民族)」이다. 우리 한민족은 이미 신석기, 청동기 및 철기시대 때부터 중국 황하의 원주민과는 다른 계통에 속하는 토착 민족으로서 「고유의 언어, 문화」 및 「고유 신앙과 생활 습속」을 이어왔다.

(2) 물론 유사시대에 진입하면서 중국의 한족을 비롯한 기타의 여러 민족, 특히 동북부의 부족들과 빈번하고 또 밀접하게 교류를 해 왔으며 동시에 서로 큰 영향을 주고받

았다는 것은 역사적 사실이다. 그러나 우리 한민족은 「고유신앙」에서 배양된 독특한 「한울 정신」이 혈맥 속에 살아 있었다.

(3) 그래서 역사적으로 혹심한 국난을 부지기수로 당했으면서도 외세에 굴복하지 않고, 잘 극복하고 오늘에 이르도록 줄기차게 자주적으로 독특한 생활 및 풍속을 이어 오고 있는 것이다.

(4) 참으로 세계의 「문화 민족」 중 우리 한민족만큼 수다하게 민족적 국난을 겪은 민족은 없다. 「2천 년 간에 930차」 이상 처절하고 또 혹독하게 「침략과 파괴를 당한 민족」은 없을 것이다.

(5) 동북 일대를 석권하고 주변 민족들을 지배했던 고구려(高句麗)를 정벌하려고 수(隋)나라가 4차에 걸쳐, 당(唐)나라는 10차에 걸쳐 대대적인 무력침공을 했었다.

(6) 그러나 고구려는 그들을 격파하고 내쫓았다. 그 후의 고려(高麗) 시대에는 세계를 제패한 몽고가 30여년에 걸쳐 6차나 침입하여 철저하게 국토를 유린했었다. 그 후에도 「거란(契丹), 여진(女眞), 선비(鮮卑)」 등이 수없이 침략을 했었다.

(7) 조선(朝鮮) 시대에는 임진왜란(壬辰倭亂), 병자호란(丙子胡亂) 등의 외침을 받았다. 그러나 결국은 민족적으로 극복했다. 근래에는 일본의 무력강점이 있었으며, 많은 독립투사들이 국권회복(國權回復)을 위해 끈질기게 싸

웠다. <* 금년 10월 26일이 안중근(安重根) 의사 의거 백주년이 되는 날이다. 당시에는 독립투사 및 광복군의 투쟁이 지속되었다. 일제 때는 국내적으로 알려지지 않았다.>

(8) 2차 세계대전(世界大戰) 후에는 외세에 의해 남(南)과 북(北)이 분단된 상태로 있다. <* 현실적 정치 상황을 말하기 어렵다.>

(9) 우리 한민족(韓民族)은 앞으로의 조국통일(祖國統一)을 민족의 최대 과제로 삼고 있다.

(10) 이상과 같은 시련과 국난을 극복하고 역사적으로 발전해 온 과정에서 우리는 다음 같은 것을 알 수 있다.

① 한민족은 민족정기와 주체성이 넘친다.

② 무력항전에도 탁월한 주체성과 무용을 발휘했다.

③ 천손족(天孫族)의 후예답게 자주적으로 역사를 이어가고, 또 도덕적으로 발전을 계속하고 있다.

④ 물론 일시적으로는 강대한 외적에 굴복하고 또 일부 사람들은 사대(事大)를 했다.

⑤ 그러나 불요불굴의 항전으로 결국에는 외적을 격파하고 축출했던 것이다.

(11) 우리가 의연하게 자주 자존하고 있는 저력이 바로 「한민족의 뿌리에서부터 싹트고 성장한 고유 신앙」이다. 즉 「한울 정신」이다. 우리는 「한울 정신」을 더욱 자각하고 고취하여 앞으로의 「국가적 · 민족적 고난을 극복」하고, 더 나아가서는 하늘이 우리에게 부과한 「세계 인류의

정신적·영도적 사명」을 수행해야 한다. 다음에서 「단군 신화」를 바탕으로 「한울 정신」을 서술하겠다.

제7장 단군신화(檀君神話) 한글풀이

[1] 단군신화에 대한 기본적 개설

(1) 단군신화는 불교의 법사, 일연(一然)이 저술한 삼국유사(三國遺事)에 나오는 신화다. 무심코 읽으면 황당무계한 신화 전설에 불과하다. 일연은 고려 희종 2년(서기 1206년)에 출생했다. 9세 때 아버지를 여의고 절에서 자랐다.

(2) 일연은 굳은 신념으로 삼국유사를 저술했다. 즉 「전에 우리 민족이 잔인한 몽고족(蒙古族)의 침략을 받고 유린된 일이 있었다.」 「그러나 한민족이 천손(天孫)이므로 따라서 탁월한 자주성과 도덕성을 지니고 있다.」 「그래서 뛰어난 건국이념(建國理念)을 바탕으로 나라를 지키고 국난을 극복했음을 밝힌 것이다.」

(3) 그러므로 오늘의 우리도 단군신화와 건국이념을 자주적으로 해석해야 한다. 거듭 강조하겠다. 단군신화와 그 속에 나오는 「건국이념」 및 「한울 정신」을 깊이 가슴속에 간직해야 한다. 그래야 위기에 처한 오늘의 세계에서 우리도 「민족적 삶을 바르게 살고, 또 국가 발전의 방향을 바르

게 잡을 수 있다.」

(4)「먹고 마시고 뛰기만 하지 말고」 민족적 차원에서 「천손(天孫)」으로 자처하고 「하늘의 뜻」과 「윤리 도덕」을 실천하여 「주체적으로 인류를 구제해야 한다.」

[2] 한문 원문 풀이

(1) 삼국유사에 적힌 신화의 연대(年代)는 다음 같다.

「위서에 적혀 있다. 지금으로부터 2천년 전에 단군 왕검이 아사달에 도읍을 세우고 개국하여 나라이름을 조선이라 일컬었다. 대략 중국의 요제와 같은 시기였다.(魏書云 乃往二千歲 有檀君王儉 立都阿斯達 開國號朝鮮 與高同時)」<三國遺事 紀異>

(2) 여기서 말하는 위서는 오늘에 전하는 중국의 위서와는 다른 책일 것이다. 즉 진수(陳壽)의 삼국지(三國志) 속에 있는 위(魏)의 기록이나 혹은 북제(北齊) 위수(魏收)가 편찬한 위서에는 여기 인용한 글이 안 보인다.

(3) 아사달(阿斯達)을 원문 주에는 「무엽산(無葉山) 혹은 백악(白岳)이며, 백주지(白州地) 혹은 개성(開城) 동쪽에 있으며, 바로 오늘의 백악궁(白岳宮)이다」라고 설명했다. 그러나 아직까지는 이들에 대한 상세한 고증이 없다.

(4) 「여고동시(與高同時)」의 고(高)는 곧 중국의 신화에 나오는 오제(五帝)의 으뜸인 요제(堯帝)를 지칭한다. 고려(高麗) 제4대 정종(定宗)의 휘자(諱字)가 요(堯)이

기 때문에 고(高)로 쓴 것이다.

(5) 이상의 기록을 통해 우리는 「중국의 요제와 같은 시기에 단군 왕검이 아사달에 도읍을 정하고 조선(朝鮮)을 세웠다」는 사실을 알 수 있다.

[3] 환인(桓因)과 환웅(桓雄)

(1) 「고기에 있다. 옛날 하느님 환인의 서자인 환웅이 <하늘나라에> 살고 있었다. 그는 항상 하늘 아래, 즉 지상에 내려가 인간 세계를 다스리려는 강한 뜻을 품고 있었다. 아버지 환인이 자식의 의도를 알아차리고 하늘 아래 삼위태백을 내려다보고 살폈다. 그리고 하느님 환인은 <그곳을 터로 하여> 지상 인간 세계에 <하늘의 뜻과 도리를> 잘 펼 수 있음을 알게 되었다. 그래서 하느님 환인은 아들 환웅에게 천부인 세 개를 주고 지상에 내려가 다스리게 했다.(古記云 昔有桓因 <謂帝釋也> 庶子桓雄 數意天下 貪求人世 父知子意 下視三危太伯 可以弘益人間 乃授天符印三箇 遣往理之)」

(2) 고기는 무슨 옛글인지 알 수 없다. 「환인(桓因)」은 「한, 하늘, 하느님」이다. <* 뜻과 음을 한자로 표기한 것이라고 추정된다.> 즉 「환인」은 「한」에 가깝고 또 「항구불변(恒久不變)한 빛과 삶의 원인」의 뜻도 나타낸다.

(3) 고어(古語) 「한」은 「하늘, 하느님」의 뜻을 포괄한다. 반절음(反切音)을 오늘의 한자음으로 설명하면 다음과 같다. 「huan(桓)」에서 부차적 모음 「u」가 약화된 「h, 혹은

hua」를 따고, 「in(因)」에서 「in, 혹은 n」을 따서 「han, hanur, hanu-nim」을 나타냈을 것이다. <* 단 고대음을 정확히 모르므로 추정음도 정확하지 않다.> 「환인」을 원문주에서 「제석을 말한다(謂帝釋也)」라고 한 이유도 다음과 같이 추정할 수 있다.

(4) 삼국유사의 저자 일연(一然)은 중이며 또 당시 불교가 성했으므로 이해하기 쉽게 「한」을 「하늘의 제왕인 석가」라는 뜻의 「제석(帝釋)」이라고 주를 붙였을 것이다. 본래 「제석」은 범어(梵語) 「Sakra devanam Indra(釋迦提桓 因陀羅)」에서 온 말이다. 「devanam(提桓)」은 천(天)의 뜻이고, 「Indra(因陀羅)」는 제(帝)의 뜻이다. 따라서 「Sakra devanam Indra」 전체의 뜻은 즉 「석가는 하늘의 제왕」이다. 이것을 「하늘을 다스리는 제석」으로 고쳐서 주에 활용했을 것이다. 고어 「한」을 「환인(桓因)」으로 표기하기 위해 고기의 저자, 혹은 일연이 얼마나 고심했는지 알 만하다.

[4] 지상을 다스리려는 환웅(桓雄)

(1) 다음으로 「삭의천하 탐구인세(數意天下 貪求人世)」에 대한 뜻을 살펴보겠다. 천제의 아들 환웅은 하늘나라에 사는 천신이다. 하늘나라는 무형, 즉 형상이 없는 「영적 세계(靈的 世界)」다. 그러므로 하늘의 도리도 무형의 형이상적 원리 혹은 법칙이다.

(2) 그러나 우주 천지 자연 만물을 창조하고 발전시키려

는 「하늘의 뜻이나 도리」는 반드시 지상세계에서 구체화 되고 또 눈에 보이는 형상으로 나타나게 마련이다. 특히 만물의 영장인 사람을 통해서 문화적으로 더욱 발전하게 마련이다. 곧 「천도(天道), 인행(人行), 지덕(地德)」이다.

(3) 따라서 환웅은 지상세계에 내려가서 구상화된 인간세계를 다스리고자 전부터 갈망했던 것이다. 이것이 바로 「삭의천하 탐구인세(數意天下 貪求人世)」의 뜻이다.

(4) 그런데 왜 환웅을 적자가 아니고 서자라고 했을까. 하늘은 전 우주를 주재하는 유일무이한 절대의 최고신이다. 따라서 적자도 전 우주를 통섭해야 한다. 한편 지구는 비록 그 비중이 높고 또 하늘이 장차는 인류를 중심하고 전 우주를 천국화(天國化)하려고 해도 역시 지구는 우주에 있는 하나의 별이다. 따라서 적자가 아닌 서자 환웅을 「하늘의 영웅격인 아들로 지상세계에 배정했다」고 해석할 수 있다.

[5] 삼위태백(三危太伯)

(1) 지상에 내려가 인간세계를 다스리고 싶다는 아들의 소망을 들은 천제 환인은 스스로 지상세계를 살폈다. 그가 내려다본 삼위태백이 어디인지 정확히 알 수 없다. 중국의 서경(書經)에는 삼위(三危)라는 이름이 있다. 그 중의 하나가 태백(太白)이라고 적혀 있다.

(2) 여기서 말하는 「삼위태백」은 고조선에 있던 산 이름일 것이다. 「위(危)」는 「아찔하게 위태로울 만큼 높다」는

뜻이다. 천제가 「높은 태백산」을 통해서 지상을 살폈음을 알 수 있다. 즉 옛날에는 높은 산을 통해 하늘과 땅이 교통했다. 한민족은 영산에서 하늘에 제사를 지냈던 것이다. 또 영산에서 산삼을 얻어 불로장생(不老長生)했다.

[6] 홍익인간(弘益人間)

(1) 환인은 친히 지상세계를 내려다보고 「홍익인간 할 수 있다(可以弘益人間)」고 판단했다.

(2) 「홍익인간」을 보통 「인간 세상을 널리 이롭게 하다」로 풀이한다. 그러나 보다 깊은 뜻은 다음과 같다. 「하늘의 뜻과 도리를 널리 펴다」는 곧 「지상세계를 이화하다」 「하늘의 은총과 축복을 인간 세계에 내려주다」, 특히 「사람들로 하여금 천도 천리를 따라 절대선의 이상 세계를 구현하게 한다」 「자연 만물이 번성하고 특히 인류가 함께 평화와 행복을 누리는 하나의 대동 세계를 창건한다」 등 여러 뜻이 다 포함되어 있다.

(3) 결국 천제가 「한국을 중심으로 하고 인간세를 하늘의 도리대로 선화(善化)한다고 판단했던 것이다.」 즉 「일차적인 은총과 축복을 한국에 내려주고자 한 것이다.」

[7] 천부인(天符印)과 이지(理之)

(1) 이에 「천제는 아들 환웅에게 천부인 세 개를 주고 지상세계에 가서 이화(理化)하라고 했다.(授天符印三箇遣往理之)」

(2) 먼저 「천부인(天符印)」에 대해서 말하겠다. 「천부인」은 「하늘과의 약속을 지킨다는 부신(符信)」이다. 즉 하늘의 뜻과 도를 따라서 땅을 「이화하겠다는 신표」이다.

(3) 「세 개의 신표」가 무엇인지 정확히 알 수 없다. 대략 「칼, 거울, 방울」이라고 전한다. 「칼은 악을 응징하는 무기이고, 거울은 시각적으로 하늘의 광명을 받는 도구이고, 방울은 청각적으로 신령과 교감하는 악기이다.」

(4) 「이지(理之)」는 「천도(天道)를 따라 지상을 다스린다는 뜻이다.」 즉 「절대선(絶對善)인 천도를 지상세계에 실현한다는 뜻이다.」 이는 곧 지덕(地德)이다.

<* 하늘도 무(武)를 중시한다. 그래서 신표 속에 무기가 들어 있다.> <* 오늘의 타락한 정치는 「이기적 탐욕을 기준」으로 돈과 무력만을 높인다. 하늘은 이화(理化)를 높인다. 그래도 무기를 완전히 배제하지 않는다.>

(5) 다시 말하겠다. 고금동서(古今東西)를 막론하고 도를 따라 덕(德)을 세워야 한다. 그것이 「이화(理化)」의 깊은 뜻이다.

제8장 환웅(桓雄)과 천신(天神)

[1] 환웅(桓雄)의 하강(下降)

(1) 환웅은 천신(天神) 3천 명을 거느리고 태백산 정상,

신단수(神壇樹) 아래에 하강했다. 그리고 그곳을 신시(神市)라고 했다. <* 태백은 묘향이라는 설도 있다.> (雄率徒三千 降於太伯山頂 卽太伯今妙香山 神壇樹下 謂之神市)

(2) 환웅은 풍백, 우사, 운사를 거느리고 왔다. 아울러 곡식 생명 질병 형벌 선악 등 총 360여 제반 인간사를 주관 주재하고 지상의 인간세계를 하늘의 도리에 따라 다스리고 교화했다.(是謂桓雄天王也 將風伯雨師雲師 而主穀主命主病主刑主善惡 凡主人間三百六十餘事 在世理化)

(3) 환웅은 천신이다. 천신은 하늘에서는 영적으로 존재하지만 지상에 내려와서 인간세를 이화(理化)하기 위해서는 「형체를 갖추고 여러 가지로 조화를 부리고 또 기능을 발휘해야 한다.」 그러므로 환웅은 하늘의 다른 「천신들 3천」을 거느리고 태백산 꼭대기 신단수 아래에 내려와서 터를 잡고 그곳을 신시(神市)라고 이름했다.

(4) 그리고 바람〔風〕, 비〔雨〕, 구름〔雲〕을 주관하는 천신들로 하여금 지상세계에 「바람을 고르게 불게 하고, 비를 알맞게 내리게〔風調雨順〕」 했다. 즉 천지의 운행과 기상 및 자연 환경을 만물이 더욱 번성하고 인간이 문화적으로 발전하게 조절했던 것이다.

(5) 또 천신들로 하여금 인간 세계에서 발생하는 제반사 즉 「생로병사(生老病死), 시비선악(是非善惡) 및 상벌(賞罰)」 등 360가지의 모든 것을 하늘의 도리에 맞게 했다.

(6) 이 신화에는 「만물신숭상(萬物神崇尙 : Animism)」

과 「무속신앙(巫俗信仰 : Shamanism)」의 색채가 짙다. 동시에 「한민족의 고유 신앙」을 반영하고도 있다.

(7) 이렇게 하여 천제의 아들인 환웅이 직접 「인간 세계를 천리에 따라 다스리기(在世理化)」 위하여 하강했던 것이다. 당시의 지상이 어떤 상태였으며 또 사람들이 천제의 아들 환웅을 어떻게 맞이했는지 삼국유사의 기록을 보자.

[2] 동물적 존재와 인간적 존재

(1) 「이때에 지상에는 한 마리의 곰과 호랑이가 함께 같은 동굴 안에 살고 있었다. 그들이 하늘에서 내려온 천신인 환웅에게 기도를 드리고 사람이 되게 해달라고 빌었다.(時有一熊一虎 同穴而居 常祈于神雄 願化爲人)」

(2) 이러한 기록은 곧 「토템신앙(Totemism)」의 흔적을 엿보이게 한다. 여기서 우리는 단군신화의 특성을 바르게 파악해야 한다.

(3) 천제의 아들 환웅은 「아무것도 없는 지상세계」에 하강한 것이 아니다. 이미 전부터 지상세계에는 「식물 동물 및 동물적 존재인 인간」들이 살고 있었다.

(4) 「곰과 호랑이가 함께 동굴 안에 살고 있었다.(時有一熊一虎 同穴而居)」 이는 곧 동물과 함께 생존하고 있던 원시인들을 말한 것이다. 그들은 씨족이나 부족적 차별도 없이 함께 혼생하고 있었다는 뜻이다.

(5) 환웅은 이들을 인간다운 인간과 아울러 인간세(人間世)로 만들고자 한 것이다. 이것을 「삭의천하 탐구인세

(數意天下 貪求人世)」라고 적었다.

(6) 그러므로 환웅은 동물적 존재로 동물적으로 살고 있던 인간들을 구제하고 가치적 존재로 향상시키고자 했던 것이다.

(7) 「환웅의 갈망은 오늘의 인류에게도 적용된다.」 즉 「외형적으로는 문화생활을 하고 있으나, 내면적 정신생활은 동물 이하이다.」 따라서 환웅의 갈망은 오늘의 인류를 위기에서 구제하려는 갈망이기도 하다. 「단군 신화의 사상이나 철학」은 오늘에도 생생하게 살아 있다.

[3] 사람이 되기 위해 지켜야 할 금기

(1) 「<곰과 호랑이가 함께 같은 동굴 안에 살고 있으면서> 하늘에서 내려온 천신인 환웅에게 기도를 드리고 사람이 되게 해달라고 빌었다.」 태고의 원시인들이 동물적 상태에 있으면서도 역시 영장이기 때문에 동물과는 차원이 다르고 높은 인간이 되기를 하늘에 기구한 것이다.

(2) 동물은 하늘을 의식하지 못한다. 인간만이 천지 만물을 창조하고 양육하는 천제의 실재를 알고 믿을 수 있다. 따라서 환웅에게 「곰이나 호랑이 상태에 있는 두 개의 원시 족속이 기원을 한 것이다.」

(3) 그러나 하늘의 은총을 받기 위해서는 축원만으로는 안 된다. 실천적인 정성과 노력이 따라야 한다. 특히 금기를 잘 지켜야 한다. 그래야 「동물적 존재」에서 「인간적 존재」로 격상할 수 있다.

(4) 「환웅은 그들에게 신령스런 쑥 한 다발과 마늘 스무 개를 주면서 말했다. 너희가 이것을 먹고 햇빛을 백일 동안 보지 않으면 사람의 형상으로 화할 것이다.(時神遺靈艾一炷 蒜二十枚 曰爾輩食之 不見日百日 便得人形)」

(5) 축원을 올리고 소원을 성취하려면 천신이 주는 영약이나 신령한 식품을 먹고, 또 천신이 제시한 금기를 지켜야 한다. 곰과 호랑이는 다같이 신령한 식품을 먹었다. 그리고 곰은 21일의 금기를 잘 지켰다. 따라서 여자의 몸으로 변할 수가 있었다. 그러나 호랑이는 금기를 지키지 못하여 끝내 사람으로 변하지 못했던 것이다.

(6) 신화에서 말하는 「곰이나 호랑이」는 웅족(熊族) 호족(虎族)의 토템(Totem)일 것이다. 「곰〔熊〕」은 「능(能)」에 통한다. 따라서 「웅족(熊族)」은 「현명한 종족」, 「호족(虎族)」은 「포악한 종족」을 상징한다. 결국 웅족은 금기를 지켜 인간으로 변했으나, 포악한 호족은 금기를 지키지 못하고 그대로 동물로 처졌던 것이다. 동물적 존재에서 인간으로 변한 종족이 바로 웅녀(熊女)이다.

(7) 식물 동물 및 인간은 출생과 동시에 성장하고, 장성하면 음과 양이 짝짓기를 해서 종족을 번성하게 마련이다. 「하늘과 천신(天神)」은 양(陽)에 속하고, 「땅과 웅녀(熊女)」는 음(陰)에 속한다. 그러므로 하늘과 교통할 수 있는 차원으로 격상된 웅녀는 다시 환웅에게 인간을 번성케 할 짝짓기의 「양적 대상」을 내려주기를 기원했던 것이다.

[4] 웅녀의 소망과 단군(檀君)

(1) 「웅녀는 혼인할 상대가 없었다. 그래서 날마다 신단수 밑에서 잉태하기를 축수하였다. 이에 환웅이 잠시 인간으로 변하여 그녀와 혼인해서 잉태케 하고, 또 아들을 낳게 했다. 그를 단군 왕검이라 불렀다.(熊女者無與爲婚 故每於壇樹下 呪願有孕 雄乃假化而婚之 孕生子 號曰檀君王儉)」

(2) 이러한 단군 신화에서 우리는 매우 중대한 신화적 철학을 터득할 수가 있다.

(3) 한민족의 시조 단군은 바로 양인 천과 음인 지가 어울려 출생했다. 고로 계보는 다음과 같다.

「천제 환인→서자 환웅→손자 단군 왕검(檀君王儉)」

(4) 세계의 많은 민족들이 저마다의 개국 신화를 가지고 있다. 그러나 이렇게 천제의 직손이 직접 나라를 세웠다는 신화는 우리 한민족 외에는 없다. 우리는 특히 우리 겨레의 탁월한 주체성을 높여야 한다.

[5] 산신령이 된 단군

(1) 삼국유사는 「그때를 도당(陶唐)의 요제(堯帝)가 즉위한 지 50년이 되는 경인(庚寅)년이다」라고 적었다. 그러나 원주에서 「요제가 즉위한 때가 무진(戊辰)이니 50년 후면 경인이 아니라 정사(丁巳)이다. 아마 실제와 맞지 않을 것이다」라고 덧붙였다.

(2) 도읍에 대해서도 일정하지 않다. 즉 「도읍을 평양성

에 정하고 처음에는 조선이라 일컬었다. 다시 도읍을 백악산 아사달로 옮겼다(都平壤城 始稱朝鮮 又移都於白岳山阿斯達)」라고 적었다. <* 아사달을 궁홀산(弓忽山) 혹은 금미달(今彌達)이라고도 했다.>

(3) 「1천5백년 간 나라를 다스리다가 주 호왕(虎王, 즉 武王)이 왕위에 오른 기묘에 기자를 조선에 봉하자 단군이 장당경으로 옮겼으며, 다시 후에는 아사달로 돌아와 숨었으며, 산신이 되었으니, 나이 1천9백8세였다.(御國一千五百年 周虎王卽位己卯 封箕子於朝鮮 檀君乃移於藏唐京 後還阿斯達 爲山神 壽一千九百八歲)」

(4) 이상의 신화 전설을 「동국통감 외기(東國通鑑 外紀) 단군조선(檀君朝鮮)」에서 다음과 같이 요약했다.

「처음에는 동방에 군장이 없었다. 마침 신인이 단목 아래 내려오니, 나라 사람들이 그를 받들어 임금으로 삼았으니 곧 단군이시다. 나라를 조선이라고 불렀으며, 그때는 도당요제 무진년이다. 처음에는 평양에 도읍을 삼았으나, 뒤에는 백악으로 이사했다. 은나라 무정 8년 을미에 이르러 아사달에 들어가 산신이 되었다.(東方初無君長 有神人降于檀木下 國人立爲君 是爲檀君 國號朝鮮 是唐堯戊辰歲也 初都平壤 移徙都白岳 至商武丁八年乙未 入阿斯達爲山神)」

[6] 비자주적 기록에 대한 비판

(1) 삼국유사는 말미에 다음과 같이 부기했다. 「당의 배구전에 적었다. 고려는 본래 고죽국<지금의 해주>이었다.

주나라에서 기자를 봉해 조선이 되었다. 한나라가 3군으로 나누어 다스렸으니, 현토, 낙랑, 대방 <북대방>이다. 통전에도 역시 같은 설이 있다. <한서에는 즉 진번, 임둔, 낙랑, 현토 사군으로 적혀 있다. 지금은 3군이라 하고 이름도 같지 않은 것은 무슨 이유일까.>(唐裵矩傳云 高麗本孤竹國<今海州> 周以封箕子爲朝鮮 漢分置三郡 爲玄菟 樂浪 帶方<北帶方> 通典亦同此說 <漢書則眞臨樂玄四郡 今云三郡 名又不同 何耶>)」

(2) 삼국유사의 저자 일연이 말미에 인용한 이 부분은 중국 사가의 잘못된 기록이다. 일연도 의아하게 여겼다. 특히 「주 무왕이 기자를 조선에 봉했다는 설」은 터무니없는 오기이다. 이에 대한 반론으로, 최남선(崔南善) 및 최인(崔仁) 두 분 사학자의 설을 들겠다.

(3) 최남선은 다음과 같이 말했다. 「하느님의 자손임을 믿는 백성의 떼가 먼 서방에서 지금의 만주로 오고 다시 조선반도로 들어온 것은 아득한 옛날의 일이다. 지금으로부터 4,300년쯤 전의 일이다. 그리고 그 백성 가운데서 단군 왕검이란 어른이 나서서 처음 나라를 평양에 세우고 이름을 조선(朝鮮)이라 <하고> …… 단군의 이름으로써 세상을 다스리기 천여년 만에 정치의 형식이 변하여 나라 어른을 『개아지』라고 부르면서 다시 천여년을 지내더니…… 위만(衛滿)이란 사람이 대신 조선의 임금이 되고 『개아지 임금』은 남방인 한(韓)의 땅으로 옮겨 새 나라를 만들었다

……『단군』과 『개아지』와 『위씨의 나라』는 다 조선이란 이름을 썼으므로 이를 삼조선(三朝鮮)이라 하고, 또 근세의 조선과 구별하기 위하여 고조선이라고 부르기로 한다.」 <* 崔南善 : 朝鮮常識問答 6. 歷史>

(4) 모든 역사는 자기 민족이나 국가에 유리하게 쓰게 마련이다. 그러므로 단군 이후의 『개아지』를 중국의 사가가 엉뚱하게 「기자(箕子)」라고 맞췄던 것이다.

(5) 이에 대해서 최인은 다음같이 강하게 반박했다. 먼저 그는 상서대전(尙書大傳) 2권, 은전(殷典) 홍범(洪範)을 다음과 같이 요약해 적었다.

「상서대전에 주 무왕이 은을 멸한 후에 은왕 주(紂)가 감옥에 가둔 기자를 석방하였다. 기자가 은을 멸한 주 무왕에 의하여 석방되고 그곳에 사는 것을 수치로 생각하고 조선으로 도피하였다. 이에 무왕이 인하여 조선 왕으로 임명하니, 기자가 무왕의 임명을 받고 신하의 예를 지키기 위하여 다시 중국에 들어가서 무왕에게 조공하였다.」 <韓國의 再發見, p.54>

이에 대해 최인은 「공자는 기자, 비간, 미자를 은의 삼충신(三忠臣)이라고 말했다. 삼충신 중의 한 사람인 기자가 은을 멸한 주 무왕의 임명을 받고, 또 주 무왕에게 조공하였다 함은 명백한 거짓말이다」 하였다.

또한 「기자가 중국에 들어가서 맥수가(麥秀歌)라는 애국가를 지어서 은의 유민을 울게 한 일이 있었다. 이것이

기자가 주를 반대하고 독립운동을 전개한 증거이다. 공자도 그 당시의 은의 문헌을 믿을 수 없다고 말했다. 공자의 말과 같이 기자가 조선 왕이 되어 중국에 예속되었다 함은 명백한 거짓말이다. 중국인은 옛날부터 중국이 인류의 종주국이라고 자처하여 일방적으로 타민족에 대하여 임명과 조공이라는 자존적인 말을 쓰는 전통이 있다.」<韓國의 再發見, p.54~55>라고 하며, 전적으로 부정했다.

(6) 최씨는 기자가 한국에 망명해서 한복을 입고 살았을 것이라고 주장했다. 동시에 최씨는 한민족이 거족적으로 끈질기게 한사군(漢四郡)에 대한 자주적 투쟁을 전개하여 한(漢)의 세력을 축출했음을 역설했다. 이상에서 보듯이 삼국유사의 단군신화 말미는 불필요한 오기라 하겠다.

제9장 우리의 신앙과 「한울 정신」

[1] 탁월한 고유 신앙(固有信仰)

(1) 일제 말기의 학자 최남선(崔南善)은 말했다.

「유교와 불교 같은 외국의 종교가 들어오기 전에도 조선 민족의 정신적 기둥이 되는 독특한 신앙이 고유자재(固有自在)하였다.」 <朝鮮常識問答, p.146~147>

(2) 「아득한 옛날의 조선 민족도 많은 신앙을 가졌다. <* 그것은 물을 것도 없다.> 역사의 첫 장을 넘기게 되는

때에는 이미 태양숭배(太陽崇拜)를 알맹이로 하는 훌륭한 민족적 종교가 있었다.」 <同>

(3)「곧 조선의 옛날 사람은 이 세계가 삼층(三層)으로 되었다고 생각했다. 상(上)의 광명계(光明界)에는 빛과 더운 기운의 태양(太陽)이 최고의 주재신(主宰神=하느님)으로 여러 아드님과 허다한 선신(善神)들을 데리고 계시다. 하층(下層) 암흑계(暗黑界)에는 귀신 같은 것, 즉 악성(惡性)의 정령(精靈)이 있다. 그리고 중간에 우리들이 사는 인간세상(人間世上)이 있다.」

<* 최남선의 생각이다. 지옥은 바로 동물적 수심이나 이기적 욕심으로 서로 쟁탈하고 싸우는 현실세상이라고 생각했던 것이다.>

(4)「또 이 세상에는 본래 나라와 임금 같은 것이 없고, 사람이 군집했다. 그러자 하계로부터 악의 세력이 나와서 세상을 더럽히고 사람을 성가시게 굴어 어지럽게 했다.」

(5)「그래서 하느님의 아드님 한 분이 이를 바로잡겠다 하여 아버님의 허락을 받았다. 그리고 천신(天神), 즉 여러 가지 능력을 지니고 인간 세상으로 내려왔다.」

(6)「그리고 악의 세력을 휩쓸어 버리고 하늘의 법과 도리로써 세상을 안정했다.」

(7)「또 인간인 여자 몸에서 아드님을 낳으셔 세상 다스리는 소임을 아드님에게 맡기셨다. 그리고 당신은 도로 하늘로 돌아가셨다.」 <* 어구를 오늘의 말로 고쳤다. 同>

(8) 「이렇게 하여 하늘과 같은 질서를 인간세계에 펴고자 했다. 그래서 나라도 생기고 임금도 세웠다.」 <同>

(9) 「또 인간세상에서는 상계(上界)의 선신(善神)의 힘을 바탕으로 하고, 하계(下界) 악령(惡靈)의 재해를 물리쳐서 세계를 명화(明化)함이 그 목적이었다. 국가는 그것을 실현하는 기구로 존재하는 것이다.」 <同>

(10) 「업무를 다하기 위하여 <모든 사람은> 모름지기 청결과 근로와 복종의 덕을 마냥 발휘하여야 한다.」 「이것이 신앙의 대강령(大綱領)이었다.」 단군신화를 근거로 한 최남선의 설을 다음과 같이 요약해서 추릴 수 있다.

① 유교나 불교가 전래하기 전에 한민족은 독자의 고유신앙이 있었다.

② 태고에는 한민족도 숱한 신앙을 가졌었다. 그러나 역사 초기에 이미 태양숭배(太陽崇拜)를 알맹이로 하는 훌륭한 민족적 종교를 만들어 가졌다.

③ 옛 한민족의 세계관(世界觀)은 삼층(三層)이다. 상층(上層)은 광명계(光明界)로 최고의 주재신(主宰神) 「하느님=태양」이 여러 아드님과 허다한 선신(善神)들을 데리고 계시었다. 하층(下層)은 암흑계(暗黑界)로 「악귀(惡鬼)」가 살고 있었다. 중간이 「인간세(人間世)」다.

④ 태고에는 나라도 임금도 없이 군집생활(群集生活)을 했다. 그때에는 하계(下界)의 악세력(惡勢力)이 세상을 더럽히고 사람을 괴롭혔다.

⑤ 이에 하느님의 아드님 한 분이 이를 바로잡겠다 하여 아버님의 허락을 얻고 능력을 받아 가지고 인간계로 하강하여 악세력(惡勢力)을 휩쓸어버리고 「하늘 법〔天法〕」으로 세상을 안정케 했다. 그리고 인간계에서 아드님을 낳으셔 세상 다스리는 소임을 아드님에게 맡기고 당신은 도로 하늘로 돌아가셨다.

⑥ 하늘의 질서를 인간계에 펴기 위하여 임금도 세우고 또 국가도 만들었다. 즉 「이와 같이 하고 하늘과 같은 질서를 인간세계에 펴고자 했다.」

⑦ 인간의 생존 및 국가의 존재 목적은 「세계의 광명화(光明化)」이다. 즉 「사람이 사는 것은 하늘나라의 선신(善神)의 힘을 빌려서 하계(下界)의 악령(惡靈)의 재해(災害)를 물리쳐서 세계를 명화(明化)함이 그 목적이다. 국가는 그것을 실현시키는 조직적 세력으로 존재하는 것이다.」

⑧ 사명을 완수하기 위해서는 덕(德)을 갖추어야 한다. 즉 「업무를 다하기 위하여 모든 사람은 모름지기 청결과 근로와 복종의 덕을 마냥 발휘하여야 한다.」

이상 여러 가지 학자의 설을 사실대로 복잡하게 열거했다. 이를 다시 추려 「한민족의 고유신앙」을 다음과 같이 현대적으로 풀이할 수 있다.

[2] 고유 신앙 사상의 현대적 풀이

(1) 하늘의 최고신 천제의 적손인 단군(檀君)을 임금으로 모시고 받드는 옛날의 한민족은 스스로를 천손족(天孫

族)으로 자처했다. 특히 태양신(太陽神)을 최고의 주재자(主宰者)로 높이는 고유신앙(固有信仰)을 갖게 되었다. <* 당시는 불교나 유교가 발생하기 훨씬 전이다. 따라서 한민족의 신앙은 「자생적 고유신앙」이었다.>

(2) 태양(太陽)은 하늘의 권위이고 동시에 「광명(光明)과 생명(生命)의 근원이다.」 따라서 「천제의 직계 후손으로 태양신을 모시고 받드는 한민족의 신앙」은 「세계 다른 민족의 신앙보다 탁월한 것이라고 말할 수 있다.」

(3) 한민족의 고유신앙은 「인간의 생존 및 국가의 존재 목적을 세계의 광명화」에 두고 있다. 즉 「사람이 사는 목적이 바로 천신의 위력을 빌어서 하계의 악령들의 재해를 물리치고, 인간세계를 하늘의 도리에 맞게 이화(理化)하고 아울러 인간세계를 광명화함이다.」 「국가는 그것을 실현시키는 조직적 세력이다.」

(4) 광명과 생명 및 질서의 근원인 태양신을 숭배하고 지상에 인간을 주체로 한 「밝은 누리(光明世界)」를 구현하려는 한민족의 고유신앙은 바로 「하나의 세계를 창건」할 오늘의 인류의 이상적 신앙이 되어야 한다. 그 정신을 「한울 정신」이라고 한다. 이는 곧 하늘의 도리를 기준으로 인간세계를 이화하고 종국적으로는 「하나의 선세계(善世界)」를 구현할 이념이다.

제10장 종합과 결론

[1] 종합 설명

(1) 우리는 최고의 주재자 태양신의 직손 단군의 후예다. 반만년의 아득한 역사를 이어오고, 또 무수하게 처절한 국난(國難)을 슬기롭게 극복해 온 불요불굴(不撓不屈)의 단일민족(單一民族)이다.

(2) 우리의 고유신앙은 태양처럼 인류에게 「광명(光明), 생명(生命) 및 질서(秩序)」를 부여하고 동시에 세계를 「밝은 누리(光明世界)」로 화하는 신앙이다.

(3) 고유신앙과 한울 정신은 비단 한민족만이 아니다. 인류의 희망이기도 하다. 즉 「평화 세계를 창건하려는 인류의 이념」이기도 하다.

[2] 「한」과 「울」의 뜻풀이

「한」은 태고 때부터 우리 선조들이 일컬었던 순수한 우리말이다. 그 속에는 여러 가지 깊은 뜻이 내포되어 있다. 「한울 정신」의 깊은 뜻을 나누어 풀이하겠다.

① 한은 하나〔一〕이면서 크다〔大〕의 뜻을 함께 지니고 있다. 따라서 「한」은 「개체(個體)와 전체(全體)를 통합한 뜻이다.」 즉 「개별적 존재인 개인과 전체적 집단인 민족이나 국가를 하나로 통합한다는 뜻이다.」

② 한은 가장 크고 높은 군장(君長 : 최고의 지도자, 임

금)의 뜻이기도 하다. 따라서 모든 사람이 임금을 중심으로 하나가 된다는 뜻이 내포되어 있다.

③ 한은 하늘에서 가장 큰 해〔太陽〕를 지칭한다.

④ 한은 「바르다, 곧다」의 뜻도 있다. 앞의 뜻과 합하여, 한을 「광명정대(光明正大)」의 뜻으로 확대할 수도 있다.

⑤ 한은 「하다〔爲〕와 가장 성하다〔最盛〕」의 뜻도 있다. 따라서 한은 우리 한민족의 세차고 뛰어난 용맹한 실천력을 나타내기도 한다.

⑥ 한은 「많다, 모두」의 뜻을 나타낸다. 따라서 앞의 뜻과 함께 「한」을 「우리 겨레 모두가 대동(大同) 협동(協同)하여 번성 발전하다」로 확대 해석할 수도 있다.

⑦ 울은 「우리, 즉 한 가족, 한 집안, 한 혈통의 공동체」를 뜻한다.

⑧ 울은 「울타리」의 뜻으로 확대하면 「하나의 나라, 하나의 세계 및 한 우주」의 뜻이다.

[3] 「한울 정신」과 「홍익인간」

(1) 한울에서는 모든 하나, 즉 개별적 존재가 우리, 즉 전체와 하나가 된다. 저마다 독립된 인격과 개성을 지닌 「내」가 공동체, 즉 「우리」와 하나가 된다.

한울 정신은 개별적인 나와 전체로서의 겨레를 하나 되게 하는 정신이다. 개별적 기능과 독창성 및 가치가 전체적 가치, 즉 국가나 세계의 번영 발전에 직결되는 정신이다.

(2) 한울 정신은 유일무이한 절대 진리인 하늘의 도리

를 따르고 실천하는 정신이다. 따라서 한울 정신을 따르면, 개인이나 국가가 광명정대하고 공평무사하고 영구불변하는 진리와 하나가 될 수 있다.

(3) 한울 정신은 「밝고, 돋고, 세차게」 행동하는 정신이다. 과거 아시아에 웅비하고 또 온갖 고난에도 굴하지 않은 한민족의 용감하고 강인한 기상이나 행적이 바로 한울 정신에서 연유한 것이다.

(4) 한울 정신은 우리의 건국이념인 「홍익인간(弘益人間)」에 직결된다.

(5) 「홍익인간」은 곧 다음과 같은 뜻이다. 하늘의 도리를 지상에 구현한다. 하늘의 도리에 따라 만민(萬民)과 만물(萬物)을 사랑하고 번성케 함이다. 즉 애민이물(愛民利物)이다.

(6) 「하늘의 도리」는 「광명정대(光明正大), 공평무사(公平無私), 영구불변(永久不變)의 절대선(絶對善)의 진리다.」 그러므로 「홍익인간」은 곧 「천도를 따라 만물을 생생불식(生生不息)한다는 뜻이다.」

[4] 「이(夷)」의 뜻

(1) 고대 중국인은 우리 한민족을 「이(夷)」라고 호칭했다. 즉 다음과 같이 말했다.

(2) 「이(夷)는 평(平)의 뜻이다. 대(大)와 궁(弓)의 합자(合字)이다. 동방에 사는 사람이다.(夷 平也 從大從弓 東方之人也)」 <說文>

(3) 「동방의 이(夷)는 대(大)와 인(人)의 합자다. 그들의 풍속은 인애(仁愛)가 넘친다. 인애의 사람은 수(壽)한다. 그들 나라에서는 군자(君子)가 죽지 않고 영생(永生)한다.(惟東夷 從大人也 夷俗仁 仁者壽 有君子不死之國)」 <說文 段注>

(4) 「이(夷)는 저(抵)〔땅에 붙어서〕의 뜻이다. 즉 사람들이 인애로 만물을 사랑하고 잘 살리고, 또 땅에 붙어서 경작(耕作)하며 산다.(夷者 抵也 言 仁而好生萬物 抵地而生)」<後漢書 東夷傳>

(5) 옛 중국인은 한민족을 「궁술(弓術)에 뛰어난 무용(武勇)과 더불어 토지를 경작하며 사는 평화로운 대인(大人), 동시에 만물을 호생(好生)〔잘살게〕하는 인애하고 장수하는 군자로 보았다.

(6) 대인이나 군자는 천도(天道)를 따라 지덕(地德)을 세운다. 곧 홍익인간의 뜻이다.

[5] 총결론

(1) 「한울 정신」은 인애로 만물을 키우는 문화적인 면과 아울러 국난 극복의 역사적 사실이 증명하듯이 악덕한 무력침략을 단호히 격퇴하는 굳센 위정척사(衛正斥邪)의 호국 무술(護國武術)과 직결된다.

(2) 「한울 정신」은 한국에 국한되지 않고 전 세계 전 인류에 확대되는 사해일가(四海一家)의 대동사상(大同思想)이다. 그것이 곧 「홍익인간(弘益人間)」 및 「밝은 누리」

의 최종 단계이다.

(3) 거듭 말하겠다. 「한민족은 천신의 직손 후예이다. 단군의 숭고한 건국이념을 바탕으로 국난을 슬기롭게 극복하고 역사를 발전시켜온 불요불굴의 탁월한 민족이다.」

(4) 「오늘까지의 인류 세계는 투쟁 쟁탈의 악덕만을 되풀이해왔다. 그러나 앞으로 다가올 21세기에는 하나의 지구촌 인류 세계를 창건해야 한다.」

(5) 바로 우리 한민족이 인류를 영도할 「정신적 중심 민족」이 되어야 할 것이다. 우리 한민족은 하늘이 부여한 존엄한 세계사적 사명을 자각하고 자중해야 한다.

(6) 「밝은 누리」의 근원인 위대한 하늘과 태양은 순간도 쉬는 일이 없다. 그러므로 천손의 후예인 우리 한민족도 자강불식(自强不息)해서 세계사적 사명을 완수해야 한다.

〈* 참고 : 韓國國難史, 明文堂〉

제 2 편
인류의 위기와 극복의 길

【참고 설명】 핵심 설명

(1) 위기는 「정신 도덕적 위기를 말한다.」

(2) 극복은 「천도와 본성으로 복귀함이다.」

(3) 구제는 「효도(孝道)와 인정(仁政)으로 한다.」

(4) 「나〔我〕」와 「우리」는 하나다.

개개인으로서의 「나」는 공동체로서의 「우리」다.

가정에서는 「나」와 「다른 가족」을 합해서 「우리」라고 한다.

민족국가에서는 「나와 모든 국민」을 합해서 「우리」라고 한다.

그러므로 「나」는 곧 「우리 한민족(韓民族)」이다. 확대하면 「나」는 곧 「우리 인류(人類)」다.

(5) 그러므로 「인류의 위기」는 모든 「개개인의 위기」이다. 그 중의 「한 사람」이 바로 「나〔我〕」다. 이와 같이 「나와 우리」를 하나로 보는 것이 동양사상의 특색이다.

다음에서 나누어 자세히 서술하겠다.

[1] 재물과 무력만을 높인다

(1) 절대선(絶對善)인 하늘의 도리를 따라 사람들이 서로 사랑하고 협동하여 함께 잘사는 공동체를 꾸며야 한다. 그러나 오늘의 인류는 개인적으로나 국가적으로나 심한 위기에 처해 있다.

(2) 위기의 근본요인은 개인적 차원에서는 지나친 이기심과 금전만능이다. 국가적 차원에서도 「이기적(利己的) 탐욕을 채우기 위해 약육강식(弱肉强食)을 한다.」

(3) 한편 개개인을 단속하기 위해 지나친 법치 탄압을 가하고 있다. 이를 한마디로 「이기적 국가절대주의(國家絶對主義)」라고 말한다.

나누어 설명하겠다.

① 나라에 돈이 많고 또 무력이 강하고자 한다.

② 내 나라의 탐욕을 채우기 위해, 권모술수(權謀術數)로 남을 속이거나, 돈으로 매수하거나, 무력으로 굴복하게 한다. 그래서 사람이나 나라가 서로 다투고 뺏기를 하게 마련이다.

(4) 이런 「부국강병(富國强兵)」은 결국 국민들을 억압하게 마련이다. 그래서 사람이나 나라가 「영적(靈的)·정신적(精神的) 도덕성(道德性)」을 잃고 오직 「이기적 욕심」만을 따른다. 그래서 위기에 빠지게 된 것이다.

[2] 위기 극복과 구제의 도리

(1) 그래서 사람이 영장(靈長)이 아닌 동물만도 못한

악덕한 존재로 전락했다. 그래서 지구가 총체적으로 약육강식(弱肉强食)의 사냥터로 전락했다. 아울러 지구촌 전체가 초토(焦土)의 생지옥으로 화했다.

(2) 이래서는 안 된다. 우리 모두가 각성해야 한다. 이기주의와 외형적 물질문화 및 무력 팽창주의로 야기된 오늘의 세계 인류의 위기를 극복해야 한다. 그 도리를 동양의 도덕사상에서 찾아야 한다. 먼저 우리가 심성을 함양하고 인격을 도야해야 한다.

(3) 가정에서는 효제(孝悌)를 성실하게 실천해야 한다. 사회적 차원에서 도덕 윤리 효도를 실천해야 한다. 그래야 나라도 도덕정치(道德政治)를 펴게 될 것이다.

(4) 전통사상에서 말하는 도덕의 뜻은 깊다. 도(道)는 「절대선(絶對善)인 천도(天道)」이고, 덕(德)은 「도를 따르고 행해서 얻은 좋은 성과, 즉 지덕(地德)」이다.

(5) 도덕정치는 서로 싸우고 쟁탈하는 악덕정치와 정반대가 된다. 천도를 따라 사랑하고 협동하는 인애(仁愛)의 덕치(德治)이다. 도덕정치를 펴야 「과학・기술・재물」 등을 선용하고, 인류대동(人類大同)의 진정한 평화세계(平和世界)를 창건(創建)할 수 있다.

[3] 정신문명과 물질문명

(1) 동양과 서양은 문화의 특성이나 전통이 상대적으로 다르다. 동양에서는 내면적 정신문명을 높이고 서양에서는 외형적 물질문화를 중시한다. 그 결과 동양 사람들은

심성함양(心性涵養)과 인격도야(人格陶冶) 및 「효도 윤리」를 중시한다. 서양 사람들은 개별적 기능과 외형적 물질가치를 높이고 무력을 앞세운다.

(2) 과학·기술을 높이고 또 선용해서 인류의 외형적 물질생활을 편리하고 풍요롭게 하는 것은 바람직하다. 그러나 인간의 존엄성과 숭고한 정신가치를 망각하고 인간을 물질이나 무력에 예속케 하는 것은 잘못이다. 특히 강대국들이 과학·기술·재물 등을 무력화하고, 세계를 제패함으로써 인류를 도덕적으로 타락시키고, 마침내 세계를 약육강식의 사냥터로 전락케 한 것은 더욱 큰 잘못이다.

(3) 이대로는 안 된다. 무력의 절대적 지배는 있을 수 없다. 무력은 보다 큰 무력을 초래하고 「무력 상쟁(武力相爭)」은 「상호멸망(相互滅亡)」에 직결된다. 위기를 극복하고 인류를 구제하기 위해서는 동양의 정신문화의 핵심인 「효도 윤리 도덕」을 선양하고 실천해야 한다.

(4) 개인이나 국가가 정신 도덕을 높이고 과학·기술 및 재물을 선용해야 한다. 그래야 진정한 인류대동(人類大同)의 「선세계(善世界)를 창건할 수 있다.」

[4] 수렵(狩獵)적 악덕정치

(1) 세계의 현실을 냉철하게 내다보고 비판하자. 불행하게도 모든 나라들이 수렵의 정치 논리를 바탕으로 하고 음양(陰陽)으로 쟁탈전을 벌이고 있다.

(2) 동서를 막론하고 정치세력의 특성은 수렵을 바탕으

로 한 것이다. 동물을 잡아 죽이고 내 것으로 만드는 것이 사냥이다. 서양의 수렵문화는 역사적 사실로 해적시대를 거쳐 마침내는 국가적 차원의 해양진출에 이어졌다. 즉 서양의 강대국들은 19세기를 전후해서 철선(鐵船)과 화포(火砲)를 앞세우고 세계 도처에서 재물을 긁어모았고, 또 많은 식민지를 획득했었다.

(3) 그리고 오늘에는 핵무기와 첨단무기의 힘으로 세계를 제패하고 있다. 남을 죽이고 남의 것을 탈취해서 나만 잘살겠다는 정치가 곧 수렵의 논리를 바탕으로 한「악덕정치」이다.

(4) 그러나 물질과 무력만을 높이는 서양은 악덕을 악덕인 줄 모른다. 그것을 당연시하고 또 전부라고 믿고 있다.

(5) 딱하게도 동양의 많은 자주성을 상실한 지식인들도 물질과 무력을 절대시하는 서양의 악덕정치의 논리를 더없이 좋은 것이라고 착각하고 있다.

(6) 따라서 동양의 정신문화를 멸시하고 바르게 알려고 하지 않는다. 이에 더욱 정치가 타락하고「과학·금전 및 무력」만을 추구하는 부국강병에 골몰함으로써 마침내 인류사회 전체가 악덕과 폭력이 난무하는 생지옥으로 전락한 것이다.

(7) 천국은 다른 것이 아니다. 모든 사람이 서로 사랑하고 협동하여 다 함께 공생(共生)·공존(共存)·공영(共榮)하는 세계가 바로 천국이다.

[5] 생지옥 같은 20세기

(1) 20세기는 인류가 온통 미쳐서 생지옥을 연출했던 참극의 한 세기였다. 1, 2차 세계대전, 한국전쟁, 월남전, 여러 나라의 정치혁명과 대량학살, 지금도 계속되고 있는 국지전쟁, 동서의 치열했던 이데올로기의 대결, 강대국과 약소국간의 격차와 갈등, 탐욕스런 무역전쟁, 세계화라는 이름의 경제 대국의 시장 독점, 무력을 앞세운 강대국의 음흉한 세계 제패의 야욕 등으로 지구촌이 얼룩지고 있다.

(2) 이로 인해 자연이 파괴되고, 무고한 생명이 대량으로 살상되고, 전통적 가치관이 붕괴되고, 윤리 도덕이 증발했다. 옛날 로마제국이 유럽을 휩쓸고, 원(元)나라가 아시아를 유린했던 것은 오늘의 원자탄을 동원한 살육 전쟁에 비하면 아이들의 패싸움에 불과하다.

(3) 20세기의 인류사회가 이처럼 처참한 몰골로 전락한 근본원인은 모든 나라들이 「수렵의 논리를 추구하는 악덕정치」를 펴고 있기 때문이다. 모든 나라들이 「이기적 국가절대주의」에 빠져 끝없는 탐욕을 채우기 위해 간교한 술책을 농하고, 무자비한 무력으로 남을 살상하고, 남의 땅과 재물을 탈취하고 있기 때문이다.

(4) 동양에도 과거에는 이와 같은 악덕정치와 무력 상쟁이 있었다. 그러나 일찍이 동양의 성현들은 악덕을 신랄하게 비판했고, 아울러 「수기치인(修己治人)과 왕도덕치(王道德治)」의 정치사상과 공존(共存)·공영(共榮)의 길을

제시했던 것이다.

[6] 성현(聖賢)의 경고(警告)

(1) 인간이 도덕성을 상실하고 정치가 악덕논리를 따름으로써 오늘의 인류는 위기에 처했다. 개인적 차원에서나 국가적 차원에서나 악덕의 근본은 악한 마음가짐이다. 남을 살상하고, 남의 재물을 탈취하여 혼자 잘살려는 마귀의 심보가 바로 악덕의 근본이다. 이러한 악덕을 근본적으로 치유하지 못하고 그대로 두면 개인적으로나 전체적으로나 파멸을 면치 못한다. 그러므로 동양의 옛 성현들은 다음과 같이 날카롭게 경고했던 것이다.

(2) 예기(禮記)에 있다. 「인간이 동물적 존재로 전락하는 까닭은 천도를 저버리고 인간적 탐욕을 끝없이 추구하기 때문이다.(人化物也者 滅天理 而窮人欲者也)」<樂記>

(3) 대학(大學)에 있다. 「덕이 근본이고 재물은 말단이다. 그런데 근본인 덕을 밖으로 내쫓고 말단인 재물을 안에 모시면 사람들이 서로 다투고 재물을 쟁탈하게 된다.(德者本也 財者末也 外本內末 爭民施奪)」<傳 10>

(4) 맹자(孟子)는 다음과 같이 인륜(人倫)을 강조했다. 「일반 사람에게 적용되는 기본원칙이 있다. 배불리 먹고 따뜻하게 옷을 입고 물질적으로 풍족하고 안일하게 생활을 하되, 만약에 그들을 바르게 가르치고 교육하지 않으면 금수와 다를 바 없게 된다. 그러므로 옛날의 순(舜)임금은 이를 우려하고 설(契)을 교육장관으로 임명하여 사람에게

윤리를 가르치게 했다.(人之有道也 飽食煖衣 逸居而無教 則近於禽獸 聖人有憂之 使契爲司徒 教以人倫)」

또 맹자는 말했다.「하늘의 도리가 실천되는 좋은 세상에서는 <도덕이 기준이 된다.> 그러므로 덕이 큰 대인이 덕이 작은 소인을 부리고, 또 크게 현명한 사람이 덜 현명한 사람을 부린다.」

(5)「그러나 하늘의 도리가 행해지지 않는 나쁜 세상에서는 <무력이 기준이 된다.> 그러므로 작은 나라는 큰 나라의 지배를 받고, 무력이 약한 나라는 무력이 강한 나라에 예속되게 마련이다.」「이 둘은 하늘에 의해서 정해진 필연의 방식이다. 그러므로 천도를 따라 덕을 높이는 사람이나 나라는 흥성한다. 천도를 어기고 무력만을 내세우는 인간이나 나라는 멸망한다.(順天者存 逆天者亡)」

(6) 이상은 바로 오늘의 인류에게 주는 날카로운 경구(警句)들이라 하겠다. 우리는 악덕정치를 지양하고 도덕성을 회복해야 한다.

(7) 21세기에는 낡은 때와 악덕을 청산하고 새로워져야 한다. 그러므로 우리는 크게 각성하고 악덕한 마음이나 그릇된 사상 및 가치관을 바꿔야 한다. 그리고 절대선인 하늘의 도리를 따르는 인정덕치(仁政德治)를 펴야 한다.

[7] 유교사상 재평가

(1) 유교사상을 오늘의 사람들은 잘 모른다. 그래서 무용지물로 버린다.

(2) 인류 문화는 역사적으로 발전한다. 고로 전통을 존중하고 활용해야 한다. 전통은 오랜 세월에 걸쳐 어질고 슬기로운 성현에 의해 창조 계승된 예지의 결정이다.

(3) 서양의 외형적 물질문화나 과학 기술도 오랜 세월에 걸쳐 많은 사람들의 노력에 의해서 창조되고 축적된 금자탑이다. 그러므로 우리도 그들의 귀중한 성과를 높이고 활용해야 한다. 동시에 동양의 내면적 정신문화의 가치와 전통도 높이고 활용해야 한다. 그래야 서양의 무력만능사상에 오염된 인류의 심각한 위기를 극복할 수 있다.

(4) 동양의 전통적 정신문화의 핵심은 유교다. 유교는 지(知)와 행(行)을 아울러 강조한다. 천도 천리를 알고 그것을 실천해야 한다.

(5) 공자에 의해서 2천5백 년 전에 틀이 잡힌 유교사상은 현세적 인본주의, 실천적 도덕주의, 역사적 실증주의 및 발전적 문화주의라고 말할 수 있다. 이에 대해서는 많은 사람들이 공감할 것이다.

(6) 더 중요한 것은 유교의 「생명철학적 발전관(生命哲學的 發展觀)」을 바르게 아는 일이다. 유교는 우주를 하나의 거대한 생명체로 본다. 따라서 천지 자연 만물이 끝없이 생성 변화 번식 발전하고 있다고 본다. 역경(易經)에서 「생생불이(生生不已)」라고 한 말은 곧 우주 천지 자연 만물의 생성 변화 발전이 끝없이 이어진다는 뜻이다. 또 「하늘과 땅이 어울려 만물을 생성하고 발전케 한다」라고 한

말이 곧 유교의 「생명철학적 발전관」이다.

(7) 이 점을 깊이 인식해야 한다. 유교는 절대로 진부하고 후퇴를 강요하는 사상이 아니다. 그러므로 유교가 강조하는 도덕 윤리의 실천도 자연 만물과 조화를 이루고 천하 만민이 함께 잘살고 번성하려는 발전의식과 가치관을 바탕으로 하고 있음을 알아야 한다.

(8) 윤리 도덕은 절대로 일반 대중을 구속하는 멍에가 아니다. 함께 잘살고 발전하려는 공동체의식에서 나온 선가치적 사회 규범이다.

(9) 그러나 많은 사람들이 유교의 깊은 뜻을 모르고 무조건 유교를 낡고 쓸모없는 봉건적 퇴폐사상, 혹은 패배사상으로 곡해하고 있다. 참으로 통탄할 노릇이다.

(10) 그렇게 된 원인은 다름이 아니다. 첫째로 유교의 깊은 뜻을 모르기 때문이다. 다음으로 금전과 무력이 난무하는 혼탁한 현실에 미혹(迷惑)되어 바른 삶의 도리를 모르고 동물적 삶만을 살고 있기 때문이다. 특히 과거의 통치자들이 유교사상을 악덕하게 악용했기 때문이다.

[8] 동양 몰락의 원인

(1) 냉철히 생각해 보자. 동양의 몰락이 유교사상 때문이었나? 아니면 아편전쟁을 전후한 서양의 제국주의적 무력침략 때문이었나?

(2) 동양의 몰락의 책임은 청조(淸朝)의 통치자들이 져야 한다. 그들은 타락하고 무능하여 서양의 막강한 무력침

공을 격퇴하지 못하고 굴복했던 것이다. 그들이 우둔하고 무식해서 서양의 과학 기술 공업에 대해서 배우지도 않았고, 또 알지도 못했기 때문에 망한 것이다.

(3) 당시의 지도층은 편협했다. 아는 것이라고는 한자와 유교가 전부였다. 그들의 글공부도 벼슬하고 부귀를 누리기 위한 것이었다. 그러므로 그들은 타락할 수밖에 없었다. 다시 말하면 유교도 바르게 알고 실천한 것이 아니었다.

(4) 만약에 그들이 유교의 깊은 뜻을 알고 실천했다면 천도를 따라 과학 기술도 발전케 하고, 특히 유교의 가르침대로 수사선도(守死善道)하고 벽사위정(辟邪衛正)했을 것이다.

(5) 그러므로 동양의 몰락의 책임을 유교사상 자체에 돌리는 것은 잘못이다.

(6) 유교사상을 바르게 모르고 실천을 못한 지식인, 특히 과학 기술의 개발이나 무력 증강을 소홀히 한 청조의 정치 지도자에게 돌려야 한다.

(7) 과거의 동양의 지식인들이 부국강병하지 못하고 서양의 무력침공에 굴복한 죄는 절대로 용서받을 수 없다.

(8) 그와 마찬가지로 오늘의 편협한 지식인들이 서양의 무력팽창주의만을 높이고, 동양의 정신문화나 윤리 도덕을 바르게 모르고 맹목적으로 배척하는 것도 큰 잘못이다.

(9) 그와 같이 하나만 알고 둘을 모르는 편견이 오늘의 인류 위기를 조성하고 있는 것이다.

(10) 「나만 잘살기 위해서는 재물과 무력만을 높여야 한다. 정신이나 윤리 도덕은 필요없다」고 하는 편견이 오늘의 세계를 병들게 하고 있는 것이다.

(11) 사람은 정신과 육체가 함께 발달해야 한다. 육체만 건장하고 정신이 쇠약하거나, 반대로 정신만 높고 육체가 허약하면 안 된다.

(12) 그와 마찬가지로 국가도 내면적 정신문화와 외형적 물질문화를 고르게 발전시키고 조화해야 한다. 그래야 남에게 유린되거나 침략을 받지 않을 것이다.

(13) 그런데 동양의 많은 지식인들이 서양의 무력침략을 탓하기에 앞서 무조건 유교사상을 매도하는 것은 잘못이다. 무력이 약해서 패배하고 침략을 당했으니 무력을 강화해서 침략을 막아야 한다.

(14) 그러나 무력을 가지고 남을 침략하면 안 된다. 무력을 강화하되 동시에 숭고한 정신과 도덕성으로 상대를 선화(善化)해야 한다.

(15) 유교사상에도 부득이한 경우에는 무기를 들고 천도를 어기는 잔인무도한 폭군을 타도하고 방벌(放伐)하는 혁명사상과 파사현정(破邪顯正) 사상이 철저하다. 그것이 다 절대선인 천도를 기준으로 하고 인간의 사악을 격퇴하자는 사상이다.

(16) 유교는 절대로 악에 패하는 것을 용납하지 않는다. 한편 유교사상은 부지런히 일하고 근검절약해서 경제

적으로 부를 축적하고, 부유하게 잘살고 발전하라는 경제사상도 투철하다. 단 악하게 부를 누리는 것을 절대로 금한다.

(17) 유교사상은 무조건 못살고 남에게 패배하는 사상이 아니다. 오해하면 안 된다. 바르게 배우고, 바르게 알아야 한다. 알지도 못하고 덮어놓고 유교사상을 매도하면 안 된다.

(18) 물론 과거의 지식인이나 통치계급의 잘못이 크다. 그들은 좁은 구각(舊殼)에 묻혀 과학 기술을 소홀히 했다. 특히 악덕한 통치자들이 유교사상을 보수적 관료체제 옹호에 악용했던 것이다. 집안에서도 가장(家長)은 효도 윤리 인의를 지키거나 행하지 않고 자녀들만을 구속했다.

(19) 그들은 유교의 「생명철학적 발전관」이나 혁명사상의 장점을 활용하지 못하고, 반대로 독재적 악덕 군주나 가부장제(家父長制)를 옹호하기 위해 그릇된 충성을 강요했던 것이다. 그들의 충성은 천도에 맞는 충성이 아니었다. 사악하게 부귀를 누리기 위한 굴욕적인 가장(假裝)된 충성이었다.

(20) 오늘의 악덕정치가 과학 기술을 악용하는 것과 같다. 그렇다고 과학 기술 자체를 비난하면 안 된다. 그와 마찬가지로 사악한 인간을 비난해야지 성현의 가르침인 유교를 비난하면 안 된다. 결국 무식하고 악덕한 인간이 유교를 악용한 것이지 유교의 가르침 자체가 나쁜 것이

아니다.

(21) 오늘의 강대국들이 과학을 악용하여 가공할 살상무기를 제조하고 남의 나라를 위협하고 있다고 과학기술 자체가 나쁜 것이 아니다. 악용하는 인간이 나쁜 것이다.

(22) 돈과 무력만을 높이고 효도 윤리 도덕을 배척하면 안 된다. 서양의 이기주의나 외형적 물질문화를 절대시하고 동양의 이타적 정신문화를 매도하면 안 된다.

(23) 오늘의 인류 위기는 사람이나 국가에 의해서 만들어진 것이다. 지금 바로 우리가 나서서 위기를 극복하고 인류와 세계를 구제해야 할 때다. 그래서 유교의 효(孝)와 인(仁)의 사상과 도리를 잘 배워야 한다.

[9] 효도(孝道) 인정(仁政)을 배우자

(1) 동양의 지식인들이 먼저 전통사상의 핵심인 유교를 바르게 인식하고, 아울러 천도를 기준으로 한 효도 윤리 도덕을 실천해야 한다. 그리고 우리들이 앞장서서 동양의 내면적 정신문화를 세계적 차원에서 모든 사람에게 선양하고 따르게 해야 한다. 그래야 위기를 극복할 수 있다.

(2) 먼저 서양의 물질문화 및 무력주의를 기준으로 하고 알지도 못하는 유교사상을 무조건 매도하는 나쁜 버릇을 고쳐야 한다. 아울러 동양의 정신문화의 핵심인 유교사상을 배워서 깊이 알고 바르게 살아야 한다. 깊이 알기 위해서는 필수적으로 한문을 배워야 한다.

(3) 서양은 수학을 바탕으로 외형적인 자연과학을 발전시켰다. 한편 동양은 한문을 바탕으로 내면적인 정신문화를 발전시켰다.

(4) 수학이나 한문이나 시각적으로 개념을 압축해서 전달하는 문화의 도구이다. 수학의 공식이나 한문은 개념을 압축하고 체계적으로 정보를 전달하는 시각적 부호이다. 그러므로 수학을 안 배우면 자연과학을 모르게 되고, 한문을 안 배우면 정신문화를 모르게 된다. 수학 공식을 떠나서 자연과학이 성립될 수 없다. 마찬가지로 한문을 안 배우면 절대로 동양의 정신문화를 깊이 터득할 수 없다.

(5) 만약에 수학 공식을 부호를 안 쓰고 소리 나는 대로 표음문자로 표기한다면 수학이 성립되겠는가? 안 된다. 그와 마찬가지로 「뜻과 개념을 압축한 한문」을 배워야 동양의 깊은 정신문화를 터득하고 체득할 수 있다.

(6) 한문을 배워야 한다. 그래야 저마다 심성을 함양하고 인격을 도야해서 사람다운 삶을 살게 될 것이다. 한문을 배워야 동양의 역사와 문화의 자주성을 굳게 지키고, 또 정신적으로도 물질과 무력의 노예로 전락하지 않을 것이다. 한문을 배우고 심성을 함양해야 관능적 쾌락을 좇는 동물적 삶에서 벗어날 수도 있다.

(7) 한문을 배워야 인심(仁心)을 발휘하고 만민을 사랑하고 만물을 선용하는 「애민이물(愛民利物)」의 인덕(仁德)을 세울 수 있다.

(8) 한문을 배워야 하늘의 뜻과 천도에 맞는 바르고 착한 문화생활을 영위할 수 있다. 모든 사람이 한문을 배워야 윤리 도덕이 실천되고, 따라서 정치 지도자들이 도덕정치를 펴고 「선세계(善世界)」를 창건하게 될 것이다.

(9) 단 오늘의 일반 사람이나 청소년들은 배우고 또 할 일이 너무 많다. 그러므로 한문을 한문으로 배우기는 거의 불가능하다.

(10) 그래서 필자는 한문의 깊은 뜻을 「순 한글」로 풀이하고 해석하고, 또 「참고 설명」에서 「현대 철학적 뜻」을 부가했다. 그래서 이 책을 「한글판」이라고 한 것이다. 지식인과 청소년이 배우고 실천하기를 바란다.

[10] 우리가 위기를 극복하자

(1) 「우리」는 곧 「나와 남」이 내가 됨을 뜻한다.

① 개체(個體)로서의 「나〔我〕」

② 「나와 우리의 가족과 가정」

③ 「나를 포함한 우리 민족과 우리 나라」

④ 「나를 포함한 세계 인류와 나의 나라를 포함한 모든 나라 들」

⑤ 「과거·현재·미래로 이어지고 발달하는 역사와 문화의 주체가 되는 나와 모든 사람」

(2) 그러나 서양에서는 「나와 남」을 엄격히 구분한다. 그러므로 「아버지와 아들, 남편과 아내, 통치자와 피통치자」를 「하나로 보지 않는다.」 대립적 관점에서 「나의 편을

우리」라 할 뿐이다.

(3) 오늘의 우리나라 지식인들도 서양의 「개인주의와 이기주의」를 바탕으로 하고 있다. 그래서 「개별적 존재인 나」만 알고 「참다운 우리」의 뜻을 잘 모른다.

(4) 그러므로 유교사상의 핵심인 효도 윤리 도덕 및 인정을 바르게 배우고 실천해야 인류가 구제된다.

제 3 편
유교의 천도(天道)와 인(仁)

【참고 설명】 천도(天道)와 인(仁)

(1) 유교의 도덕은 하늘〔天〕과 천도(天道)를 기준으로 한다. 하늘이 창조한 자연 만물은 땅〔地〕을 터로 하여 자라고 번식한다. 식물·동물 등은 천도를 모르면서 대자연의 조화 속에서 생존하고 또 번식한다. 그러므로 자연에는 악(惡)이 없다.

(2) 만물의 영장인 인간은 천도를 인식하고 실천하는 지능이 있다. 그러나 인간은 천도를 따라 살기도 하지만 반대로 동물적 욕심을 채우기 위해 천도를 어기는 수가 많다. 그래서 인간세계에는 선과 악이 혼재한다.

(3) 도덕(道德)의 뜻은 깊다. 천도를 따르고 실천해서 땅 위에 좋은 성과, 즉 지덕(地德)을 세운다는 뜻이다.

(4) 좋은 세계를 만들기 위해서는 사람들이 서로 사랑하고 협동해야 한다. 반대로 서로 싸우고 죽이면 함께 쇠퇴하고 악하게 된다.

(5) 그러므로 사람들은 도덕 윤리의 도리를 바르게 알고 효(孝)와 인(仁)을 실천해야 한다.

제1장 인간의 탁월한 본성(本性)

[1] 「내」가 인식과 실천의 주체

(1) 태고에 인류가 있기 전에 이미 우주 천지 자연 만물이 있었다. 그러나 인류가 나타난 후에 비로소 문화가 발달하기 시작했다. 하늘과 땅만으로도 자연 만물의 생성(生成) 변화(變化) 번식(繁殖)이 이루어진다. 그러나 인간의 힘이 가미되어야 모든 존재(存在)와 현상(現象)이 문화적으로 변한다.

(2) 그러므로 「하늘〔天〕, 땅〔地〕, 사람〔人〕」을 「삼재(三才)」라 한다. 이 삼재는 곧 「문화를 창조하고 더욱 발전케 하는 삼대 요소(三大要素)」라는 뜻이다.

(3) 삼재의 핵심은 인간이다. 인간이 하늘과 땅 사이에 개재해야 비로소 문화가 이루어진다. 그러므로 문화의 창조와 발전에는 인간이 주체가 된다. 그러나 자연과학에서 자연법칙을 따라야 하듯이 인간이 하늘의 도리를 따라야 한다. <* 자연법칙도 하늘의 도리의 하나다.> 만약에 하늘의 도리를 따르지 않거나 어기면 절대로 「선문화(善文化)」를 창조할 수 없다.

(4) 내가 인식과 실천의 주체이다. 그러므로 「나 자신」이 하늘의 도리를 알고 또 문화를 창조하고 발전케 해야 한다. 자연만물은 천도를 따라 생존할 뿐, 천도를 터득하거

나 활용하지 못한다.

(5) 인간만이 천도를 터득하고 활용해서 문화를 창조한다. 그러므로 인간을 만물의 영장이라고 한다. 만약에 하늘의 도리를 터득하고 문화를 창조하지 못하면 동물적 존재와 같게 된다. 「남」이 아닌 「나 자신」이 주체적으로 천도를 깨닫고 실천해야 한다.

[2] 「나〔我〕」는 우주(宇宙)의 중심

(1) 사람은 우주의 중심적 존재로 더없이 귀중하다. 「나」라고 하는 한 인간은 공간과 시간의 교차점 위에 있다. 한문에서는 공간을 우(宇)라 하고, 시간을 주(宙)라고 한다. 그러므로 「나」는 우주의 중심점에 존재한다.

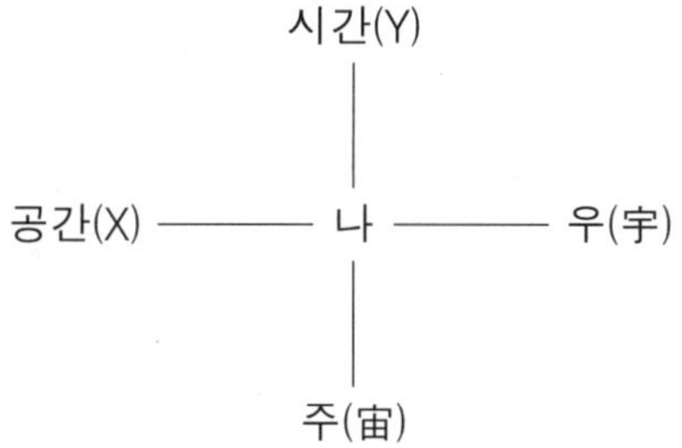

[그림 설명] 공간(宇=X)과 시간(宙=Y)의 교차점은 유일무이하다. 무한대한 공간과 영원한 시간의 통합체인 우주에서 「나」와 똑같은 [X·Y]의 좌표를 차지하는 존재는 없다. 이렇듯이 모든 사람은 우주의 중심적 존재로 유일무이하다.

(2) 그러므로 「나」를 비롯하여 모든 사람이 다 절대적 존재다. 「나」는 다른 것과 바꿀 수 없는 절대로 귀중한 존

재이다. 전통사상에서는 개별적 인간의 존재를 이와 같이 절대시하고 높인다. 이러한 도리를 인간만이 정신이나 마음으로 터득한다.

(3) 송대(宋代)의 육상산(陸象山)은 다음과 같이 말했다. 「사방 상하의 공간을 우라 하고 과거와 오늘을 잇는 시간을 주라고 한다. <공간과 시간을 통합한 우주를 인식하는 것이 사람의 마음이다.> 우주는 바로 나의 마음에 있고, 나의 마음이 곧 우주이다.(上下四方曰宇 古往今來曰宙 宇宙便是吾心 吾心便是宇宙)」<語錄>

(4) 우리는 스스로 내가 우주의 중심적 존재로 귀중한 존재라는 자각을 가져야 한다.

(5) 동시에 「나」는 무한한 공간과 영원한 시간, 즉 우주와 일체(一體)를 이루고 있다는 사실도 알아야 한다.

(6) 전체로서의 우주가 없으면 개별적인 「나」도 없다. 동시에 개별적 존재인 「내」가 없다면 전체인 인류 우주도 없게 된다.

(7) 한편 「나」는 X와 Y가 교차하는 미미한 존재이다. 그러나 동시에 「나」는 끝없이 뻗은 공간과 영원히 흐르는 시간과 하나인 큰 존재이기도 하다. 즉 나는 극소(極小)이자 동시에 극대(極大)이다. 이 도리가 바로 천도이다.

(8) 전통사상은 개개인의 존재와 인격을 중시한다. 동시에 우주적으로 확대된 전체도 중시한다. 그러므로 「나」와 「우주」가 하나가 되고, 「나」와 「전체」가 함께 잘사는 윤리

도덕을 강조한다.

(9) 만물이 우주적으로 존재하고 또 천지 자연 만물과 하나가 되어 생성 변화 발전하는 도리가 바로 하늘의 도리, 즉 천도(天道)다. 천도는 정신적으로 터득하게 마련이다.

(10) 그러므로 동물적 삶, 육체적 삶만을 살면 안 된다. 천도를 터득할 수 없다. 또 나만을 알고 이기주의적 탐욕만을 부리면 안 된다. 정신적·도덕적 삶을 살 수 없게 된다. 천도를 바르게 알고 윤리 도덕을 실천해야 사람다운 사람이 된다.

[3] 뛰어난 지각(知覺)과 기능(技能)

(1) 대체로 서양에서는 외형적·육체적 지능(知能)을 높이지만 동양에서는 내면적 정신가치를 중시한다. 「지능」은 지각과 기능을 합친 말이다. 나누어 설명하겠다.

① 지각(知覺) : 일차적으로는 깨닫고 안다는 뜻이다. 그러나 「알 지(知)」는 행한다는 뜻을 포괄하고 있다. 실천하지 않으면 참다운 앎이 아니다. 인간의 지각에는 육체적 지각과 정신적 지각 양면이 있다. 배가 고프다고 느끼는 것은 육체적 지각이다. 한편 눈에 보이지 않는 천도를 깨닫는 것은 정신적 지각이다. 정신적 지각 중에 가장 중대한 것이 하늘의 도리를 깨닫고 알고 실천하는 것이다. 알면 반드시 실천해야 한다. 절대선인 하늘의 도리를 기준으로 가치를 판단하고 선과 악을 분별하는 것도 정신적 지각에 속한다. 인간도 동물이다. 그러므로 육체적 본능을 따라 삶

을 영위하게 마련이다. 그러나 만물의 영장인 인간은 숭고한 정신과 이성(理性)으로 동물적 욕구를 조절하거나 억제해야 한다.

② 기능(技能) : 기술적으로 일을 처리하는 능력을 기능이라고 한다. 지각한 내용이나 욕구를 손과 발 혹은 도구를 활용해서 성취하고 목적을 달성하는 기술적 능력이 곧 기능이다. 육체적으로 배가 고프거나 혹은 춥다고 지각하면 음식을 취하거나 옷을 입는 기능을 한다. 인간은 동물과는 차원이 다른 탁월한 기능을 선천적으로 지니고 있다. 그러므로 놀라운 과학 기술을 발전시켰고 동시에 외형적 물질생활을 문화적으로 풍요롭게 또 편리하게 영위하고 있다. 기능에도 양면이 있다. 과학 기술 등의 외형적 기능만 있는 것이 아니다. 동시에 내면적·정신적으로 선악시비(善惡是非)를 분별하는 이성(理性)과 덕성(德性)의 기능도 있다.

(2) 그러므로 국가정치도 외형적·무력적 기능보다 정신적·도덕적 기능을 중시하고 도덕정치를 펴야 한다. 무력적으로 백성을 억압하는 통치를 패도(覇道)의 악덕정치라 한다. 인애(仁愛)로 백성을 사랑하고 인덕(仁德)을 베푸는 바른 정치를 「왕도덕치(王道德治)」라 한다. 서양은 전자에 치중하고 동양은 후자를 높인다.

(3) 이상을 대략 다음과 같이 도시할 수 있다. 지각(知覺)은 반드시 기능(技能)을 통해 구현되어야 한다. 외형적

물질문화, 특히 과학의 세계에서는 모든 것이 잘 이루어지고 있다. 그 이유는 과학자들이 천도인 자연법칙을 엄격히 따르고 실천하기 때문이다. 그러므로 오늘의 인류는 고도로 과학적 성과를 올리고 또 그 성과를 누리고 있다.

(4) 그러나 정신적 지능면에서는 사람들이 절대선의 천도를 따르지 않고, 반대로 남을 살상하고 남의 재물을 탈취하려는 마귀의 심보와 금수의 도리를 따르고 있다.

<인간의 지각과 기능>

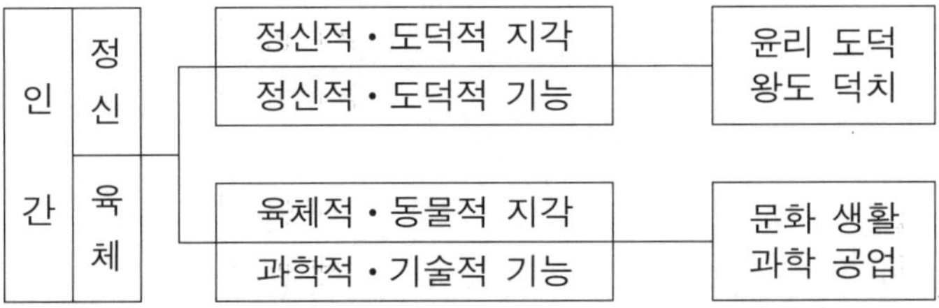

(5) 오늘의 많은 사람들은 하늘이 내려준 「선본성(善本性)」을 바탕으로 하지 않고 동물적・이기적 탐욕을 바탕으로 온갖 악덕을 자행하고 있다. 그러므로 정신적 지각과 기능이 쇠퇴하고 윤리 도덕이 실천되지 않고, 마침내 심각한 위기를 초래하고 있는 것이다.

(6) 거듭 강조한다. 자연법칙도 천도의 일부이다. 따라서 과학적 성과도 결국 천도를 따르고 실천해서 얻어진 좋은 열매이다. 그것은 외형적 물질문화에 속한다. 인간은 외형적 육체만의 존재가 아니다. 따라서 인간은 물질생활만으로 만족하면 안 된다. 인간의 존엄성은 정신가치와 윤리

도덕을 실천하는 데 있다.

(7) 비행기를 타고 가서 남의 나라를 폭격하고, 남의 재물을 탈취하는 짓거리는 절대로 문화적 행위가 아니다. 그것은 범죄에 속한다. 맨발로 걸어가서라도 남을 사랑하고 도와주는 사람이 참으로 숭고한 인격자다. 그 사람의 행위나 삶이 도덕적이고 문화적이고 아름답다.

(8) 인간에게는 숭고한 정신 및 도덕성이 있다. 따라서 인간은 정신생활 및 도덕생활을 영위해야 한다. 숭고한 내면적 정신을 바탕으로 하고 외형적 물질문화를 선용해야 한다. 물질보다 정신을 높여야 한다. 그것이 바른 삶이다.

[4] 배워야 알고 착하게 산다

(1) 오늘의 인간 및 인류는 자신의 탐욕을 채우기 위하여 과학 기술을 악용하고 잔인한 무력전쟁을 자행한다. 이에 사람들도 존엄한 정신 및 윤리 도덕을 외면하고 오직 물질적 탐욕이나 관능적 쾌락만을 채우려고 온갖 악덕을 저지르고 있다. 이것을 인간의 타락, 인류의 위기라고 말하는 것이다.

(2) 외형적 물질가치만 높이고 내면적 정신가치를 모르는 삶이 곧 동물적 생존이다. 그러므로 오늘의 위기는 사람이 정신가치를 망각하고 물질만을 높인 결과 스스로 자초한 자업지얼(自業之孼)이다.

(3) 인간은 존엄한 정신을 위주로 하고, 또 기능을 선용할 수 있는 「선본성(善本性)」을 하늘로부터 내려 받고 있

다. 그것을 알고 인간답게 가치적으로 바르게 사는 것이 곧 「지천명(知天命 : 하늘이 절대명령으로 내려준 것을 알고 행함)」이다.

(4) 「지천명」하고 착하게 살기 위해서는 잘 배워야 한다. 그러므로 공자는 논어(論語) 첫머리에서 말했다. 「하늘의 도리를 배워서 깨닫고 실천하니 기쁘지 아니하냐.(學而時習之 不亦說乎)」

(5) 「배울 학(學)」은 「깨달을 각(覺)」 「본받을 효(效)」의 뜻을 다 포함하고 있다. 그러므로 공자가 말한 「배우고 익힘(學習)」은 곧 「천도를 깨닫고 따르고 실천한다」는 뜻이다. 공자의 학문정신과 인생관이 압축되어 있다.

(6) 인간도 동물이다. 따라서 동물적 삶을 영위한다. 그러나 인간은 동물과는 차원이 다른 착한 본성을 지니고 있다. 고로 인간은 동물적 삶만을 살면 안 된다. 그 이상의 정신적·도덕적· 가치적 삶을 살아야 한다. 그것이 곧 천도를 알고 또 활용해서 기술적으로 문화를 창조하고 더욱 발전시키는 가치적 삶이다.

(7) 인류의 역사와 문화 발전을 돌아보자. 일시적 혹은 부분적으로는 악덕이 득세할 때도 있었다. 그러나 총체적으로는 천도를 따라 선문화(善文化)를 창조적으로 발전시켜 왔음을 알 수 있다. 특히 지식인은 절대선의 천도를 따라 인류의 역사 문화를 새롭게 발전케 해야 한다는 「창조적 역사 문화 발전관」을 가져야 한다.

(8) 국가적 차원에서도 「지천명(知天命)」해야 한다. 국가는 공권력을 남용하여 국민을 억압하거나 기만하고 세금을 징수하여 낭비하는 악덕정치를 하면 안 된다. 국가의 일차적 책임은 백성을 바르게 교육하는 일이다. 하늘이 준 「선본성(善本性)」을 계발하고 저마다 하늘의 도리를 따라 선량하고 보람있는 삶을 살게 교화해야 한다.

(9) 그 다음에 정치 지도자가 솔선하여 윤리와 도덕을 실천하고 왕도의 덕치를 펴서 모든 사람들이 고르게 잘사는 공동체를 꾸며야 한다. 종국적으로는 인류대동의 평화세계를 창건해야 한다.

(10) 「왕도덕치(王道德治)」는 천도를 따라 지덕을 세우는 인애(仁愛)의 덕치(德治)를 말한다.

(11) 참다운 지도자는 곧 백성 개개인을 교화해서 훌륭한 사람이 되게 해야 한다. 그래야 모든 백성이 스스로 천도를 깨닫고 실천하여 지덕을 세울 수 있다. 그러나 현실은 어떠한가. 개인적 차원에서나 국가적 차원에서나 천도를 따르지 않고 반대로 동물적 욕심을 바탕으로 「과학 기술 재물」을 악용하고, 남을 살상하고, 남의 재물을 탈취하고 있다.

(12) 개인이나 국가가 절대선(絶對善)인 하늘의 도리를 따르지 않고, 반대로 절대악(絶對惡)인 아귀의 도리만을 따르며 온갖 악덕을 저지르고 있다.

(13) 그래서 오늘의 세계가 약육강식의 생지옥으로 전

락케 하고 인류를 위기에 함몰시키고 있는 것이다.

(14) 정치는 인간의 운명을 좌우한다. 국제정치나 국내 정치가 다 과학 재물을 악용하고 남을 살상하고 남의 재물을 탈취하고 있다. 이대로 가면 천벌을 받고 인류사회가 파멸한다. 맹자는 말했다. 「순천자는 살고, 역천자는 망한다.(順天者存 逆天者亡)」

제2장 경서(經書)에 적힌 발전관

[1] 역경(易經)의 발전관

(1) 천지의 도는 하늘과 땅이 어울려서 만물을 생성 번식하는 도리다. 도(道)는 곧 우주 천지 만물을 실체적으로 있게 하는 본체(本體)를 말하기도 한다.

(2) 동시에 우주 천지 만물이 시간의 흐름에 따라 생성 변화 번식 발전하는 도리를 도라고 한다. 「천지의 도는 영원하게 이어지고 끝남이 없다.(天地之道 恒久而不已也)」 또 역경에 있다. 「천지의 조화로 얻어지는 큰 덕이 바로 삶이다.(天地之大德曰生)」

(3) 하늘〔天=陽〕과 땅〔地=陰〕이 어울려야 만물이 생성(生成)하고 번식한다. 이를 한마디로 생(生)이라 했다.

(4) 생(生)이라는 한 글자 속에는 「생육화성(生育化成)」이 다 포함되어 있다. 생(生)은 생명체로 태어나 산다, 육(育)은 자라서 커진다, 화(化)는 변화한다, <식물의 경우는

꽃으로 피어났다가 열매로 변한다. 사람의 경우는 남자와 여자가 짝짓기를 하여 부부가 되고, 또 부모가 되고 점차로 늙고 쇠한다> 성(成)은 완성한다는 뜻이다. 식물의 경우에는 새 생명의 근원인 씨를 완성한다. 사람의 경우에는 자식을 출산하고 양육한다는 뜻이다.

(5) 자식은 부모의 생명의 「완성체(完成體)」이다. 생명이 「부모→자식→손자」로 이어지면서 무궁하게 발전한다.

(6) 하늘은 양(陽)이고 땅은 음(陰)이다. 그러므로 하늘과 땅의 조화는 곧 양과 음의 어울림이다. 역경(易經) 계사전(繫辭傳)에 다음과 같이 있다. 「서로 기준이 맞는 음과 양이 어울려서 새로운 생명을 낳는 것을 도라고 한다. 그 도를 계승하여 만물을 낳고 번식케 하는 것이 곧 선이다. 도를 따르고 계승해서 만물을 성취하는 바탕이 곧 <만물 속에 주어진 저마다의> 성품이다.(一陰一陽之謂道 繼之者善也 成之者性也)」

(7) 이것이 곧 「천지조화(天地造化)」이다. 이 같은 조화는 끝없이 이어진다. 이것을 역경에서는 「생생불이(生生不已)」라고 했다. 앞의 생(生)은 명사로 생물의 뜻이고, 뒤의 생(生)은 동사로 「생육화성(生育化成)」을 합친 뜻이다. 불이(不已)는 끝남이 없다는 뜻이다.

(8) 대를 물려가면서 더욱 새롭게 태어나고 또 수량적으로 번식하는 것이 하늘의 도리이다. 만물의 영장인 사람은 수량적 번식만 하지 않고 문화적으로 더욱 새롭게 발전한

다. 인류만이 역사와 문화를 발전케 한다.

(9) 그러므로 인간은 문화의 창조적 발전에 동참해야 한다. 그것이 식물이나 동물과 다른 만물의 영장인 인간의 가치적 삶이다. 하늘의 도리를 따라 산다는 뜻은 곧 역사 문화의 창조적 발전에 기여한다는 뜻이기도 하다.

[2] 중용(中庸)과 대학(大學)의 발전관

(1) **중용(中庸)의 지성무식(至誠無息)** : 일반적으로 「지극한 정성은 쉬지 않는다」로 풀이한다. 그러나 이 말은 역경에 있는 「하늘의 운행은 세차고 억세다. <밤낮을 쉬지 않고 운행하면서 천지 만물을 생육화성하고 있다.> 그러므로 군자도 하늘의 도리를 따라 스스로 노력하고 힘써 일하고 쉬지 말아야 한다.(天行健 君子以自强不息)」라는 구절과 같은 뜻이다.

① 「지성(至誠)」은 「지극한 정성으로 만물을 낳고 키우고 번식케 하는 하늘의 도리」를 지칭한 말이다. 중용에 다음 같은 말이 있다. 「정성으로 만물을 이룩하는 것이 하늘의 도리이다.(誠者 天之道也)」

② 「지성 성(誠)」은 곧 「이룰 성(成)」에 통한다. 즉 「하늘이 진실무망(眞實無妄)하게 만물을 생육화성(生育化成)하고 번식케 하고 또 발전케 한다」는 뜻이다.

③ 하늘이나 하늘의 도리는 거짓됨이 없다. 또 밤낮으로 단 1초도 쉬거나 게으름피우지 않고 만물을 생육화성하고 있다. 사람도 천도를 따라 참되게 쉬지 않고 생육화성,

즉 창조적 발전에 전력을 기울여야 한다. 따라서 중용에서 「천도를 정성으로 받드는 것이 사람의 도리이다.(誠之者 人之道也)」라고 했다.

(2) **대학(大學)의 친민(親民)과 신민(新民)** : 만물을 창조하고 끝없이 새롭게 발전시키는 하늘은 곧 사랑의 권화(權化)이며, 또 그 하늘의 도리는 절대선의 도리이다. 그러므로 사람도 하늘과 천도를 따라서 남을 사랑하고 남들을 더욱 새롭게 발전시켜야 한다. 특히 하늘을 대신해서 만민을 다스리는 천자(天子)는 백성을 친애하고 백성들을 교육해서 날로 새롭게 혁신하고 발전케 해야 한다.

이러한 가르침을 강조한 것이 바로 대학의 삼강령(三綱領)이다. 주자장구(朱子章句)를 바탕으로 삼강령을 풀이하겠다.

「대학에서 깨우치려는 덕치의 근본도리는 다음의 삼강령 속에 나타나 있다. 먼저 하늘이 나에게 부여해 준 본연의 밝은 덕성을 밝혀내야 한다. 다음에 백성들을 사랑으로 교화하고 새롭게 혁신해서, 그들이 저마다의 본연의 밝은 덕성을 밝혀내게 해야 한다. 그리고 종국적으로는 나와 백성이 함께 지극한 선의 경지에 도달하고 그곳에 머물러 있어야 한다.(大學之道 在明明德 在親民 在止於至善)」 <* 정자(程子)는 친(親)을 신(新)으로 쓰라고 했다.>

(3) 하늘은 지극한 사랑으로 만물에게 귀중한 생명을 주고 저마다 스스로 삶을 누리고 살면서 날로 자라고 번성케

하고 있다. 그와 마찬가지로 진정으로 백성을 사랑하는 정치지도자는 백성을 날로 새롭게 혁신시켜야 한다.

(4) 백성이 새롭게 혁신되어야 국가 및 세계가 새롭게 혁신되고 발전한다. 여기서 우리는 주자를 위시한 성리학자들의 발전관을 볼 수 있다.

(5) 옛날의 고본대학(古本大學)에서 「백성을 사랑하다(親民)」라고 적은 글을 성리학자들은 「백성을 새롭게 혁신하다(新民)」로 고쳤다. 그들이 주장한 「새 신(新)」의 뜻이 매우 깊다. 즉 「낡은 허물이나 때를 청산하고 하늘이 준 선본성으로 되돌아가서 하늘의 도리를 따라 날로 새롭게 발전한다」는 뜻이다.

(6) 「선본성」을 대학에서는 명덕(明德)이라고 일컬었다. 주자는 다음과 같이 풀이했다. 「명덕은 하늘이 사람에게 준 것으로 그 형체는 보이지 않고 공허하다. 그러나 그 작용이나 기능은 영특하고 밝게 나타난다. 설사 일시적으로 그 밝음이 제대로 나타나지 않을 수는 있다. 그래도, 근본적으로 <본연의 밝은 덕이> 완전히 꺼져 어둡게 되는 법은 절대로 없다. 그 명덕 속에 모든 도리가 갖추어져 있으며 그 영특한 작용은 만사에 적응되고, 또 만사를 처리할 수 있다.」

「그러나 선천적으로 타고난 기질에 얽매이고 또 인간의 본능적 욕구에 가려서 이따금 어둡고 흐리게 되기도 한다.(但爲氣稟所拘 人欲之所蔽 則有時而昏)」

「그러므로 배우는 자는 마땅히 <착한 본성의 근저와 바른 도리를 따라서> 자신의 명덕을 밝혀내야 하며, <그렇게 함으로써> 처음의 본연(本然)<즉 선본성>으로 되돌아가야 한다.(故學者 當因其所發而遂明之 以復其初也)」

「새롭게 함은 낡은 허물을 제거하고 혁신함이다. 먼저 나 자신의 명덕을 밝히고 더 나아가 남에게도 덕을 미치게 하고, 그들로 하여금 과거의 <타락 세상의> 허물과 때를 제거하게 한다는 뜻이다.(新者革其舊之謂也 言旣自明其明德 又當推及人 使之亦有以去其舊染之汚也)」

(7) 「먼저 지도자 자신이 낡은 허물을 벗고 자신을 혁신하고 명덕을 밝혀야 한다. 그리고 더 나아가 백성들에게도 혁신이 미치게 해야 한다. 그들을 사랑으로써 교화하고 그들이 스스로 깨닫고 자신들의 낡고 때 묻은 악습을 버리고 저마다의 명덕을 되찾고 본연의 빛을 발현케 해주어야 한다.」

(8) 그렇게 하는 것이 친민(親民 : 백성 사랑)이며 신민(新民 : 백성을 혁신함)이다. 절대인 하늘이나 절대선인 하늘의 도리는 어디까지나 순수하고 광명정대하다. 그뿐만이 아니다. 하늘의 운행은 순간도 쉬거나 정체하지 않고 항상 자연 만물을 새롭게 발전케 한다.

(9) 하늘의 도리와 하나를 이루면 정신적으로 늙지도 않고 또 때도 끼지 않는다. 하늘의 도리와 반대되는 악덕한 마음을 품고 남을 해치면 쇠망한다. 그러므로 본연의 선

본성을 회복하고 천도로 되돌아가면 항상 새롭게 발전하고 밝게 빛날 것이다.

(10) 결국 주자가 말한 혁신은 인간적인 때를 제거하고 하늘이 준 본연의 명덕을 밝힘으로써 천도를 따라 새롭게 발전한다는 뜻이다. 유교사상에는「생명철학적(生命哲學的) 역사(歷史) 발전관(發展觀)」이 살아 있다.

(11) 전통사상에서 말하는 혁명(革命)의 뜻도 같다. 천도는 만물을 사랑으로 키우고 발전케 하는 절대선의 도리이다. 그 절대선의 천도를 어기거나 역행하는 폭군을 천명(天命)으로 추방하고, 새로 덕 있는 지도자를 내세우는 것이 혁명이다. 실덕(失德)한 폭군을 추방하고 유덕자(有德者)를 내세우는 것이 혁명이다.

(12) 서양의 혁명은 자기의 야욕을 달성하는 것이다. 그러나 동양의 혁명은 하늘에 의해서 악덕을 제거하고 선덕(善德)을 내세우는 것이다. 역경에 있다.「은(殷)의 탕왕(湯王)이 하(夏)의 무도한 걸(桀)을 몰아내고, 또 주(周)의 무왕(武王)이 은(殷)의 폭군 주(紂)를 방벌하고 새 나라를 세운 혁명은 다 하늘의 뜻과 만민의 뜻에 응답한 것이다.(湯武革命 順乎天 而應乎人)」

제3장 인(仁)의 현대적 뜻풀이

[1] 인(仁)의 깊은 뜻

(1) 유교의 창시자 공자(孔子)는 「인」을 최고의 덕목으로 높였다. 논어(論語)에는 인에 관한 구절이 백 개 이상 보인다. 그러나 인의 정의(定義)를 말하지 않았다. 다만 때와 경우에 따라 실천할 행동만을 설명했다. 그 중에도 다음의 셋이 가장 「인」의 핵심적 말이다. 이들 세 구절을 중심으로 인의 뜻풀이를 하겠다.

① 「인은 인간의 덕행(德行)이다.(仁 人也)」 「인(仁)」과 「인(人)」은 발음도 같고 뜻도 같다. 즉 인(仁)은 사람이 지키고 행해야 할 덕행이라는 뜻이다.

② 「인은 두 사람이다.(仁 二人也)」 「두 사람」이란 「인간과 인간, 나와 너」 서로가 지키고 행해야 할 덕행이라는 뜻이다. 즉 인은 사회적으로 공생(共生)하는 두 사람이 서로 따르고 행해야 할 덕행이라는 뜻이다.

③ 「인은 남을 사랑함이다.(仁 愛人也)」 「사람 인(人)」은 「남」이라는 뜻이다. 즉 「인은 내가 남을 사랑한다」는 뜻이다.

(2) 내가 인식과 행동의 주체자이다. 내가 적극적으로 남을 사랑하는 것이 인(仁)이다. 이상을 종합하여 「어질 인(仁)」의 원초적인 뜻을 다음과 같이 나누어 풀이할 수

있다.

① 인은 사회적으로 공생하는 사람들이 서로 따르고 행할 쌍무적(雙務的)인 덕행이다.

② 인은 내가 주체가 되어 대상인 남을 적극적으로 사랑하는 덕행이다. 저마다 서로 사랑하고 협동하면 화합하게 된다. 따라서 인은 쌍무적인 사랑과 협동을 바탕으로 함께 잘살 수 있는 공동체를 형성하는 최고의 덕행이다.

③ 공동체는 가정, 국가, 세계로 확대되고 또 역사적으로 이어지면서 발전한다. 따라서 사랑과 협동도 우주적으로 확대되어야 한다. 결국 인은 우주적으로 확대되는 사랑과 협동이다.

(3) 인류애(人類愛)의 바탕은 육친애(肉親愛)에 둔다. 육친애를 확대하면 가족애, 동포애, 인류애로 넓어진다. 그래서 논어에서 유자(有子)는 말했다.「효제가 인을 이룩하는 근본이다.(孝弟也者 爲仁之本與)」효(孝)는 부자간의 사랑과 협동이다. 제(悌=弟)는 형제간의 사랑과 협동이다. 효와 제는 육친애의 근간이다. 육친애를 확대하면 곧 인류애가 된다.

(4) 사랑은 필연적으로 협동에 이어진다. 그러므로 중국의 대학자 진입부(陳立夫) 선생은 다음과 같이「인」을 확대 해석했다.「인은 동류의식(同類意識)과 인류애(人類愛)를 바탕으로 한 실천적 협동의 덕목 덕행이다. 인은 나〔個體〕와 모두〔全體〕가 함께 평화와 행복을 누리는 공동

체를 구성하고 인류의 역사 문화를 계승 발전케 하는 최고의 덕목이다.」 인을 실천함으로써 인류는 동물과는 차원이 다른 공동체, 즉 가정, 사회, 국가 및 세계를 꾸미고 서로 협동하여 문화생활을 영위하고 또 역사적으로 문화를 발전케 한다.

(5) 협동에는 두 가지 면이 있다. 「횡적·사회적 협동」과 「종적·역사적 협동」의 둘이다. 사회적 협동은 꿀벌이나 개미 같은 동물에서도 볼 수 있다. 그러나 역사적 협동은 인류에게만 있다. 그러므로 인류만이 역사와 문화를 계승하고 더욱 창조적으로 발전시키고 있는 것이다.

협동 ─┬─ 횡적(橫的)·공시적(共時的)·사회적 협동
      └─ 종적(縱的)·통시적(通時的)·역사적 협동

① 횡적 협동 : 같은 시대를 사는 사람들이 서로 힘을 합하고 협동한다. 이는 공시적(共時的)·사회적·조직적 협동이다.

② 종적 협동 : 다른 세대에 속하는 사람들이 협동한다. 즉 후인(後人)이 선인(先人)의 문화를 계승하고 발전시킨다. 이와 같은 협동이 통시적(通時的)·역사적 협동이며 문화발전의 근간이다.

(6) 「인(仁)」은 공간과 시간 양면의 「사랑과 협동」을 통합한 덕행이다. 그러므로 「인」을 「우주적 사랑과 협동」이라고 한다.

[2] 인의 공식 : X(인격) = [A(食) + B(色)] + C(仁)

(1) 중국의 석학 진입부(陳立夫) 선생은 인(仁)을 다음과 같이 풀었다. 인은 공존(共存)·공생(共生)·공진화(共進化)의 도덕 원리이자 동시에 덕행이다.

(2) 「인(仁)」은 착한 본성(本性)인 「인심(仁心)」을 바탕으로 하고 「서로 사랑하고 서로 협동하는 덕행」이다.

(3) 동물과 다름없던 원시인들이 자연과의 투쟁에서 승리하고, 줄곧 역사와 문화를 계승하고 발전케 한 요인이 바로 인(仁)이다. 즉 「동류의식을 바탕으로 하나가 되어 사랑하고 협동했기 때문이다.」

(4) 만약에 동류의식을 바탕으로 협동하지 않았다면 맹수와의 투쟁에서 패배했을 것이다. 원시인이 혼자 맨주먹으로 맹수와 싸웠다면 필연코 패배했을 것이다. 그러나 원시인들은 동류의식을 바탕으로 협동해서 맹수와 싸웠으므로 승리할 수 있었던 것이다.

(5) 결국 인(仁)은 사람을 사람답게 하고 아울러 역사와 문화를 계승 발전케 하는 최고의 덕행이다. 만약에 원시인들이 오늘의 악덕한 사람들처럼 혹심한 이기적 욕심을 채우기 위해 서로 싸우기만 했다면 벌써 쇠멸했을 것이다. 그러므로 진입부 선생은 「인을 공존(共存)·공생(共生)·공진화(公進化)의 덕행」이라고 말했다.

(6) 고금동서(古今東西)를 막론하고 인류는 「서로 사랑하고 서로 협동」해야 한다. 그래야 인류는 멸망하지 않고

흥한다. 진입부 선생은 다음과 같은 공식으로 인덕의 중요성을 강조했다.

X(人格)=[A(食)+B(色)]+C(仁)

[설명] X는 인간의 인격을 총합한 수치를 뜻한다.
A는 식생활을 포함한 물질생활을 뜻한다.
B는 남녀의 짝짓기 같은 관능생활을 뜻한다.
C는 인(仁)을 나타내는 기호이다. 그 속에는 숭고한 인심(仁心)과 인덕(仁德) 및 도덕생활이 다 포함되었다.
공식에서 동물적 본능을 총괄한 「(A+B)」와 도덕을 나타내는 「C」는 반비례한다. 「(A+B)」의 수가 크면 「C」의 수가 작아진다.

(7) 따라서 「(A : 식생활+B : 관능생활)」에 치중하면 「C : 인심(仁心)과 인덕(仁德)」이 위축된다. 그러므로 동물적 관능생활을 조절하고 억제해야 인덕을 세울 수 있다.

(8) 이 공식을 가지고 인격을 품평해 보자.

보통은 「10=(식:3+색:3)+인:4」가 된다. 그러나 타락한 사람은 「10=(식:5+색:5)+인:0」이 된다. 즉 「식생활 5, 관능생활 5」를 하지만, 인(仁)의 실천은 「0」이다. 결국 동물과 같은 생활을 한다.

한편 성인(聖人)은 「10=(식:2+색:2)+인:6」이 된다. 즉 식생활 2, 관능생활 2 정도를 하고, 6 정도의 인을 실천한다. <* 각자 자신의 인격을 헤아려 보자.>

[3] 인(仁)의 바탕은 효제(孝悌)

(1) 천도를 따라 지덕을 세우기 위해서는 인간 개개인이

남을 사랑하고 동시에 윤리 도덕을 실천해야 한다. 인간 개개인은 우주의 중심적 존재이다. 그러므로 윤리 도덕 및 인(仁)의 실천도 우주적으로 확대되어야 한다.

(2) 「나」를 중심으로 한 시간과 공간의 관계를 인간을 실체(實體)로 하고 전개한 것이 가정이다. 따라서 가정을 소우주(小宇宙)라고 한다. 다음의 도표를 보자.

<가정은 소우주>

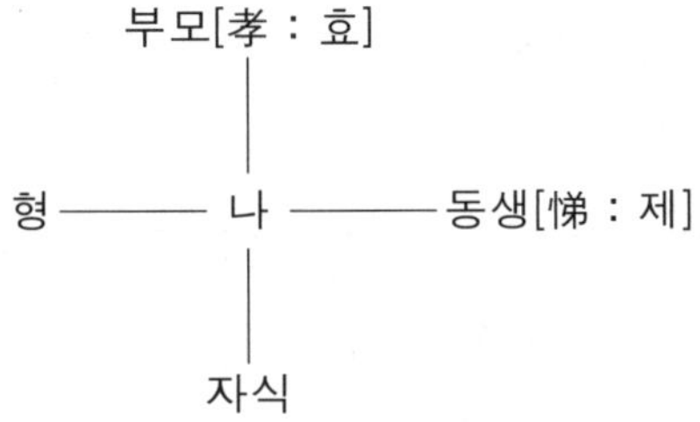

(3) 가정에서는 종적(縱的)·시간적으로는 「부모－나－자식」으로 이어지고, 횡적(橫的)·공간적으로는 「형－나－동생」으로 넓어진다. 이때에도 나는 소우주의 중심적 존재이다.

가정에서의 「종적·통시적·역사적 사랑과 협동」이 바로 효(孝)다. 한편 「횡적·공시적·사회적 사랑과 협동」이 바로 제(悌)다.

효(孝)는 「부모－나－자식」으로 이어지는 「사랑과 협동」이고, 제(悌)는 「형－나－동생」으로 확대되는 「사랑과 협동」이다. 이 둘을 통합하면 「우주적인 사랑과 협동」이 된다. 그러므로 논어에서 공자의 제자 유자(有子)가 말했다. 「효와 제는 인을 이루는 근본이다.(孝悌也者 爲仁之本與)」 즉 가정에서 육친애를 바탕으로 서로 사랑하고 협력하는 것이 인(仁)의 근본이라는 뜻이다.

(4) 가족 관계는 천륜(天倫)으로 맺어진 절대적 육친 관계다. 취소할 수도 없고 바꿀 수도 없다. 가족은 생명과 혈기(血氣)를 함께한다. 가족 개개인은 개별적 존재이자 동시에 전체적으로 가족을 구성하고 있다. 종적으로는 부모와 자식이 하나이고, 횡적으로는 형과 동생이 하나이다.

(5) 그러므로 인식과 실천의 주체인 「나 자신」이 솔선해서 가족을 사랑하고 하나가 되어야 한다. 그래야 개별적인 나도 잘살고 전체로서의 가족도 번성한다.

(6) 개체와 전체가 하나가 되어 잘사는 도리가 천도이다. 천도를 따라서 서로 사랑하고 협동하는 마음과 행동을 인심(仁心), 인덕(仁德)이라고 한다.

(7) 거듭 강조하겠다. 소우주인 가정에서 내가 솔선해서 부모를 사랑하고 잘 모시는 덕행을 효(孝)라 한다. 동기인 형제가 서로 화목하고 협력해서 집안을 흥성케 하는 덕행을 제(悌)라고 한다.

(8) 효제를 실천하면 가정적 차원에서 인(仁)이 성취된다. 효제는 계승 발전에 직결된다. 선조의 유산을 탕진하고 집안을 기울게 하는 것은 효도가 아니다.

[4] 충신(忠信)과 인의(仁義)

(1) 가정적 차원에서의 효제(孝悌)의 실천은 국가적 차원에서는 충신(忠信), 세계적 차원에서는 인의(仁義)로 확대된다. 이것이 전통사상에서 높이는 윤리 도덕의 일관된 도리이다.

(2) 가정에서의 효제를 국가적 차원으로 발전시킨 것이 충(忠)과 신(信)이다. 종적으로는 나라의 중심이자 부모인 임금에게 신하인 내가 충성해야 한다. 횡적으로는 같은 신하로서 선배 후배가 서로 협력하고 신의를 지켜 국가를 흥성케 해야 한다. 이렇게 하는 것이 국가적 차원에서 인(仁)을 이룩함이다.

(3) 세계적인 차원에서는 종적으로 인류세계를 대표할 유덕자(有德者) 혹은 「절대선의 정점」을 중심하고 모든 현인(賢人)들이 「효와 충」을 바치는 것을 「인(仁)」이라 한다. 횡적으로 모든 현인들이 서로 사랑하고 협동해서 세계를 바르게 다스리는 것을 「의(義)」라 한다. 이때의 「인(仁)」은 「작은 인」이다. 「인의충신(仁義忠信)」 등 모든 덕을 합해서 「큰 인(仁)」이라고도 한다. 「큰 인」은 인류가 서로 사랑하고 협동하여 평화 세계를 창건하는 덕행이다.

(4) 「효(孝), 충(忠), 인(仁)」은 종적·시간적 윤리 도덕의 실천이다. 「제(悌), 신(信), 의(義)」는 횡적·공간적 윤리 도덕의 실천이다. 이들을 전부 통합한 것이 「큰 인(仁)」이다. 그래서 「큰 인」은 모든 덕목 덕행의 총칭이고

최고의 덕목이다. 다음의 도표를 참고하면 이해하기 쉽다.

<효제(孝悌)의 확대 : 충신(忠信) 및 인의(仁義)>

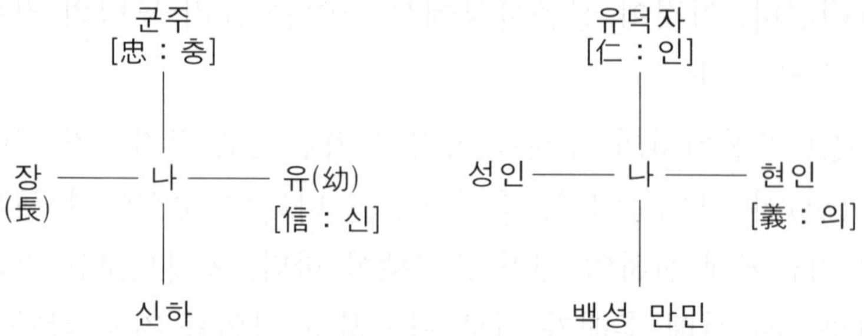

가정에서의 효제(孝悌), 국가에서의 충신(忠信)을 세계적 차원으로 확장한 덕행이 곧 인의(仁義)이다. 맹자는 말했다. 「부모를 친애함이 인이고, 연장자를 경애함이 의다. (親親仁也 敬長義也)」 세계적 차원에서 인의를 실천하면 「평천하(平天下)」가 된다.

[5] 인(仁)의 우주적 확대 : 애민이물(愛民利物)

(1) 인류의 역사나 문화는 총체적으로 하늘의 도리를 따라서 점진적이나마 착한 방향으로 발전하고 있다. 종교 신앙의 입장에서만이 아니다. 역사적 사실로 우리는 인류의 역사나 문화가 선화(善化)되고 있음을 잘 알 수 있다. 다시 말하면 점진적이나마 인(仁)이 구현(具現)되는 방향으로 인류가 발전하고 있는 것이다.

(2) 인이 이루어지는 단계 및 그 역사적 발전과정을 대

략 다음과 같이 나눌 수 있다.

① **개인** : 사람은 누구나 어진 마음, 즉 인심(仁心)이 있다. 적극적인 인심은 「애민이물(愛民利物)」 즉 남을 사랑하고 자연 만물을 이롭게 하고 활용함이다. 소극적인 인심은 남을 살상(殺傷)하거나 혹은 잔인한 짓을 할 수 없다는 측은한 마음, 즉 「불인지심(不忍之心)」이다.

「불인지심」으로도 잔인한 악을 행하지 않을 것이다. 가정이나 국가가 형성되기 전의 원시인들도 지극히 낮은 단계의 동류의식을 바탕으로 서로 협동하여 자연과 싸워 이겼다. 그러므로 고도의 문화를 자랑하는 우리는 인심(仁心)을 함양하고 인덕(仁德)을 실천해야 한다.

② **가정** : 육친애를 바탕으로 효(孝)와 제(悌)를 실천하면 가정적 차원의 인이 성취된다. 즉 대학에서 말하는 제가(齊家)를 성취한다. 「같을 제(齊)」는 무차별적 평등이 아니다. 가족이 저마다의 위상(位相)에서 각자의 본분을 다하고 가정의 발전과 흥성에 기여하는 것을 제가라고 한다. 모든 가족이 가정에서 저마다의 본분을 다함을 제가라고 한다.

③ **국가** : 민족애와 투철한 애국심을 바탕으로 나라에 충성(忠誠)하고 서로 신의(信義)를 지켜야 한다. 그래야 국가적 차원에서 인을 이룩할 수 있다. 임금이나 신하가 함께 천도를 따르고 예의를 지켜야 한다. 임금은 신하에게 예양(禮讓)하고, 신하는 임금에게 충성(忠誠)해야 한다. 이를

「군례신충(君禮臣忠)」이라고 한다.

④ **세계** : 천도와 인류애를 바탕으로 진정한 평화와 전 인류의 행복이 보장되는 인의(仁義)가 실천되는 도의세계(道義世界)를 창건해야 한다.

(3) 가족의 위상은 저마다 다르다. 그러므로 인(仁)을 실천함에도 서로 다르게 마련이다. 부자유친(父子有親)하되 「부자자효(父慈子孝)」해야 한다. 부부유별(夫婦有別)하되 「부화부순(夫和婦順)」해야 한다. 장유유서(長幼有序)하되 「형공제경(兄恭弟敬)」해야 한다. 윤리 도덕은 쌍무적(雙務的)으로 실천되어야 한다.

(4) 인류 공동체는 옛날부터 오늘까지 오랜 세월에 걸쳐 가정을 기반으로 발달해 왔다. 그러나 오늘의 인류는 물질과 무력에 눌려 존엄한 가정의 존재와 가치를 망각하고 있다. 따라서 가정윤리의 핵심이 되는 효도(孝道)도 찾아볼 수 없게 되었다.

(5) 인류의 타락과 위기는 일시적인 현상이다. 하늘로부터 「선본성, 인심(仁心)」을 받아 지니고 있는 인간은 다시 본연으로 돌아가서 가정 윤리를 되찾고 건전한 가정을 재건해야 한다. <* 오늘이 전환기(轉換期)이다.>

(6) 임금이 예양(禮讓)한다는 뜻은 곧 인심(仁心)을 바탕으로 신하나 백성을 사랑하고 응분의 예우(禮遇)를 한다는 뜻이다. 사악한 마음으로 신하나 백성을 부리고 착취하면 안 된다. 예양을 해야 천도에 맞는 덕치를 펼 수 있다.

신하가 서로 신의(信義)를 지킨다 함은 말과 행동을 천도에 맞게 바르게 한다는 뜻이다. 상급자나 하급자가 임금을 중심하고 하나가 되어 서로 사랑하고 협동을 해야 도덕정치가 이루어진다.

(7) 임금이 신하에게 거만하고, 신하가 임금을 기만하고, 상하가 저마다 사리 사욕을 채우기 위해 국가의 재물을 노략질하면 그 나라는 쇠멸한다. <오늘의 타락한 정치인, 공무원 및 기업가들은 크게 반성을 해야 한다.>

위기에 처한 오늘의 모든 국가들은 타락했으며, 모든 나라들이 「이기적 국가 절대주의」를 내걸고 패도(覇道)의 악덕정치를 펴고 있다. 패도의 악덕정치는 반드시 하늘의 심판을 받고 멸망한다. 모든 나라들은 천도를 따라 왕도의 덕치를 펴야 한다.

(8) 대학에는 「수신(修身), 제가(齊家), 치국(治國), 평천하(平天下)」=「명명덕어천하(明明德於天下)」라 했다.

(9) 21세기에는 하늘과 천도에 맞는 대동(大同)의 이상세계를 구현해야 한다. 그러기 위해 모든 사람들이 바르게 배우고 하늘과 천도를 깨닫고 착하게 살고, 특히 윤리 도덕을 실천해야 한다. 그래야 세계적인 차원에서 인(仁)의 꽃이 피어나게 될 것이다.

(10) 사람은 만물의 영장이다. 원자탄을 만들만큼 과학이 발달했다. 그러므로 인류의 정신과 윤리 도덕도 그만큼 커져야 한다. 그런데 그렇지 못하기 때문에 탈이다. 원자탄

이 있다고 서로 터뜨리면 인류는 전멸한다.

(11) 인(仁)은 「애민이물(愛民利物)」이다. 도덕정치를 펴고, 과학이나 원자력을 선가치적으로 이용해서 만민을 잘살게 하는 것이 「애민이물」이다. 인심(仁心)으로 도덕정치를 펴야 인류대동의 평화세계가 창건된다.

(12) 인(仁)에는 「적극적인 사랑〔忠〕」과 「소극적인 사랑〔恕〕」 양면이 있다. 위에서 말한 것은 대개가 「적극적인 사랑」이다. 그러나 「남의 잘못이나 허물을 관대하게 용서해주는 것」은 「소극적인 사랑」이다.

(13) 나 자신을 위시하여 모든 사람은 부족하다. 그러므로 「잘못하고 실수하는 경우」가 많다. 그러므로 서로 관대하게 용서해 주어야 한다.

제 4 편
내가 실천할 효도의 깊은 뜻

【참고 설명】 천도(天道)와 효도(孝道)

(1) 효(孝)의 일차적인 뜻은 「부모를 잘 받들고 모신다」이다. 그러나 깊은 뜻은 「천도를 따라 가문을 계승하고 더욱 발전케 함」이다. 문자학적으로 「효(孝)」는 「육효 효(爻)」와 「본받을 효(效)」에 통한다. 그러므로 원리적인 면에서 효도(孝道)의 근본 도리를 「천도를 따라 문화를 더욱 발전케 하는 덕행」이라고 풀이할 수 있다.

(2) 효는 효심(孝心)을 바탕으로 한다. 효심은 「선본성(善本性)」인 「인심(仁心) 및 도덕성(道德性)」에서 나온다. 사람은 누구나 「선본성」을 계발하면 효도를 따르고 효행(孝行)할 수 있다.

(3) 단 어려서부터 교육하고 훈련을 해야 한다. 오늘의 청소년들이 효도하지 못하는 이유는 가정에서나 학교에서나 효도 교육을 안하기 때문이다.

(4) 「나」는 우주의 중심적 존재이다. 「나」를 우주적으로 확대한 것이 가정이다. 가정은 곧 인간을 실체로 한 소우주(小宇宙)이다. 「아버지－나－자식」은 종적(縱的) · 시간적

으로 이어지고 「형-나-동생」은 횡적(橫的) · 공간적으로 이어진다.

효도는 가정적 차원에서는 부모를 잘 섬기고 가문을 계승 발전케 하는 도리이다. 국가적 차원에서는 충군애민(忠君愛民)하고 공을 세워 나라를 흥성케 하는 도리이다. 세계적 차원에서는 인류의 역사와 문화를 계승 발전케 하는 도리로 확대된다.

(5) 효도 효행은 우주적으로 확대된다. 가정윤리와 국가윤리를 통합한 것이 전통사상의 특색이다.

(6) 「내」가 「부모의 자식」으로 태어났다는 엄연한 사실을 인식하고 부모에게 감사하고 효도해야 한다. 그래야 나의 인심(仁心)을 우주적으로 발현하고 가치적 삶을 살고, 동시에 인류의 역사와 문화 발전에 기여할 수 있다.

제1장 인간의 존엄성과 효도

[1] 계승 발전의 도리

(1) 사람도 동물에 속한다. 그러므로 식색(食色)을 본으로 하는 신체적 삶을 산다. 그러나 만물의 영장인 인간은 동물과는 차원이 다른 정신적·도덕적 삶을 살아야 한다. 외형적·물질적 삶을 문화적으로 높인다고 윤리도덕을 외면하면 안 된다.

(2) 인간의 존엄성은 「정신적 도덕생활」에 있다. 비행기를 타고 여행을 해도 부모에게 효도를 안하고, 또 윤리 도덕을 실천하지 않으면 진정한 문화인이라고 말할 수 없다. 더더욱 비행기에 폭탄을 싣고 가서 남을 살상하면 동물 이하의 악덕한 존재가 된다.

(3) 자연 만물도 시간의 흐름에 따라 더욱 번식한다. 인간도 역사적으로 더욱 발전한다. 그러한 도리를 천도라고 한다. 특히 효도는 대(代)를 이어가면서 외형적 물질문화나 내면적 정신문화를 더욱 발전하게 하는 도리이다.

(4) 옛날의 의식주는 오늘에 비하면 초라하기 짝이 없다. 마찬가지로 백년 후에는 오늘보다 더욱 발전할 것이다. 외형적 물질문화만 발전하는 것이 아니다. 내면적 정신문화도 점차 발전하고 있다.

(5) 하늘은 인간에게 문화를 창조할 수 있는 창조성을

부여했다. 동시에 선인(先人)이 창조하고 남겨준 문화를 계승하고 그 위에 나 자신의 창조를 덧붙여 더욱 발전케 하는 탁월한 「효심(孝心)」과 「지능(知能)」도 주었다.

(6) 사람은 누구나 본성적으로 「효」를 행할 수 있다. 선인(先人)들의 문화를 계승하고 자신의 업적을 가해서 역사 문화 및 학문 과학 등을 더욱 발전시키는 것이 곧 「선본성」인 「효심(孝心)」의 발현이다.

(7) 효도를 모르면 관능적 쾌락만을 추구하게 된다. 그런 자들은 오직 「먹고 마시고 뛰고 놀기」만 한다. 따라서 그들은 인류의 역사 문화 발전에 대한 의식이 없으며 이기적 탐욕과 육체적 쾌락을 채우기 위한 삶만을 산다.

(8) 가문을 계승하고 더욱 발전케 하는 「효도 효행」을 모르고 행하지 않는 사람을 불효자(不孝子)라고 한다. 오늘의 많은 지식인들이 불효자에 속한다. 동양의 숭고한 정신문화의 핵심인 「효도 효행」을 모를 뿐만이 아니다. 도리어 무가치하다고 매도한다. 참으로 통탄할 노릇이다.

(9) 자연과학에서 외형적 물질문화의 계승 발전을 높이듯이 도덕적으로도 「효도 효행」을 높이고 행해야 한다. 정신도 알고 과학도 아는 진정한 지식인이라야 과학과 재물을 악용하지 않고 선용할 것이며, 따라서 위기를 극복하고 선문화(善文化)를 계승 발전하는 데 기여할 것이다.

(10) 효도를 가정적인 차원에서 다음과 같이 풀이할 수 있다. 「자식들이 부모를 정성으로 섬기고, 동시에 가문의

전통과 가업을 계승하고 흥성케 하는 도리이다. 그리고 빛나는 집안을 다시 후손에게 물려줌으로써, 세세대대로 가문과 전통을 계승하고 집안을 문화적으로 발전케 하는 덕행의 도리이다.」

(11) 외형적 물질문화와 내면적 정신문화를 다 계승 발전시켜야 한다. 선조 및 부모가 물려준 가산(家産)만이 아니라, 그분들의 학문과 덕행 및 전통과 정신도 계승하고 발전시켜야 한다. 이와 같이 효도 속에는 역사적 발전의식이 깊이 살아있다. 효도는 퇴보하고 낙후하자는 도리가 아니다. 천도를 따라 더욱 발전하자는 도리이다.

[2] 효제(孝悌)는 인(仁)의 근본

(1) 가정적 차원의 효(孝)는 인류적 차원의 인(仁)에 직결된다. 「효나 인」은 다 「사랑을 바탕으로 협력해서 함께 잘사는 윤리적 덕행」이다. 「사랑과 협동」은 우주적으로 전개되게 마련이다.

① 종적(縱的)·역사적(歷史的) 협동
② 횡적(橫的)·사회적(社會的) 협동

(2) 「우주적 차원의 사랑과 협동」을 인(仁)이라고 하며 그 기본이 가정적 차원에서 「효와 제」이다. 그러므로 논어에서 유자(有子)는 말했다. 「효와 제는 인을 이룩하는 바탕이다.(孝悌也者 爲仁之本與)」

(3) 가정에서의 「효와 제」를 국가적으로 확대하면 「충과 신」이 되고, 세계적으로 확대하면 「인과 의」가 된다.

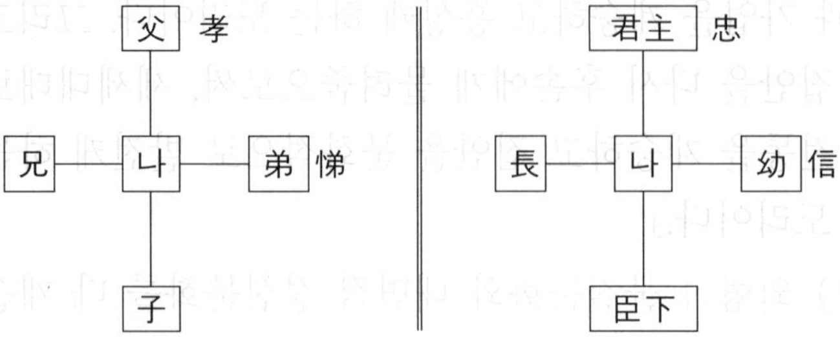

(4) 동양의 전통적 윤리 도덕은 천도를 중심으로 한 일관된 덕행이다. 가정에서의 효는 국가 및 세계적 차원의 효로 확대된다. 더 나아가서는 인류의 역사 문화의 계승 발전에 직결된다. 이것이 유교의 특성이다.

(5) 개인의 인덕(仁德)을 바탕으로 가정윤리가 실천된다. 그리고 가정윤리는 곧 국가의 덕치와 세계평화에 직결된다. 이를 대학(大學)에서는 「수신(修身)－제가(齊家)－치국(治國)－평천하(平天下)」라고 했다.

(6) 윤리 도덕 효도를 알고 따르고 실천하는 것은 정신생활에 속한다. 숭고한 정신을 주체로 해야 가치있는 물질생활을 영위할 수 있다. 동물적 본능과 악덕한 탐욕을 바탕으로 한 물질생활만을 하면 타락한다.

(7) 동물적 수심(獸心)을 억제하고 「선본성」인 인심(仁心)을 계발하여 「효제(孝悌), 충신(忠信) 및 인의(仁義)」를 실천해야 한다. 그러기 위해서는 어려서부터 바르게 가르치고 또 엄하게 훈련해야 한다. 그래야 효도 효행이 몸에 익숙하게 된다.

(8) 정신교육, 인성교육을 안하면 사람들이 수심을 바탕으로 동물적 삶만을 살게 된다. 아울러 국가 정치도 윤리도덕을 외면하고 수렵(狩獵)의 악덕한 논리만을 고집하게 된다. 그러나 오늘의 세계인류는 총체적으로 「먹고 마시고 뛰고 놀기만 한다.」 그래서 위기에 빠진 것이다.

[3] 일찍부터 효도를 배우고 익혀야 한다

(1) 인류는 역사적 사실로 정신을 높이면서 문화를 더욱 새롭게 창조적으로 발전시켜 왔다. 또 앞으로도 발전시킬 것이다.

(2) 정신가치의 기준은 하늘과 하늘의 도리이다. 하늘은 시간과 공간을 초월한 절대이다. 하늘의 도리는 시간의 흐름에 따라 자연 만물을 생성 변화 번식 발전케 하는 「광명정대(光明正大), 공평무사(公平無私), 영구불변(永久不變)」하는 절대선(絶對善)의 진리이다.

天(一+大)
天(공간+시간)

天	공간(空間)	시간(時間)
一	개체(個體)	순간(瞬間)
大	전체(全體)	영원(永遠)

「천(天)」은 「공간과 시간을 통합한 실재」이다. 「천도(天道)」는 곧 「일대지도(一大之道)」이다. 이를 위처럼 도시할 수 있다.

(3) 따라서 「절대선」을 지향하는 정신가치는 곧 「하나인 나와 전체로서의 인류, 순간적 현재와 영원한 시간, 외형적 물질과 내면적 정신」 등을 잘 조화시키고 총체적으로

인류의 역사와 문화의 창조적 발전에 직결되게 마련이다.

(4) 가정은 소우주이며, 인류 사회의 기본 단위이다. 가정은 인류 문화의 창조적 발전의 세포이기도 하다. 효도는 기본적으로는 가정을 터로 한 가문과 전통의 계승 발전의 도리이다. 크게는 인류의 역사와 문화의 창조적 발전에 직결된다.

(5) 천도에 의해서 인류의 역사 문화가 계승 발전하듯이, 설사 일부 편협한 지식인이 효도를 매도해도, 실제로는 효도가 이루어지고 있다. 즉 자식이 부모의 유전자를 받고 태어난다. 그래서 자식은 부모의 용모나 성격 및 소질 등을 닮는다. 이와 같은 외형적 효도는 자연으로 이루어지고 있다. 문제는 정신적 효도를 의식하고 실천하지 못하는 데 있는 것이다. <* 안 가르치고 안 배우기 때문이다.>

(6) 자식들은 자기가 부모를 닮았다는 사실을 잘 알고 있다. 따라서 정신적으로도 자식은 부모와 선조 및 가문과 전통을 계승하고 더욱 발전시켜야 한다. 그것이 효도이다.

(7) 자식으로 태어난 내가 부모 형제와 하나가 되어 선조나 부모의 뜻과 이상을 계승하고, 더욱 집안을 문화적으로 발전시키고 흥성케 하는 것이 곧 효도 효행이다. 그러므로 어려서부터 자식에게 엄하게 효도를 교육해야 한다.

(8) 효도와 효행도 「선본성」을 바탕으로 한다. 동물의 세계에는 효도가 없다. 그러므로 효도를 모르고 행하지 않으면 사람이 아니다. 그런데 잘못된 교육이 효도 효행을

배척한다. 그 결과 오늘의 우리 주변에는 동물만도 못한 패륜아(悖倫兒)들이 속출하고 있다.

(9) 효도 효행을 배우고 익혀야 한다. 육신은 자율적으로 성장하지만 정신과 덕행은 지속적인 교육과 학습을 통해서 「선본성」을 계발하고 또 몸에 배게 훈련을 해야 한다. 어머니가 젖을 물려 자식을 키우듯이, 효도 교육도 품안에서부터 진지하게 해야 한다. 육신만을 키우고 정신가치나 효도 효행을 가르치지 않으면 부모의 책임을 다한 것이 아니다. 부모는 자식을 사람다운 사람으로 키워야 한다.

[4] 가문의 계승과 일가의 흥성

(1) 아들은 재물을 아끼고 잘 관리하고, 또 「나의 힘」을 더해서 더욱 번영케 해야 한다. 아울러 선조의 문화유산을 계승하고 새 것을 덧붙여 더 빛나게 해야 한다. 인류의 역사 문화도 그런 식으로 발전해 왔고 또 앞으로도 계속 발전할 것이다. 이것이 천도이자 동시에 역사와 문화 발전의 원칙이다.

(2) 중용(中庸)에 있다. 「효는 어른의 뜻을 잘 계승하고 어른의 사업을 더욱 발전시킴이다.(夫孝者 善繼人之志 善述人之事)」

(3) 집안의 살림을 기울게 하고 문화적으로도 후퇴케 하는 것은 효도가 아니다. 천도를 어기고 악덕한 짓거리로 돈을 벌고 분묘를 거창하게 꾸미는 것은 효가 아니다.

(4) 효도의 원리와 사상 속에「생명철학적 역사(歷史) 발전관(發展觀)」이 있다. 문화의 계승 발전이나 집안의 재산을 증가하는 경우에도 천도를 따라 대대(代代)로 이어가면서 발전하게 해야 한다.

알기 쉽게 그림으로 설명하겠다.

1대	①				
2대	①	②			
3대	①	②	③		
4대	①	②	③	④	
5대	①	②	③	④	⑤

1대가 한평생 이룩한 ①을 남기고 죽는다. 2대는 ①에 자기의 몫인 ②를 덧붙이고 역시 죽는다. 3대도 ①②에 역시 자기의 몫인 ③을 덧붙이고 죽는다. 4대도 ①②③에 역시 자기의 몫인 ④를 덧붙이고 죽는다. 5대는 선조가 물려준 ①②③④에 역시 자기의 몫을 덧붙임으로써 더욱 발전시킨다.

(5) 인류의 문화도 선인들의 문화 유산에 후인들이 새롭게 덧붙임으로써 더욱 창조적으로 발전한다. 우리도 가정적으로나, 사회적으로나 세계적 차원에서 선인들의 유산에 새 것을 덧붙여 인류 문화를 발전시켜야 한다. 그것이 바로 천도를 바탕으로 한 효도 효행이다.

(6) 선조가 물려준 집안을 계승한 자식은 경제적으로 가난하게 살거나 문화적으로 후퇴하면 안 된다. 효자는 집안을 더욱 흥성케 해야 한다. 단 천도에 어긋나는 악덕한 짓

을 하면 안 된다. 혹은 범죄적 수법으로 돈을 벌고 부모에게 물질적 공양을 해 올리는 것은 참다운 효도가 아니다. 효도 효행은 절대선인 천도천리를 바탕으로 해야 한다.

[5] 인류의 위기극복과 효도교육

(1) 오늘에는 「효도(孝道)와 인의도덕(仁義道德)」과 반대가 되는 「반인륜적(反人倫的) 범죄」가 수없이 많이 발생하고 있다.

(2) 그 원인은 모든 나라가 재물과 무력만을 높이고 효도 윤리를 무시했기 때문이다. 그래서 모든 사람들도 물질적 이기주의와 순간적 · 관능적 향락에만 골몰하게 된 것이다. 아울러 사람이나 국가가 탐욕을 채우기 위하여 과학기술을 악용하고, 또 사술(詐術)과 무력으로 돈만을 벌려고 하기 때문이다. 그래서 인류 세계를 아귀들이 날뛰고 설치는 약육강식의 사냥터 혹은 생지옥으로 만들었다.

(3) 일차적 책임은 세계를 무력으로 제패한 서양의 강대국이 져야 한다. 그래서 약소국들도 살아남기 위해서 부득불 물질과 과학 기술을 앞세워야 하며 따라서 정신적 · 도덕적으로 타락한 것이다.

(4) 효도 윤리 도덕의 상실은 공동체를 내부적으로 와해시킬 염려가 크다. 물질과 무력 일변도의 부국강병책(富國强兵策)은 뜻하지 않게 국민의 정신과 도덕성을 마비시키고 결국에는 공동체 자체의 존립을 위태롭게 한다. 우선 자식이 부모에게 효도를 안함으로써 가정이 파괴되고 사

회의 윤리 도덕이 증발한 것이다. 가정은 사회의 기본단위이다. 가정이 파괴되면 국가도 도덕적으로 파괴된다.

(5) 2천 년 전에 쓴 예기(禮記)에 있다. 「인간이 소외되고 물질적 존재로 전락하는 까닭은 하늘의 도리를 무시하고 오직 인간적 욕심만을 추구하기 때문이다.(人化物者 滅天理 而窮人欲者也)」

(6) 대학(大學)에서는 다음과 같이 경고했다. 「덕이 근본이고 재물은 말단이다. 그런데 덕을 홀대하고 재물을 중시하면 서로 싸우고 쟁탈을 일삼게 된다.(德者本也 財者末也 外本內末 爭民施奪)」

(7) 이 말은 오늘의 인류의 위기를 신랄하게 규탄하고 있는 듯하다. 인류의 번영과 발전을 위한 과학적 기능 교육은 계속 중시되어야 한다. 동시에 인성교육 및 효도 윤리 도덕의 교육을 강화해야 한다. 그래야 우리의 공동체가 건전하게 존립하고 또 발전한다.

(8) 선량한 사람들이 과학 기술 재물을 선용해야 인류의 행복과 세계의 평화가 보장된다. 반대로 재물 과학을 악용하는 악한 사람이 많으면 인류는 멸망한다. 개인적으로나 국가적으로나 이기주의와 탐욕을 극복하고 서로 사랑하고 협동해서 함께 잘사는 인(仁)의 세상을 만들어야 한다.

(9) 사람은 배우고 익히기에 따라 성인(聖人)도 되고 아귀(餓鬼)도 된다. 절대선인 하늘과 하늘의 도리를 따라 서로 사랑하고 협동하는 효도(孝道)와 인정(仁政)을 구현하

기 위해서는 어려서부터 윤리 도덕 및 효도 교육을 강화해야 한다.

(10) 특히 가정에서의 효도 교육과 효행이 몸에 배게 훈련해야 한다. 자기 친부모에게 효도할 줄 모르거나, 형제간의 사랑에 익숙지 못한 사람이 어찌 인류애를 실천할 수 있겠는가. 그러므로 공자는 효경(孝經)에서 말했다. 「효는 모든 덕행의 기본이며, 또 모든 가르침과 배움의 시발점이다.(夫孝 德之本也 敎之所由生也)」

(11) 전에는 우리나라에서도 가정에서나 사회적으로나 효도 교육을 높였다. 그러나 세계적으로 밀어닥친 「이기적 물질만능주의」로 인한 위기적 병폐와 더불어 마침내 학교에서 효도 교육을 망각하거나 배척함으로써 급기야 오늘의 혼란상을 초래한 것이다.

(12) 친부모를 살해하는 패륜(悖倫)의 청소년들이 급증하자, 당황한 정치인들이 간혹 「청소년 선도」를 외친다. 그러나 그들이 바로 부도덕하게 권력을 잡은 사람들이므로 신념이 굳지 못하다.

(13) 그들 자신들이 권모술수와 재물 및 무력을 앞세우는 자들이므로 효도 윤리 도덕 교육을 참으로 할 수 없다.

(14) 그러므로 일대 혁신이 있어야 한다. 기성 정치인들이 결단을 내리고 학교에서 심성함양과 윤리 도덕 효도교육을 본격적으로 강화해야 한다. 효도하고 윤리 도덕을 실천한다고 과학 기술이 낙후되지 않는다. 사람이 착해야 과

학 기술도 선가치적으로 활용하게 될 것이다.

제2장 정리(情理)로 본 효도

[1] 보은(報恩)과 덕행(德行)

(1) 효행에는 크게 두 가지 면이 있다. 하나는 나를 양육한 부모의 은공에 보답하는 것이다. 다른 하나는 자식이 훌륭한 사람이 되어 부모의 뒤를 이어 집안을 번성케 하고 아울러 국가에 공을 세우는 것이다. 그래야 가문을 빛내고 동시에 인류 문화 발전에 기여한다.

(2) 「오유반포지효(烏有反哺之孝)」라는 말이 있다. 까마귀도 늙은 어미새에게 먹이를 준다. 하물며 사람이 부모에게 보답하는 효도를 안하겠는가.

(3) 인간의 존엄성 중의 하나가 곧 부모를 하늘땅처럼 높이고 보답하는 효도를 행함이다. 부모의 은덕을 저버리면 사람이 아니다. 하늘이 준 인간의 본성은 착하다. 그러므로 잘 계발하면 누구나 착한 사람이 된다. 즉 집안에서는 효도하고, 사회에 나가서는 윤리 도덕을 잘 지키고, 국가적으로는 애국애족(愛國愛族)한다. 더 크게는 인류 문화 발전에 기여해야 한다. 그렇게 하면 자연히 부모와 가문도 빛나게 될 것이다. 그것이 참 효도이다. 악덕하게 권력과 재물을 긁어모으는 짓거리는 효도가 아니다.

[2] 출생과 양육의 은공

(1) 누구나 「자기 몸과 생명」을 소중히 여긴다. 나를 낳고 키워주신 분이 바로 양친이시다. 그러므로 부모의 은공에 보답해야 한다. 그것이 효도의 첫발이다.

(2) 노쇠하신 양친을 누가 돌봐 드려야 하나. 자식 된 내가 아닌가. 어버이의 은혜는 하늘보다 높고 바다보다 깊다. 그러므로 끝없이 감사하고 끝없이 보답해야 한다. 사자소학(四字小學)에 있다. 「부모님의 은혜는 하늘처럼 높고 땅처럼 두텁다. 어찌 자식 된 몸으로 효도하지 않으랴.(恩高如天 德厚似地 爲人子者 曷不爲孝)」

(3) 부모는 나의 생명의 근원이다. 나는 부모의 혈육과 기질, 성품과 정신까지 나누어 받았다. 그러므로 나의 용모나 능력 및 재주까지 부모를 닮았다. 부모는 곧 나의 전신(前身)이며 나는 곧 부모의 후신(後身)이다. 따라서 부모와 나의 삶은 같은 선 위에 있고, 부모와 나는 같은 가문과 혈통을 이어가고 있는 것이다.

(4) 부모와 자식은 몸은 다르지만 같은 핏줄기, 같은 생명을 이어간다. 본체(本體)에서 볼 때, 부모와 나는 일체(一體)이다. 그러므로 부모와 자식은 영원히 하나이다. 그것이 하늘에 의해서 주어진 천륜(天倫)이다.

[3] 천륜(天倫)과 효도

(1) 자식인 내가 출생하면서 가장 먼저 관계를 맺는 사람이 바로 부모다. 그리고 부모와 자식간의 인연과 관계는

하늘에 의해서 맺어진 절대적인 천륜이다. 천륜은 취소할 수도 또 바꿀 수도 없다.

(2) 60억 인류 중에서 가장 밀접한 사이가 부모와 자식의 관계이다. 그런데 생각이 얕은 사람은 부모와의 일체감을 깨닫지 못하고 부모를 오다가다 만난 「남녀간의 애인」보다 소원하게 여기고 홀대한다. 불효(不孝)는 무지(無知)에서 야기된다.

(3) 자신의 탐욕을 채우기 위해 돈을 쓰면서도 부모 공양에는 인색하게 군다. 탐욕에 눈이 먼 것이다. 그러므로 어려서부터 효도 효행을 잘 가르쳐야 한다. 가르치지 않고 내버려두면 동물 이하로 전락한다.

(4) 동물은 어미를 죽이는 법이 없다. 그러나 탐욕을 억제하지 못하고 재물에 눈이 먼 악인은 부모를 잔인하게 살해하는 경우도 있다. 그러므로 자식의 육신만 키우지 말고 정신과 덕성을 키우고 높여야 한다.

[4] 육신의 양육과 덕성 훈육

(1) 부친은 생명의 씨를 심고 모친은 열 달 동안 복중에서 나의 몸을 키우시고 나를 출산하신 것이다. 출생 후에도 온갖 고생과 정성으로 나를 키워 주셨다. 그래서 부모님 덕택으로 내가 태어나 자랐고 먹고 입으면서 성장하고 있는 것이다.

(2) 한편 부모는 삶과 역사의 「선경험자(先經驗者)」로서 나에게 삶의 지혜와 기능 및 남과 어울려 사는 도덕 윤

리를 깨우쳐 주고 또 몸에 익히게 해준다. 또 비싼 학비를 주어 학교공부도 받게 해준다. 한편 자식인 나는 때로는 병들거나 엉뚱한 짓거리로 집안의 재물을 축내고 부모의 속을 태우기도 한다. 그런데도 부모는 한결같은 자애와 정성으로 뒷바라지를 해주시고 감싸주신다.

(3) 이와 같은 부모님의 사랑과 훈도 덕택으로 나는 사회의 일꾼이 되어 활동하고 있는 것이다. 내가 사회에 진출하고 활동함에 있어서도 직접 간접으로 부모와 가문의 후원과 선조의 음덕을 입고 있는 것이다. 이러한 부모의 막중한 은혜와 가문의 덕택을 모른 척하고 효도하지 않을 수 있는가. 안 된다.

(4) 마땅히 부모의 은공에 감사하고 보답하는 동시에 가문을 잘 계승해야 한다. 아울러 사회적으로도 천도를 따라 좋은 일을 하고 공을 세워 부모님의 이름을 높이고 가문을 더욱 빛내야 한다. 그것이 효도이다.

[5] 물질적 유산과 가업의 계승 발전

(1) 내가 결혼해서 가정을 꾸밀 때도 막대한 가산을 쪼개서 일가를 이루게 해주시는 분이 바로 부모이시다. 뿐만 아니라, 장차는 부모가 한평생 이룩한 가업과 유산도 다 물려주게 마련이다.

(2) 부모도 대대로 이어온 가업과 가산을 물려받고 그 위에 당신들의 노력으로 재산을 더욱 불렸던 것이다. 따라서 내가 계승하고 물려받을 가산은 결국 모든 선조들의 노

력의 결정(結晶)인 것이다.

그러므로 나도 물려받은 가산에 나의 몫을 덧붙이고 불리어서 자식 손자에게 넘겨주어야 한다. 그것이 효도이다. 효도는 가문을 더욱 흥성케 하는 도리이다.

(3) 이와 같이 영광된 가문과 많은 가산을 물려주는 부모에게 감사하고 보답해야 한다. 직장에서 월급을 주는 윗사람에게는 충성하면서 부모나 선조를 홀대할 수 있을까.

(4) 장차 나도 늙고 모든 것을 자식에게 물려줄 것이다. 그 때에 자식이 나를 홀대하면 느낌이 어떠하랴? 늦기 전에 효도해야 한다. 공자가어(孔子家語)에 다음 같은 말이 있다. 「나무가 조용히 있고 싶어도 바람이 멈추지 않고, 자식이 효도하려 해도 어버이는 기다리지 않는다.(樹欲靜而風不止 子欲養而親不待)」

(5) 부모와 자식간의 관계를 연령별로 도시하겠다. 헤아리기 편하게 나이 30세에 자식을 출생한다고 가정하자.

```
아버지 나이 30—40—50—60—70—80—90— 사망
             |    |    |    |    |    |    |
      나 출생---10---20--30---40---50---60---70---80
                            |    |    |    |    |
              나의 아들 출생--10---20---30---40---50
```

아버지 30세에 아들인 「나」를 낳고, 장년기 「30-40-50-60세」에 나를 양육하고 교육하고 또 내가 결혼해서 가정을 꾸미는 데에 모든 뒷바라지를 한다. 아들인 「나」도 30세에 「나의 아들」을 낳는다. 그리고 아버지는 나이 60세로 노년기에

접어든다. 그리고 나는 「30-40-50-60세」의 장년기다. 따라서 「아들인 내가」 이미 노쇠한 부모를 돌봐 올려야 한다.

(6) 장차 「나」도 늙으면 「내 아들」에게 도움을 받게 마련이다. 이렇게 세세대대 이어지면서 위로는 부모에게 보답하고 아래로는 자식을 양육하는 것이 가정 윤리의 핵심인 효도이다. 부모에 대한 효도는 생전에 늦기 전에 해 올려야 한다. 우리 주변에는 부모가 사망한 다음에 생전에 효도하지 못한 것을 뉘우치며 회한의 눈물을 흘리는 사람들이 의외로 많이 있다. 부모님이 살아 계실 때에 효도하자. 효도는 천도의 연장선상에서 행하는 덕행이다. 천도를 어기고 악덕하게 살면 안 된다.

[6] 전통과 정신의 계승 발전

(1) 가정은 물질생활과 더불어 정신생활면에서도 역사적으로 발전하고 있다. 그러므로 자식은 외형적으로 가산이나 가업을 계승함과 아울러 내면으로도 가문과 전통 및 선조나 부모의 정신을 잘 계승하고 발전케 해야 한다.

(2) 부모는 자식에 앞서 가문을 계승 발전케 한 선인(先人)이다. 자식은 그 뒤를 이은 후계자(後繼者)이다. 시간과 세대의 흐름에 있어 나의 부모가 선대의 역사 문화 및 가문과 전통을 이어 더욱 발전케 했듯이 나도 가문과 전통을 이어 더욱 발전케 해야 한다. 집안은 대대로 계승 발전하는 「역사적 발전체(歷史的發展體)」이다.

(3) 그러므로 오늘의 「나」는 우리 집안을 계승하고 「나

자신의 힘과 업적」을 더해서 우리 집안을 더욱 발전시키고, 다시 후손에게 물려주어야 한다.

[7] 영적 교류와 제사

(1) 효도의 심정적 차원이 높아지면 필연적으로 선조와 영적으로 교류하게 된다. 제사를 통해 선조와 영적으로 접하게 된다.

(2) 「제사 제(祭)」는 「접할 접(接)」과 뜻이 통한다. 제사를 경건한 마음으로 올리면 돌아가신 부모나 선조의 영혼에 접하게 된다. 그리고 그분들의 정신이나 이상을 체득하고 집안을 계승하고 더욱 빛내고 발전시킬 수 있는 영적 힘을 얻게 된다. 제사를 모시면서 선조에게 새롭게 맹세도 한다. 제사는 영적으로 부모 및 선조와 접하고 대화를 나누고 가르침을 받는 의식이다.

(3) 후손 된 나는 때맞추어 엄숙하고 경건하게 제사를 올려야 한다. 제사는 허례허식이 아니다. 나의 근본을 잊지 않고 감사하며 때맞추어 모시는 효행이다.

(4) 제사는 흡사 선조나 부모가 눈앞에 살아 있듯이 경건한 자세와 감사하는 마음으로 올려야 한다. 목욕재계하고 엄숙하게 제사를 모시고 영적으로 대화를 나누면, 신명의 슬기로운 계시를 받을 수 있다. 부모에 대한 효도는 선조에 대한 제사에 이어진다.

(5) 이러한 효도를 인식하고 실천하는 주체가 바로 「나」다. 제사를 통해 나의 근본에 접하고 선조와 영적으로 하나

가 될 수 있다.

(6) 나의 생명의 뿌리는 가까이는 부모, 멀리는 선조이다. 그리고 종국적으로는 하늘이다. 제사는 하늘에 통하는 의식이다.

(7) 부모와 심정적으로 교통해야 한다. 부모가 생존해 있거나 혹은 사망했거나 자식은 부모와 심정적으로 교감 교통해야 한다. 예기(禮記) 곡례편(曲禮篇)에 다음과 같은 말이 있다. 「<자식은 부모님의 뜻이나 감정을> 소리 없는 속에서 들어 깨닫고, 보이지 않는 형상 속에서 알아차리고 받들어야 한다.(聽於無聲 視於無形)」

(8) 이심전심(以心傳心)으로 부모님을 받들고 섬겨야 한다. 그러므로 「웃어른이 입던 의복이나 쓰던 기물을 소중히 하고 그 위치를 함부로 옮기면 안 된다. 또 어른이 즐겨 들던 음식을 함부로 치우거나 먹어 없애면 안 된다.」

(9) 이러한 심정적 교감은 어른이 돌아가신 후에도 계속되어야 한다. 예기 옥조편(玉藻篇)에 다음과 같은 글귀가 있다. 「부친이 돌아가신 뒤에 부친께서 생전에 애독하시던 책을 자식이 펴놓고 읽지 못하는 까닭은 부친의 손때가 묻어 있기 때문이다. 모친이 돌아가신 뒤에 모친이 쓰시던 그릇을 함부로 쓰지 못하는 까닭은 모친의 입김이 서려 있기 때문이다.」

(10) 이와 같은 심정적 교감 교통은 사람에 대한 사랑에서도 확대되기 마련이다. 예기 내칙편(內則篇)에 있다. 「부

모가 사랑하시던 것을 사랑하고 부모가 공경하시던 것을 공경해야 한다. 부모님이 사랑하시던 개나 말까지 자식이 아끼고 사랑해야 하거늘 하물며 부모님이 사랑하시던 사람에 대해서는 더욱 사랑을 베풀어야 한다.」

「부모님 생전에 종의 몸에서 난 자식이나 혹은 첩의 몸에서 난 서자나 서손이 있고, 그들을 부모님이 사랑하셨다면, 적자는 부모님이 돌아가신 뒤에도 그들을 사랑하고 돌봐주어야 한다.」

공자는 논어에서 말했다. 「부친 생존시에는 뜻을 살피고 사망 후에는 행적을 본으로 삼고 따른다. 적어도 3년을 두고 부친의 생각이나 방침을 고치지 않고 따라야 효자라 할 수 있다.」

(11) 효자는 「계지술사(繼志述事)」해야 한다. 즉 부모의 뜻과 이상을 계승하고 부모가 하시던 사업을 이어서 더욱 발전적으로 성취시켜야 한다.

[8] 다섯 가지 불효(不孝)

(1) 맹자는 불효를 다음과 같이 들었다.

① 게을러 부모를 공양하지 않는다.

② 노름과 술을 좋아하고 부모를 돌보지 않는다.

③ 재물과 처자에 빠져 부모를 돌보지 않는다.

④ 관능적 향락에 빠져 부모를 고생시킨다.

⑤ 포악과 난동으로 부모까지 위험에 빠지게 한다.

(2) 주(註)에서 조기(趙岐)는 다음의 셋을 첨가했다.

「무도한 뜻에 아첨하고 굴종하여 결과적으로 부모를 불의에 빠뜨리는 것, 집안이 가난하고 부모가 연로한데도 녹사(祿仕)를 마다하는 것, 처를 얻지 않고 자식이 없어 선조의 대를 끊게 하는 것.」

(3) 이상 맹자가 든 세속적 불효를 오늘에 견주어 보면 어떻게 될까? 대부분의 현대인들은 구제되지 못할 것이다. 그러므로 오늘의 세계를 도덕적·윤리적으로 타락했다고 말한다. 효도를 해야 사람다운 사람이 되고 따라서 착한 가정, 정의로운 사회나 국가가 꾸며지고 또 인류 문화도 바르게 발전한다.

(4) 거듭 강조하겠다. 자기수양과 인격완성의 바탕이 효도 효행이다. 자진해서 적극적으로 효를 실천하자.

【참고 설명】 효제(孝悌) 충신(忠信) 인의(仁義)

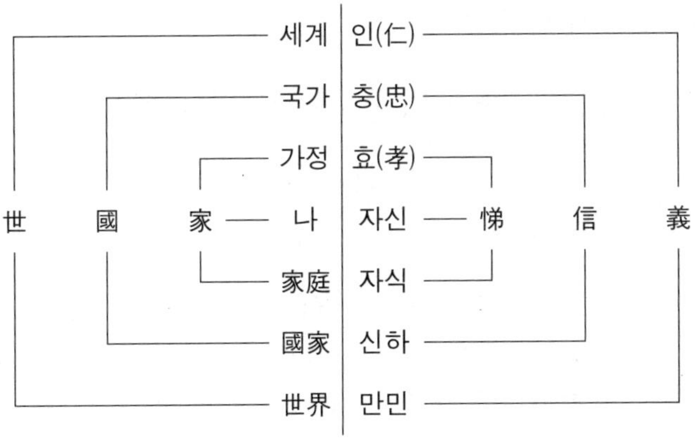

밖의 사각형은 세계적 차원, 그 중간은 국가적 차원, 가운데는 가정적인 차원에서 「나」와 남의 관계이다.

【참고 설명】 효의 삼단계

(1) 「나의 신체나 모발 및 피부는 부모로부터 받은 것이다. 그러므로 나의 몸을 소중히 여기고 다치거나 상하지 않게 해야 한다. 그것이 효도의 시발이다.(身體髮膚 受之父母 不敢毁損 孝之始也)」

(2) 「그 다음에는 사회에 나가서 하늘의 도리를 따라 공을 세우고 이름을 후세에 선양하고 아울러 부모를 영광되게 해야 한다. 그렇게 하는 것이 효도의 마지막 완성이다.(立身行道 揚名於後世 以顯父母 孝之終也)」

(3) 「무릇 효도에는 세 단계가 있다. 가정에서 부모님을 섬김이 첫 번째 단계이고, 나라에 나아가 임금에게 충성함이 두 번째 단계이고, 하늘의 도리를 따라 공을 세워 세상에 이름을 높이 선양함이 세 번째의 마지막 단계이다.(夫孝始於事親 中於事君 終於立身)」

【참고 설명】 식물 · 동물 · 인간의 공통성

	먹고 개체를 보전함	짝짓기 종족번식	집단성
식 물	공기 광선 열 물	암수 수수	동류 집단
동 물	물 식물 동물	암컷 수컷	동류 집단
인 간	공기 광선 물 식물 동물 농작물 공산품	남성 여성 결혼 자손 출산	인종 민족 동족 집단

【참고 설명】 식물・동물・인간의 특성

	식생활	짝짓기	집단성	창조생활	도덕생활
식물	고정	고정	밀생	없음	없음
동물	이동	이동	집단	자연의존	동물본능
인간	고정 이동 문화 창조	고정 이동 문화 창조	가정 국가 세계 역사 문화 계승	자연의존 자연개조 과학기술 공업생산 생활문화 예술활동	육친애 가족애 민족애 인류애 사랑과 협동생활 윤리 도덕 효도 학문 역사 전통 계승 발전

【참고 설명】 나와 하늘 및 만물과의 관계

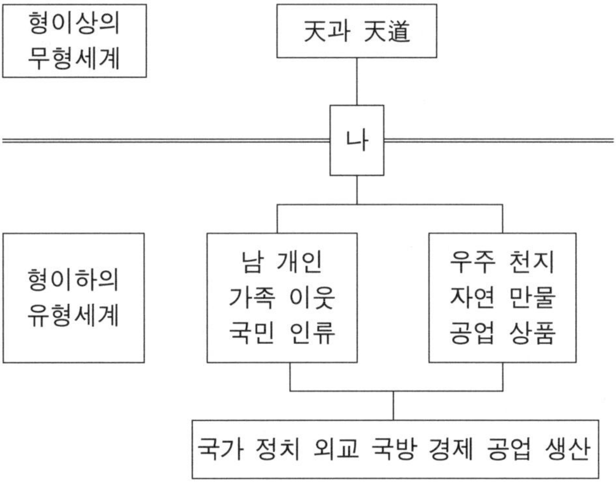

【참고 설명】 나, 가정, 국가 및 세계

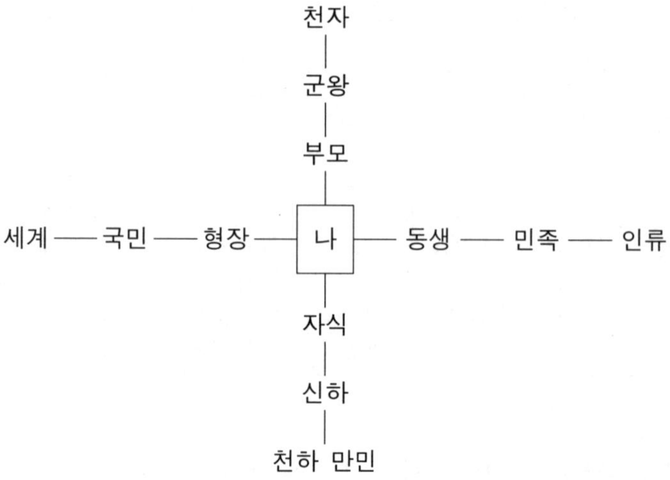

제 5 편 학습 입문

삼자경 · 사자소학의 명언 명구

(1) 전통사상의 핵심인 「천지인(天地人)」과 「천도(天道) 지덕(地德) 및 인행(人行)」의 깊은 뜻을 바르게 알아야 한다.

(2) 옛날의 계몽서인 「삼자경(三字經)과 사자소학(四字小學)」에서 효(孝)와 인(仁)의 기본 도리와 사상을 배우고 익혀야 한다.

(3) 순한글로 풀이한 명언 명구를 통해서 유교사상과 도리를 알고, 또 실천할 수 있을 것이다.

제1장 삼자경의 명언 명구

[설명] 삼자경(三字經)은 송(宋)나라 왕응린(王應麟 : 1223~1296)이 편찬한 계몽서다. 「한 구」를 「세 글자」로 썼으므로 보기에는 간단하다. 그러나 뜻이 깊다. 여기서는 주로 「효도(孝道)와 윤리(倫理)」에 관한 명언 명구를 추려 한글로 풀이했다. 「참고 설명」에는 「현대 철학적 설명」을 가했다.

[1] 삼재(三才)는 천지인(天地人)이다.

三才者 天地人(삼재자 천지인)

【참고 설명】 삼재(三才)

「삼재(三才)」는 「우주 천지 자연 만물을 다 포함한다.」 「재(才)」는 「재물(才物)의 뜻이다.」 「재물」은 「실지로 있으며 지혜롭게 기능을 발휘하는 실물이다.」 「삼재」는 넓게는 「하늘과 땅에 있는 자연 만물」을 다 말한다. 특히 「만물의 영장인 사람을 으뜸으로 내세운다.」 사람만이 우주 천지의 도리를 알고 또 활용할 수 있다.

【참고 설명】 천지인(天地人)

「천지인(天地人)」은 「하늘 땅 및 사람」이다. 「천도(天道) 지덕(地德) 및 인행(人行)」을 포함한다. 나누어 설명하겠다.

① 「천도(天道)」는 「만물을 생성화육(生成化育)하는 하

늘의 도리다.」 이때의 「하늘」은 곧 「공간과 시간을 통합한 우주」라는 뜻이다. 그러므로 「천도는 곧 우주의 도리」이다.

② 「지덕(地德)」은 특히 「지상에 나타난 좋은 성과」를 말한다. 「덕(德)은 득(得)」이다. 「천도를 따라 지상에서 얻은 좋은 성과를 지덕」이라 한다. 넓게 말하면 「우주 천지 자연 만물이 천도를 따라 땅 위에서 생식 번성한다」는 뜻이기도 하다.

③ 「인행(人行)」은 「사람의 탁월한 행동이다.」 탁월한 행동은 곧 「지(知)·인(仁)·용(勇) 삼달덕(三達德)」을 포함한다. <* 자세한 것은 뒤에 다시 나온다.>

[2] 삼광(三光)은 일월성(日月星)이다.

三光者 日月星(삼광자 일월성)

【참고 설명】 삼광(三光)은 일월성(日月星)

(1) 우주는 일월성(日月星)으로 꾸며져 있다.

(2) 태양계(太陽系)에서 태양은 절대적 중심이다. 태양을 중심하고 도는 항성(恒星)의 하나가 지구(地球)다. 달〔月〕은 지구를 따라 도는 부속의 별이다.

(3) 태양도 지구도 달도 자전하면서 동시에 다같이 함께 공전한다. 그래서 날〔日〕 달〔月〕 사계절 및 해〔年〕가 바뀐다. 그리고 역사적 세월이 끝없이 흐른다.

【참고 설명】 태양의 빛과 열

태양의 빛이 있으므로 볼 수 있다. 어둠에 묻히면 볼 수가 없다. 낮과 밤이 계절에 따라 변동한다. 그러므로 식물 동물도 저마다 동(動)과 정(靜)한다. 모든 것이 하늘의 도리다. 태양의 열이 있으므로 만물이 적합하게 살 수 있다. 만약 지구 위의 기후가 심하게 변하면 지구상의 생물들도 크게 영향을 받는다.

<* 고대의 사상가는 음양(陰陽)에 대해서는 말을 많이 했다. 그러나 온난한열(溫暖寒熱)에 대한 말은 적었다. 그러나 오늘은 지구의 온난화를 매우 걱정한다.>

【참고 설명】 하늘[天]과 하늘의 도리[天道]

(1) 자연 만물, 즉 식물·동물·인간 등은 하늘에 의해서 창조되고 살고 또 번식하고 대를 이어가면서 번식 발전하고 있다.

(2) 사람은 개별적으로는 살다가 죽는다. 그러나 총체적으로는 대(代)를 이어가면서 역사 문화적으로 발전하고 있다. 이것도 하늘의 도리다. 우주 천지 자연 만물을 지배하는 본체는 하늘이고 그 도리를 천도라 한다.

【참고 설명】 정신적 삶과 육체적 삶

사람의 삶에는 크게 두 가지가 있다. 하나는 「영적(靈的)·정신적(精神的) 도덕성(道德性)」을 본(本)으로 하는 「정신적 삶」이다. 다른 하나는 「동물적(動物的)·생리적(生理的) 본능」을 바탕으로 하는 「육체적 삶」이다.

【참고 설명】 사람은 영장(靈長)이다

(1) 사람은 생명이 없는 무생물(無生物)이 아니다.

(2) 사람은 식물 동물과 함께 살아있는 생명체다. 살기 위해서는 먹고 마셔야 한다. 그래야 육체적 삶을 유지하고 활동한다. 또 남녀가 어울려야 자식을 낳고 번식한다.

(3) 사람은 영장(靈長)이다. 그러므로 사람만이 하늘과 하늘의 도리를 알고 또 하늘처럼 창조적 일을 할 수 있다. 특히 근래의 기계문명의 발달은 놀랄 만하다. <* 그와 같이 정신 문명 및 도덕 윤리도 발달해야 한다.>

【참고 설명】 탁월한 기능(機能=技能)

(1) 정신적 지능(知能)으로 하늘과 하늘의 도리를 깨닫고 알고 따라서 살아야 한다.

(2) 하늘의 사랑을 따라 자연 만물 및 모든 사람을 고르게 사랑하는 인애(仁愛)를 실천해야 한다.

(3) 개인적으로나 국가적으로나 악덕을 물리치고 「절대선의 천도」를 따르고 실천하는 용기가 있어야 한다.

(4) 이와 같이 천도를 따라 「지인용(智仁勇)」을 슬기롭게 발휘하는 사람을 「성현(聖賢)」이라 한다.

【참고 설명】 지인용(知仁勇) 삼달덕(三達德)

(1) 사람은 영장(靈長)이다. 그러므로 「지인용 삼달덕」

을 따라 덕(德)을 세운다. 나누어 설명하겠다.

(2) 지(知) : 탁월한 학식, 인식, 가치 판단 및 능력을 다 포함한다. 탁월한 「지능(知能)」은 「학문을 바탕으로 높아지고 발달한다.」 「학문과 지능」은 「성인(聖人)과 현인(賢人)에 의해 계발되고 또 역사적으로 쌓이고 발달한 보물이다.」 「사람만이 어려서부터 학문과 지능을 배우고 터득하고 또 활용할 수 있다.」

(3) 인(仁) : 하늘은 만물을 낳고 양육하고 또 번식하고 발전하게 한다. 그러한 사랑의 마음이 천심(天心)이다. 그러한 도리가 천도(天道)다. 하늘은 사람에게만 착한 본성(本性)을 주었다. 그러므로 사람만이 천심과 인심(仁心)이 있다. 또 사람만이 천도를 따른 인도(仁道)를 행할 수 있다. 인도를 따르고 실천하면 곧 인덕(仁德)이 선다. 「인(仁)」은 「인심, 인도 및 인덕」을 합한 이름이다. 「하늘의 사랑」을 인간적인 차원에서 「인(仁)」이라 한다.

(4) 용(勇) : 하늘은 끝없이 큰 힘으로 만물을 「생육(生育)하고 번식 발전케 한다.」 그와 마찬가지로 하늘을 닮은 영장(靈長)인 사람도 「끝없이 큰 힘으로 만물을 애육발전(愛育發展)케 한다.」 그러한 힘을 용(勇)이라 한다.

【참고 설명】 사람이 하늘을 대신한다

만물의 영장인 사람은 「지인용(知仁勇) 삼달덕(三達德)」을 바탕으로 자연 만물을 더 좋게 개조할 수 있다. 그래서 과학을 발달하게 하고 또 놀라운 기계나 문화 예술을 만드는 것이다, 그러므로 「하늘의 오묘한 창조 일을 사람이 대신한다.(天工 人其代之)」고 한다.

【참고 설명】 개인적 위기(危機)

(1) 오늘의 사람들은 대체적으로 「외형적 · 육체적 삶」만을 중시하고 「정신적 · 도덕적 삶」을 소홀히 한다.

(2) 그래서 「돈과 물질만 높인다.」 또 「육체적 기능이나 감각적 쾌락」만을 추구하고 있다. 그래서 먹고 마시고 노는 것이 삶의 전부라고 착각하고 있다.

(3) 고로 동물적 수심(獸心)을 바탕으로 남을 치거나 혹은 간교하고 음흉한 속임수를 써서 부귀를 누리려고 한다. 특히 악덕한 나라는 과학과 기계를 무기화하고 남을 침략하기도 한다. 신문 TV 등은 선동한다.

【참고 설명】 국가적 위기(危機)

(1) 특히 강대국은 재물과 무력의 바탕으로 약소국가를 유린하는 것을 예사로 여긴다. 학교에서도 「정신적 윤리 도덕 교육」을 소홀히 한다.

(2) 그래서 오늘의 사람들도 더욱 타락하고 선악(善惡)을 가리지 못하게 되고, 또 동물 이하로 악덕한 존재로 전락한 것이다.

이대로는 안 된다. 위기를 극복하기 위해서 더욱 노력해야 한다. 효도 윤리 도덕을 배우고 실천해야 한다.

【참고 설명】 위기를 극복하자

(1) 본성적으로 착한 사람도 사회적 관습 및 교육 훈련에 따라 서로 다르게 된다. 냉철하게 현상을 보자. 세계는 이기주의를 바탕으로 부국강병(富國强兵)과 약육강식(弱肉强食)을 당연시 한다. 그래서 강대국이 약소국가를 돈과 힘으로 지배하고 있는 것이다.

(2) 동양도 깊이 반성해야 한다. 고대부터 말로만 「효도, 윤리 도덕 및 예의범절」을 강조했다. 그러나 역사적 사실은 다르다. 권력을 독차지한 악덕한 통치자들은 가렴주구(苛斂誅求)하고, 백성들을 도탄에 빠지게 했다. 그리고 자기들은 사치, 낭비, 유흥에 몰두했다.

(3) 가정적으로도 어른들은 비도덕적 삶을 살면서 자녀에게는 맹종과 굴욕을 강요했다. 뿐만 아니다. 개인적으로나 국가적으로나 과학 기술, 산업, 생산을 소홀히 했다. 그래서 서양에 예속되었던 것이다.

(4) 동서가 다같이 반성하고 정신적·도덕적으로 바르게 살아야 한다. 특히 동양의 지식인은 주체성을 높이고 천도(天道)를 바르게 알고 착하게 살아야 한다.

[3] 하늘이 처음 사람에게 준 본성은 착하고 서로 비슷하다. 그러나 사회적 관습이나 학습에 따라 서로 다르게 된다.

人之初 性本善(인지초 성본선)

性相近 習相遠(성상근 습상원)

【참고 설명】 하늘이 준 착한 본성

(1) 사람을 위시하여 우주 천지 자연 만물을 낳고 양육하고 더욱 번성케 하는 절대자가 바로 하늘이다. 하늘은 식물 동물 등, 만물에게 저마다의 성질을 주었다.

(2) 하늘은 만물의 영장인 사람에게만 「선본성」을 주었다. 「선본성」은 곧 「영적(靈的)·정신적 도덕성」을 말한다. 그러나 사람도 동물에 속한다.

(3) 그러므로 실제적으로는 동물적 생존본능을 바탕으로 육신적 삶을 살고 있다. 육신적 삶의 핵심은 식색(食色)이다. 음식을 잘 들어야 건강하고 따라서 육체적으로 일을 잘 할 수 있다. 또 남녀가 짝을 지어야 아들딸을 낳고 자기들의 뒤를 이어가게 할 수 있다.

(4) 그렇다고 사람이면서 동물적 삶만을 살면 안 된다. 특히 수심을 바탕으로 서로 싸우고 쟁탈하면 안 된다. 착한 본성을 바탕으로 서로 사랑하고 협동해서 함께 잘 살아야 한다. 그래야 진정한 평화세계를 건설한다.

[4] 자녀에게 바르고 착하게 가르치지 않으면 인품이 변할 수도 있다. 그러므로 도(道)를 잘 가르치고 익히게 해야 한다. 그것이 본성을 온전하게 간직할 수 있는 귀중한 방법이다.

苟不敎 性乃遷(구불교 성내천)
道之敎 貴以專(도지교 귀이전)

[5] 옛날에 맹자의 어머니는 거처를 옮기면서 아들 교육을 바로잡고자 했다. 아들이 도중에 글을 안 배우려고 하자 베틀을 자르고 엄하게 훈계했다.

昔孟母 擇隣處(석맹모 택린처)
子不學 斷機杼(자불학 단기서)

【참고 설명】 맹모삼천(孟母三遷)

맹자의 어머니는 집을 세 번 옮겨, 아들로 하여금 바르고 착하게 살게 했다. <⇒ 중국고대의 인간상 : 명문당>

[6] 자식을 육체적으로 양육하기만 하고 〈정신적 · 도덕적으로〉 가르치지 않는 것은 부모의 잘못이다. 글만을 가르치고 〈효도 윤리 도덕을〉 가르치지 않는 것은 스승의 태만이다.

養不敎 父之過(양불교 부지과)
敎不嚴 師之惰(교불엄 사지타)

【참고 설명】 정신적 도덕 교육

(1) 부모가 아들딸을 낳고 양육하는 것도 하늘의 도리다. 그러나 육체적 · 물질적으로만 풍족하게 양육하고 정신적 · 도덕적으로 가르치지 않으면 안 된다. 스승도 지식

이나 기능만 가르치지 말고 윤리 도덕 효행 및 예의범절을 가르치고 또 엄하게 훈련시켜야 한다.

(2) 오늘의 청소년들은 육체적 기능만을 중시한다. 체육, 운동, 음악, 예술 등의 기능을 키우고 향상시키는 것도 중요하다. 허나 더 중요한 것이 윤리 도덕 교육이다.

(3) 오늘의 학교 교육은 윤리 도덕 교육을 외면하거나 소외하고 있다. 그래서 청소년들이 윤리 도덕을 잘 알지 못한다. 원인은 국가가 부국강병(富國强兵)만을 구하기 때문이다. 효도 윤리 도덕 교육을 중시해야 세계평화와 인류대동(人類大同)을 기할 수 있다.

(4) 오늘의 세계는 대 전환점을 맞이했다. 개인적으로나 국가적으로나 정신적 · 도덕적으로 각성해야 한다. 그래야 인류의 위기를 극복할 수 있다.

[7] 어린 자녀에게 효도 효행 및 예의범절을 제대로 학습케 하지 않음은 좋지 않다. 어려서 제대로 배우지 않으면 자라거나 늙어서 무엇을 하고 또 어떻게 사람다운 사람이 되겠는가.

子不學 非所宜(자불학 비소의)
幼不學 老何爲(유불학 노하위)

[8] 옥돌도 쪼고 자르고 닦고 갈지 않으면 빛나는 옥기나 보물이 되지 않는다. 사람이면서

효도 윤리 도덕을 배우지 않으면 사회적 도의를 바르게 알고 또 행하지 못하게 된다.

玉不琢 不成器(옥불탁 불성기)

人不學 不知義(인불학 부지의)

【참고 설명】 거듭 강조하겠다

육체적 삶의 바탕은 식색(食色)이다. 잘 먹어야 건강하다. 남녀가 어울려야 자녀를 낳는다. 아들딸이 건강하고 현명해야 바르게 계승하고 발전한다. 또 나라도 역사와 문화를 계승 발전할 수 있다. 윤리 도덕을 실천해야 인류대동(人類大同)의 평화세계(平和世界)를 건설한다.

【참고 설명】 어려서 배우고 익혀야 한다

(1) 어려서 효도 효행을 바르게 알고 몸에 익혀야 한다. 안 그러면 비도덕적(非道德的)·비사회적(非社會的) 인간이 된다. 심하면 수심을 바탕으로 한 악인이 된다.

(2) 지성선사(至聖先師) 공자(孔子)가 말하는 「배울 학(學)」은 「절대선(絶對善)의 천도(天道)」를 「배워 깨닫고 알고 실천하라는 뜻」이 다 포함되어 있다.

(3) 「학(學)」은 「각(覺), 지(知=智), 효(孝=效) 및 행(行)」을 다 포함한다. 나누어 설명하겠다.

① 각(覺)은 「절대선의 천도를 깨닫는다는 뜻이다.」

② 지(知)는 「알고 행함이다.」「지(知)와 행(行)」을 합친 것이 곧 「지혜(智慧)」다. 외형적·육체적 기능보

다 내면적 · 정신적 기능을 더 높이고 중시해야 한다.

③ 효(孝)의 「좁은 뜻」은 「부모를 잘 섬기고 순종한다는 뜻이다.」 그러나 「넓은 뜻」은 「절대선의 하늘의 도리를 따름이다.(效)」

④ 행(行)은 「행동화하고 실천한다」는 뜻이다.

[9] 어려서 가정에서 자랄 때 모든 가족이 서로 사랑하고 함께 윤리 도덕을 실천하고 익혀야 한다. 그래야 자녀가 커서 바르고 착하게 행하게 된다. 즉 위로는 임금을 섬기고 나라에 충성하고, 아래로는 모든 사람과 모든 백성을 사랑하고 은혜를 베풀게 된다.

幼而學 壯而行(유이학 장이행)
上致君 下澤民(상치군 하택민)

【참고 설명】 충군애민(忠君愛民)의 깊은 뜻

(1) 사람은 함께 어울려 살게 마련이다. 어려서는 가정에서 부모 형제와 함께 어울려 성장하게 마련이다.

(2) 어린이 시절과 청소년기에는 마을에서 같은 또래와 어울려 놀거나 혹은 선배나 어른에게 여러 가지 기능이나 재주를 배우고 익히게 마련이다. 더 성장하면 각급 학교에 가서 인격적인 면에서 윤리 도덕 예의범절을 배우고 익힌다. 동시에 학식면에서는 과학 기술을 배우고 익힌다.

(3) 그래야 인격과 덕성 및 학식 기술을 겸한 군자(君子)가 될 수 있다. 국가적인 면에서는 충군애국(忠君愛國)한다. 인류 역사 문화 발전면에서도 「선가치적(善價値的)」으로 기여할 수 있다.

[10] 나라에 공을 세워 명성을 높이고 부모님을 영광되게 해야 한다. 그래야 선조를 빛나게 하고 또 후손을 잘살게 할 수 있다.

揚名聲 顯父母(양명성 현부모)
光于前 裕于後(광우전 유우후)

【참고 설명】 역사적 계승 발전과 효도

(1) 효(孝)는 만민을 사랑하고 잘살게 하는 인애덕치(仁愛德治)에 직결된다. 그러나 효는 역사 발전에도 직결된다.

(2) 깊이 생각해 보자. 나는 바로 이 나라, 이 집에 태어났다. 이 집은 시조(始祖), 조부모(祖父母) 및 부모(父母) 형제(兄弟)가 현명(顯名)하고 이 나라 발전에 공을 세우고, 또 기여한 빛나는 집안이다. 조국과 인류 세계 역사와 문화발전에도 기여한 것이다.

(3) 이 모든 것은 하늘에 의해 정해진 것이다. 하늘은 나에게 「선본성(善本性)」을 주었다. 그러므로 나는 하늘의 도리를 따라 착하게 살고, 또 인류의 역사 문화 발전에 공헌해야 한다. 절대로 금수같이 악하게 살면 안 된다. 만

물의 영장으로서 숭고한 삶을 살아야 한다.

(4) 거듭 말하겠다. 사람은 저마다 따로 사는 것이 아니다. 가정에서는 부모 형제 부부와 공동체를 이룬다. 그리고 국가적으로는 역사 문화 발전에 직결된다. 이것이 바로 효도(孝道)의 깊은 뜻이다. 그러므로 자식인 「나」의 효도는 부모의 이름을 빛나게 하고 또 후손들에게도 복을 준다.

제2장 사자소학의 명언 명구

[설명] 「사자소학(四字小學)」은 옛날에 많은 사람이 학습했던 계몽한문이다. 판본마다 글자가 서로 다를 수도 있다. 이 책에서는 우선 효도(孝道) 효행(孝行)에 관한 어구를 풀이했다. 그리고 이어 삼강오륜(三綱五倫), 심성함양(心性涵養) 및 예의범절(禮儀凡節)에 관한 명언 명구를 추렸다. 「참고 설명」에는 「철학적 설명」을 가했다.

[부모님의 은덕에 관한 어구]

[1] 아버지는 나를 태어나게 하시고, 어머니는 나를 낳고 또 정성으로 품고 키우셨다. 특히 어머니는 나를 복중에 회태하시고, 나를 젖 먹여 키우셨다.

父生我身 母鞠吾身(부생아신 모국오신)
腹以懷我 乳以哺我(복이회아 유이포아)

[2] 부모님은 옷으로 나를 따뜻하게 감싸주시고, 밥으로 나를 배부르게 해주셨다. 부모님의 은혜는 하늘같이 높고, 부모님의 덕은 땅같이 넓고 또 깊다.

以衣溫我 以食飽我(이의온아 이식포아)
恩高如天 德厚似地(은고여천 덕후사지)

[3] 자식이 되어 어찌 효도하지 않겠는가. 은덕에 갚으려 하나 하늘같이 끝없이 높고 크노라.

爲人子者 曷不爲孝(위인자자 갈불위효)
欲報其德 昊天罔極(욕보기덕 호천망극)

【참고 설명】 하늘보다 높은 부모의 은덕

부모가 나를 낳고 지극한 사랑으로 나를 양육해 주신다. 그러므로 나도 부모님을 지극한 사랑과 정성으로 받들어 모시고 감사해야 한다.

[부모님 앞에서 취할 태도]

[1] 새벽에는 반드시 자식이 먼저 일어나야 한다. 그리고 반드시 세수하고 양치질하고 〈가서 인사드려야 한다.〉

晨必先起 必盥必漱(신필선기 필관필수)

[2] 저녁에는 잠자리를 편하게 해드리고, 새벽에는 살펴보고 인사드려야 한다. 겨울에는 따뜻하게, 여름에는 시원하게 해드려야 한다.

昏定晨省 冬溫夏凊(혼정신성 동온하청)

[3] 자식이 외출할 때는 반드시 부모에게 고해 올리고, 돌아오면 반드시 직접 뵙고 아뢰

어 올려라.

出必告之 反必面之(출필곡지 반필면지)

[4] 자식은 〈부모님 생존시에는〉 신중한 태도로 부모님을 모셔야 한다. 멀리 놀러가거나 여행가지 말아야 한다. 불가피 가게 되면 반드시 행방을 부모님께 고해야 한다.

愼勿遠遊 遊必有方(신물원유 유필유방)

[5] 부모가 부르시면 즉시 "예"하고 달려가야 한다.

父母呼我 唯而趨之(부모호아 유이추지)

[6] 명을 내리시면 반드시 복종하고, 거역하거나 태만하게 하면 안 된다.

有命必從 勿逆勿怠(유명필종 물역물태)

[7] 부모님 앞에서는 거만한 태도를 취하거나 눕지를 말아야 한다.

侍坐親前 勿踞勿臥(시좌친전 물거물와)

[8] 부모님 곁에서는 〈남에게〉 성을 내거나 또는 〈남을〉 꾸짖으면 안 된다.

侍坐親側 勿怒責人(시좌친측 물노책인)

[9] 부모님께서 출입하실 때에는 매번 일어나 인사를 올려야 한다.

父母出入 每必起立(부모출입 매필기립)

[10] 대문이나 방문을 드나들 때에는 반드시 문을 조용히 조심스럽게 열고 닫아라.

出入門戶 開閉必恭(출입문호 개폐필공)

【참고 설명】 집안에서의 태도

부모를 모시고 사는 자식은 모든 행동거지(行動擧止)를 신중하게 해야 한다. 가정에서만이 아니라 사회에 나가서도 남에게 피해를 주지 않게 몸가짐을 신중하게 해야 한다. 즉 예의범절을 잘 지켜야 한다.

[부모님 건강을 보살피라는 어구]

[1] 부모님께서 병이 나시면 자식은 근심하고 치료를 강구해야 한다.

父母有病 憂而謀瘳(부모유병 우이모추)

[2] 부모님께서 진지를 안 드시면, 부모님 입에 맞도록 좋은 반찬을 구해 올리도록 해야 한다.

父母不食 思得良饌(부모불식 사득량찬)

[3] 여름에는 부모님의 베개를 서늘하게 해드리고, 겨울에는 덮으실 이불을 따뜻하게 해드려라.

夏則涼枕 冬則溫被(하즉량침 동즉온피)

[4] 만약 맛있는 과일을 얻거든, 가지고 돌아와서 부모님께 드리도록 하여라.

若得美果 歸獻父母(약득미과 귀헌부모)

[삶의 보람과 효도에 관한 어구]

[1] 나의 몸과 머리털, 피부, 즉 몸 전체가 부모님으로부터 받은 것이다. 그러므로 감히 상하고 다치지 않게 해야 한다. 그것이 효도의 시작이다.

身體髮膚 受之父母(신체발부 수지부모)
不敢毁損 孝之始也(불감훼손 효지시야)

[2] 훌륭한 사람이 되어 도를 행하고 후세에 이름을 높여야 한다. 그래서 부모님을 빛나게 해드리는 것이 곧 효도의 마지막 단계이다.

立身行道 揚名後世(입신행도 양명후세)
以顯父母 孝之終也(이현부모 효지종야)

[3] 이상과 같이 부모님을 섬길 줄 알아야

가히 사람의 자식이라 하겠다. 그렇게 못하면 금수와 다를 바가 없다.

事親如此 可謂人子(사친여차 가위인자)
不能如此 禽獸無異(불능여차 금수무이)

【참고 설명】 효도(孝道)와 덕치(德治)

(1) 효(孝)는 부모님에게 정성으로 보답하는 것만으로는 끝나지 않는다. 효는 국가적 차원에서 인정(仁政)에 직결된다. 효는 바로 인(仁)의 기본이다. 사람이 효를 행하면 그 나라는 인(仁)이 넘치고, 따라서 덕치(德治)가 행해진다.

(2) 나는 부모의 뒤를 이어 가정과 국가, 더 나아가서는 인류의 역사 문화를 계승하고 더욱 발전하게 해야 한다. 나의 자식들도 나에게 효도를 하고 또 역사와 문화를 계승 발전할 것이다. 효도는 계승 발전의 뜻도 포함되어 있다.

(3) 사람은 혼자서 태어날 수도 없고 또 혼자서는 살 수도 없다. 모든 사람은 자식으로 태어나고 부모의 품에서 사랑을 받고 양육되고 또 성장한다.

(4) 가정은 사회의 기본단위(基本單位)이다. 가정이 번성하고 발전하기 위해서는 부모를 가정의 주체로 모시고 모든 자식들이 일심동체(一心同體)가 되어야 한다.

(5) 그렇게 하는 것이 곧 효도다. 반대로 자식들이 저마다 흩어지고 분산하면 공동체로서의 가정이 파괴된다. 효도는 공동체 번영의 기본 도리이다. 그러므로 「효는 모든

덕행의 근본」이라고 말한 것이다. 국가적 차원에서는 임금을 중심으로 상하좌우(上下左右)가 하나가 되고 서로 사랑해야 한다. 그래야 공동체가 평화를 누리고 발전한다.

[효도와 충군(忠君)에 관한 어구]

[1] 임금을 섬기는 도리도 부모님을 섬기는 효도와 같으니라. 임금은 예로써 신하를 다스리고, 신하는 충성으로써 임금을 섬긴다.

事君之道 與父一體(사군지도 여부일체)
使臣以禮 事君以忠(사신이례 사군이충)

[2] 최선을 다함을 충성이라 한다. 알차게 행하고 좋은 열매를 맺는 것을 신의라 한다. 사람이면서 충성과 신의가 없으면 어찌 사람이라 하겠는가.

盡己謂忠 以實謂信(진기위충 이실위신)
人不忠信 何謂人乎(인불충신 하위인호)

【참고 설명】 충성(忠誠)과 신의(信義)

(1) 자신을 수양하고 집안을 잘 가꾸는 것이 곧 나라를 잘 다스리는 바탕이 된다.

(2) 군자와 선비, 농부와 공인(工人) 및 상인(商人)도 저마다 덕을 높이고 일을 성실하게 해야 한다. 그래서 말했다. 「수신제가 치국지본(修身齊家 治國之本)」「사농공상

덕숭업광(士農工商 德崇業廣)」

[부부(夫婦)에 관한 어구]

[1] 남녀가 결혼하여 부부가 되는 도리는 곧 성이 다른 두 집안이 합치기 위해서이다. 남편의 도는 강직이다. 아내의 도는 유순이다.

夫婦之道 二姓之合(부부지도 이성지합)
夫道剛直 婦德柔順(부도강직 부덕유순)

[2] 서로 사랑하고 서로 공경하는 것이 부부의 도리이고 예절이다. 남편이 주장하면 아내가 따라야 집안의 질서가 바로 선다.

愛之敬之 夫婦之禮(애지경지 부부지례)
夫唱婦隨 家道成矣(부창부수 가도성의)

【참고 설명】 남편의 강직과 아내의 유순

하늘과 땅이 합해야 자연 만물이 생성(生成), 번식(繁殖), 발전(發展)한다. 즉 천도와 지덕이 하나가 된 것이다. 음(陰)과 양(陽)이 합해야 만물이 생성된다. 남편은 강직하고 아내는 유순해야 한다. <* 역경(易經)의 건(乾)과 곤(坤)>

[형제 및 이웃에 관한 어구]

[1] 형제와 자매는 서로 우애를 나누어야 한

다. 뼈와 살 같은 외형적 몸은 다르다 해도, 본래는 같은 부모의 혈기에서 태어났다.

兄弟姉妹 友愛而已(형제자매 우애이이)
骨肉雖分 本生一氣(골육수분 본생일기)

[2] 형태나 체격은 비록 다르다 해도, 본래는 부모님의 한 핏줄기를 받고 태어났다. 나무에 비유하면 뿌리는 같으나 가지가 다르다.

形體雖各 素受一血(형체수각 소수일혈)
比之於木 同根異枝(비지어목 동근이지)

[3] 물에 비유하면 같은 샘에서 솟아 흐르는 다른 물줄기와 같으니라. 그러므로 형은 동생을 사랑하고, 동생은 형을 공경해야 한다. 성내거나 원망하면 안 된다.

比之於水 同源異流(비지어수 동원이류)
兄友弟恭 不敢怒怨(형우제공 불감노원)

[4] 형에게 과실이 있으면 동생은 부드러운 기색으로 충고하고, 동생에게 과오가 있으면 형은 부드러운 말로 타일러야 한다.

兄有過失 和氣以諫(형유과실 화기이간)
弟有過誤 怡聲以訓(제유과오 이성이훈)

[5] 나에게 근심과 걱정이 있으면 형제들도

함께 걱정을 한다. 나에게 기쁨과 즐거움이 있으면 자매들도 함께 즐거워한다.

我有憂患 兄弟亦憂(아유우환 형제역우)
我有歡樂 姉妹亦樂(아유환락 자매역락)

[6] 몹시 가난하거나 환난에 빠진 사람이 있으면 일가친척이 나서서 서로 도와야 한다. 이웃에 혼례나 상례가 있으면 서로 도와야 한다.

貧窮患難 親戚相救(빈궁환난 친척상구)
婚姻喪死 隣保相助(혼인상사 인보상조)

【참고 설명】 형제와 친척 및 이웃

형제는 부모가 같다. 친척은 선조가 같다. 이웃은 동족이다. 크게 보면 다 하나다. 그러므로 서로 사랑하고 상부상조(相扶相助)해야 한다. 그것이 바로 인(仁)이다.

[장유(長幼)와 붕우(朋友)에 관한 어구]

[1] 내가 남을 잘 섬기고 또 친애하면, 남도 나를 잘 섬기고 친애한다. 어른은 어린이를 자애롭게 사랑하고, 어린이는 어른을 공경하고 존경해야 한다.

我事人親 人事我親(아사인친 인사아친)
長者慈幼 幼者敬長(장자자유 유자경장)

[2] 사람은 세상에서 벗이 없을 수 없다. 좋은 벗을 사귀고 도움을 받아야 이롭다.
人之處世 不可無友(인지처세 불가무우)
擇友交之 有所補益(택우교지 유소보익)

[3] 도를 바르게 따르고 행하는 사람을 벗으로 삼아야, 나도 역시 자연히 바르게 된다. 검은 먹을 가까이하면 검어지고, 붉은색을 가까이하면 붉게 된다.
友其正人 我亦自正(우기정인 아역자정)
近墨者黑 近朱者赤(근묵자흑 근주자적)

[4] 거처를 정할 때 반드시 이웃을 가려야, 반드시 덕 있는 사람과 어울리게 된다. 이웃간에 슬픈 일이나 경사가 있으면 서로 인사를 차리는 것이 미풍양속이다.
居必擇隣 就必有德(거필택린 취필유덕)
哀慶相問 美風良俗(애경상문 미풍량속)

[5] 붕우는 선을 행하도록 독려해야 한다. 벗함이란 곧 인덕을 높이는 것이다. 선을 독려하는 벗이 없으면 불의에 빠지기 .쉽다.
朋友責善 以友輔仁(붕우책선 이우보인)

人無責友 易陷不義(인무책우 이함불의)

[6] 좋은 벗이 많으면 일을 감당해도 그르치는 일이 없다. 벗은 서로 마음을 알고 사귀어야 한다. 얼굴만으로 사귀면 안 된다.

多友之人 當事無誤(다우지인 당사무오)
知心而交 勿與面交(지심이교 물여면교)

【참고 설명】 이우보인(以友輔仁)

(1) 벗이나 학우는 서로 인(仁)을 도와주어야 한다.

(2) 청소년 시절에도 정신적 · 도덕적 삶을 살아야 한다. 절대로 먹고 마시고 놀고 뛰기만 하면 안 된다.

(3) 함께 배우고 인자(仁者)가 되게 서로 도와야 한다.

[7] 속으로 멀리하면서 겉으로만 친한 척하는 것을 불신이라 한다. 행동이 말과 같지 않은 것도 역시 불신이다.

內疎外親 是謂不信(내소외친 시위불신)
行不如言 亦曰不信(행불여언 역왈불신)

[삼강(三綱) 오륜(五倫)의 어구]

[1] 공자 맹자의 도와 정자 주자의 학문을 익혀야 한다. 도를 밝히고 세속적인 이를 헤아리지 마라.

孔孟之道 程朱之學(공맹지도 정주지학)
明其道而 不計其功(명기도이 불계기공)

[2] 배부르게 먹고 따뜻하게 입고 편안해도, 윤리 도덕에 대한 교육이 없다면 짐승과 같게 된다. 성인은 이를 걱정하여 모든 사람에게 가르쳐 주었노라.

飽食煖衣 逸居無敎(포식난의 일거무교)
卽近禽獸 聖人憂之(즉근금수 성인우지)

[3] 인의예지는 인간 덕성의 기본 강령이다. 예의염치는 네 가지 줄기라 하겠다.

仁義禮智 人性之綱(인의례지 인성지강)
禮義廉恥 是謂四維(예의렴치 시위사유)

[4] 군(君)은 신(臣)의 벼리이고, 부(父)는 자(子)의 벼리이고, 부(夫)는 부(婦)의 벼리이다. 이를 삼강(三綱)이라 한다.

君爲臣綱(군위신강) 父爲子綱(부위자강)
夫爲婦綱(부위부강) 是謂三綱(시위삼강)

[5] 부모와 자식 사이에는 육친애가 있어야 한다. 임금과 신하 사이에는 서로 지킬 예의가 있어야 한다.

남편과 아내 사이에는 서로 지킬 분별이 있어야 한다. 연장자와 연소자 사이에는 서로 지킬 서열이 있어야 한다.

벗과 친구 사이에서는 서로 돈독히 지킬 신의가 있어야 한다. 이상의 다섯을 사람이 항상 지키고 따라야 할 오륜이라 한다.

父子有親(부자유친) 君臣有義(군신유의)
夫婦有別(부부유별) 長幼有序(장유유서)
朋友有信(붕우유신) 是謂五倫(시위오륜)

[6] 삼강오륜을 스승이 가르쳐 주셨노라. 그 은덕 역시 하늘처럼 높고 땅처럼 두텁도다.

三綱五倫 惟師敎之(삼강오륜 유사교지)
其恩其德 亦如天地(기은기덕 역여천지)

[7] 어진 덕을 쌓은 집안에는 반드시 후손에게도 기쁨이 미칠 것이다. 악덕을 쌓은 집안에는 반드시 후손에게도 재앙이 미칠 것이다.

積善之家 必有餘慶(적선지가 필유여경)
積惡之家 必有餘殃(적악지가 필유여앙)

제 6 편 실천 도덕
명심보감의 명언 명구

(1) 옛날 우리나라에서 많은 사람이 애독했던 한문의 수양서가 바로 「명심보감(明心寶鑑)」이다.

(2) 그래서 「제5편」에서는 「명심보감의 명언 명구」를 바탕으로 「효도 윤리 도덕의 실천」을 알게 했다.

(3) 단 옛 판본의 「20여 편(篇)」은 복잡하므로 이 책에서는 「총 9장」으로 통합해서 풀이했다.

(4) 이 편을 잘 공부하고 실천해야 한다.

제1장 계선(繼善) 천명(天命)의 명언 명구

[설명] 옛날의 「제1 계선편(繼善篇), 제2 천명편(天命篇), 제3 순명편(順命篇)」을 통합한 것이다.

【참고 설명】 계선(繼善)의 깊은 뜻

(1) 계선(繼善)은 선행(善行)을 계속함, 즉 평생토록 착한 일을 한다는 뜻이다. 「선행」은 「절대선(絶對善)인 하늘의 도리를 따르고 실천함이다.」

(2) 「천도(天道)」는 「광명정대(光明正大), 공평무사(公平無私), 영구불변(永久不變)하는 하늘의 도리(道理)이다.」 천지 자연 만물은 천도를 따라 생성(生成), 변화(變化), 번식(繁殖)하며 역사적으로 발달하고 있다.

(3) 특히 인간은 역사와 문화를 계승하고 새롭게 발전케 하고 있다. 그것이 곧 선(善)이다. 천도(天道)는 곧 개체(個體)로서의 「나」와 전체(全體)로서의 「우리」가 하나가 되어 함께 잘살고 또 시간의 흐름에 따라 더욱 번성하고 발전하는 도리이다.

(4) 주역(周易) 계사전(繫辭傳)에 있다. 「음과 양이 어울려서 창조적으로 발전하는 것이 바로 하늘의 도리이다. 그 천도를 계승하는 것이 선이고 천도를 성취하는 것이 인간의 본성이다.(一陰一陽之謂道 繼之者善也 成之者性也)」 사람은 선본성을 선천적으로 받아 가지고 있다. 그러므로 누구나 심성을 계발하고 수양하면 인격자가 될 수 있다.

[1] 착하게 한 사람에게는 하늘이 복으로 보답한다. 그러나 착하지 않게 한 사람에게는 하늘이 화를 내린다.

爲善者 天報之以福(위선자 천보지이복)
爲不善者 天報之以禍(위불선자 천보지이화)

【참고 설명】 선(善)의 기준은 천도(天道)

(1) 착한 일을 한 사람에게는 하늘이 상복(賞福)을 내려주고, 악을 저지른 자에게는 하늘이 벌재(罰災)를 내린다. 이러한 가르침은 불교나 기독교에도 있다.

(2) 동양의 전통사상에서는 기준을 천도(天道)에 둔다. 천도는 그 폭이 크고 헤아리는 시간이 길다. 그렇다고 하늘의 심판을 부정하면 안 된다. 노자(老子)는 말했다. 「하늘의 그물은 성글지만 빠뜨리거나 새게 하지 않는다.」

(3) 사람은 만물의 영장이다. 고로 「정신적 · 윤리 도덕적 본성」이 있다. 그러나 사람은 육신을 바탕으로 「동물적 · 생리적 · 개별적 삶」을 살기도 한다.

[2] 하루라도 선하기를 염원하지 않으면 모든 악이 저절로 일어난다.

一日不念善 諸惡皆自起(일일불념선 제악개자기)

【참고 설명】 선(善)과 악(惡)

(1) 거듭 말한다. 정신적 도덕성(道德性)을 바탕으로 모

든 사람이 서로 사랑하고 함께 잘사는 인도덕치(仁道德治)가 선이다. 이와 반대되는 것이 악이다. 혼자만 잘살려는 탐욕으로 남을 속이거나 무력으로 남의 재물을 탈취하는 것이 악이다. 탐욕은 수심(獸心)으로 변한다.

(2) 사람의 몸이나 마음은 하나다. 마음이 정신적·도덕적으로 착하면 몸놀림이나 하는 일도 착하게 된다. 반대로 마음이 탐욕에 넘치면 하는 일도 악하게 된다.

(3) 정신적·도덕적으로 마음을 수양해야 한다. 그러므로 가정이나 학교에서 효도 윤리 도덕을 가르쳐야 한다.

[3] 종신토록 선을 행해도 오히려 선이 부족하다. 그러나 단 하루만 악을 행해도 악이 넘치게 된다.

終身行善 善猶不足(종신행선 선유부족)
一日行惡 惡自有餘(일일행악 악자유여)

【참고 설명】 마음과 몸 : 선과 악

(1) 사람의 몸과 마음은 하나다. 한 마음속에 좋은 생각도 있고 나쁜 생각도 있게 마련이다. 또 한 몸으로 좋게도 행하고 나쁘게도 행한다. 착한 마음으로 착하게 행하면 착한 사람이 된다. 선인은 서로 사랑하고 서로 협조한다.

(2) 나쁜 사람은 서로 다투고 싸우게 마련이다. 오늘의 세계 정치를 보자. 나라마다 탐욕을 바탕으로 부국강병(富國强兵)을 추구하고 있다. 그러면서 겉으로 딴소리를 하고

있다. 그래서 더욱 심각한 위기에 빠진다. 또 국민이나 청소년들도 더욱 악하게 된다.

(3) 그러나 세계는 대 전환기에 처해 있다. 악덕한 강대국도 악덕한 재물이나 무력만으로는 약소민족이나 국가들을 함부로 취할 수 없다. 그러므로 개인이나 국가는 「착한 마음과 천도」를 바탕으로 서로 사랑하고 협조하여 하나의 선세계(善世界)를 건설해야 한다.

[4] 많은 재물을 쌓아서 자손에게 물려준다고 해도, 자손이 반드시 잘 간직할 수 있는 것이 아니다.

積金以遺子孫(적금이유자손)
未必子孫能盡守(미필자손능진수)

【참고 설명】 인격과 돈

우매하고 저속한 사람들은 인격보다 돈이나 물질을 좋아하고 높인다. 정신적 · 도덕적 삶을 높여야 바르고 착하게 살고 또 역사 발전에 기여한다.

[5] 많은 책을 쌓아서 자손에게 물려준다고 해도, 자손이 반드시 다 읽고 공부하는 것이 아니다.

積書以遺子孫(적서이유자손)
未必子孫能盡讀(미필자손능진독)

[6] 남에게 은혜와 의리를 넓게 베풀어라. 평생을 사는 동안 어느 곳에서 또 만나지 않겠느냐. 남에게 원한을 맺게 하면 안 된다. 좁은 길목에서 마주치면 피하기 어렵도다.

恩義廣施(은의광시)
人生何處 不相逢(인생하처 불상봉)
讐怨莫結(수원막결)
路逢狹處 難回避(노봉협처 난회피)

【참고 설명】 남에게 은덕을 베풀어라

(1) 남에게 은덕을 베풀고 덕을 쌓으면 본인은 물론 자손에게도 복이 미칠 것이다. 하늘은 선에게는 복을 내려주고 악에게는 재화를 내려준다. 자손을 위해서라도 덕을 쌓아야 한다.

(2) 언제나 어디서나 사랑을 나누고 은혜를 베풀어라. 한평생을 살다 보면 뜻하지 않은 때와 장소에서 그에 대한 고마움을 되돌려 받게 될 것이다. 「원수는 외나무다리에서 만난다」는 속담이 있다. 남의 가슴에 원한을 품게 하지 마라. 가슴에 맺힌 원한은 저승에서도 안 풀린다. 뿐만 아니다. 내가 남한테 악하게 하면 남도 나에게 악하게 할 것이다. 서로 사랑하고 협동하면 서로 행복과 평화를 누린다. 서로 미워하고 싸우면 서로 피곤하고 망하게 된다.

[7] 나에게 잘해 준 사람에게도 나는 잘해 주고, 나에게 나쁘게 해준 사람에게도 나는 역시 잘해 주어야 한다. 내가 먼저 남에게 악하게 함이 없으니, 남도 나에게 악하게 함이 없을 것이다.

於我善者 我亦善之(어아선자 아역선지)
於我惡者 我亦善之(어아악자 아역선지)

【참고 설명】 하늘은 주기만 한다

(1) 나에게 잘해준 사람에게 내가 잘해 주기는 어렵지 않다. 그러나 나에게 악하게 해를 끼친 사람에게도 나는 선으로써 대하고 또 잘해 주어야 한다.

(2) 이덕보덕(以德報德 : 덕을 덕으로 갚는 것)도 좋다. 그러나 이선보악(以善報惡 : 선으로써 악에 보답)이 더 좋다.

(3) 마음이 얕고 덕이 없는 사람은 장사꾼 같다. 보통사람은 만 원을 내면 만 원짜리 물건을 얻으려고 한다. 욕심이 많은 사람은 만 원을 내고도 5만 원이나 10만 원짜리 물건을 얻으려고 한다. 악덕한 사람은 돈을 안내고 남의 물건을 취하려고 한다. 마음이 착하고 참으로 덕이 있는 사람은 남에게 모든 것을 베풀어 주려고 애를 쓴다. 하늘은 우주 천지 자연 만물을 주재한다. 사람은 천도를 따라 역사 문화를 계승 발전한다. 하늘은 되받는 것이 없다.

[8] 하루 선행을 해도 복이 당장에 오는 것이 아니다. 그러나 비록 〈복이〉 오지 않아도 그만큼 화가 멀어진 것이다.

一日行善(일일행선)
福雖未至(복수미지)
禍自遠矣(화자원의)

[9] 반대로 하루 동안 악행을 했다고 화가 당장에 덮쳐오는 것이 아니다. 그러나 〈화가〉 비록 당장 오지 않아도 그만큼 복이 스스로 멀어지게 마련이다.

一日行惡(일일행악)
禍雖未至(화수미지)
福自遠矣(복자원의)

【참고 설명】 천도와 선악(善惡) 화복(禍福)

(1) 하늘은 눈에 보이거나 손으로 만질 수도 없다. 또 소리를 내서 명령하지도 않는다. 그러나 우주 천지 만물을 생육화성(生育化成)한다. 그와 같은 도리를 천도(天道)라고 한다.

(2) 천도에 맞게 사는 것이 선(善)이다. 천도를 따르지 않고 동물적 수심(獸心)이나 이기적 욕심을 채우려고 수작을 부리는 것이 악(惡)이다.

(3) 천도를 따라 선하게 살면 자연과 조화를 이루고 만민이 번성한다. 그것이 상복(賞福)이다. 수심(獸心)이나 욕심(慾心)을 바탕으로 남을 속이거나 무력으로 서로 치고 취하면 서로 싸우게 된다. 그것이 곧 죄벌(罪罰)이다.

【참고 설명】 정신적 마음과 육체적 마음

(1) 사람의 몸은 하나다. 착한 마음으로 착하게 살면 착한 사람이 되고, 악한 마음으로 악하게 살면 악인이 된다.

(2) 결국 몸의 주체(主體)는 마음이다. 그런데 마음에는 두 가지 마음이 있다. 「선본성(善本性)을 바탕으로 한」 「영적 · 정신적 도덕성」과 반대로 「동물적 신체를 바탕으로 한」 「나 혼자만 잘먹고 잘 놀고 즐기려는 생리적 이기심(生理的 利己心)」이 있다.

(3) 「본성적 도덕성」을 따르면 천도를 따라 선행을 한다. 「생리적 이기심」만을 따르면 「동물적 존재로 생리적 삶만을 살게 된다.」

【참고 설명】 정신적 도덕성과 생리적 생존 본능

(1) 사람도 동물이다. 그러므로 「동물적 존재로 생리적 삶을 살아야 한다.」 따라서 「동물적 존재로 생리적 이기심」을 다 무시하거나 제거할 수는 없다.

(2) 그러나 사람은 자연 만물과 조화를 이루고, 또 다른 사람들과 어울리고, 또 역사 문화 발전을 계승 발전해야 한다. 그러므로 천도를 알고 또 따라 살아야 한다.

(3) 「동물적・육체적 삶을 사는 데는 크게 배우지 않아도 무관하다.」 그러나 「정신적・도덕적 삶을 살기 위해서는 많은 것을 배우고 또 수양을 해야 한다.」 그래야 하늘로부터 상복(賞福)을 받을 수 있다.

[10] 선을 보면 항상 못 미치는 듯이 서둘러 행하라. 악을 보면 끓는 물에 손을 담근 듯이 조심해라.

見善如不及(견선여불급)
見不善如探湯(견불선여탐탕)

【참고 설명】 선은 항상 부족하다

(1) 「선행(善行)은 종신토록 해도 역시 부족하다.(終身行善 善猶不足)」 그러므로 부지런히 스스로 선을 찾아서 적극적으로 행해야 한다. 또 남의 선행을 보면 나도 분발해야 한다.

(2) 한편 나 자신의 잘못이나 남의 잘못을 보면 마치 손을 끓는 물속에 담그고 무엇인가를 더듬고 찾듯이 조심조심해야 한다. <* 멋모르고 끓는 물에 손을 담갔다가 후딱 손을 빼내듯이 악한 일에서는 즉시 물러나야 한다.>

【참고 설명】 천명(天命)의 뜻

(1) 전통사상은 하늘〔天〕을 우주 천지 자연 만물의 주재로 보고 높였다. 또 천도(天道)를 「우주 천지 자연 만물」을 「생성화육(生成化育)」하는 도리로 높였다.

(2) 개개인의 생사와 인류역사의 변천 및 문화의 발달도 하늘이 뒤에서 조절한다고 생각했다. 뿐만 아니다. 하늘은 「천도」를 따라서 선(善)을 행하면 상복(賞福)을 내려주고, 반대로 천도를 어기고 악(惡)을 행하면 벌재(罰災)를 준다고도 생각했다. 그와 같은 것을 천명(天命)이라고 했다. 단 「유교의 천명론」은 「숙명론」과는 다르다.

[11] 하늘과 하늘의 도리를 따르고 순종해야 모든 것이 제대로 생성(生成) 번식(繁殖) 발전(發展)한다. 하늘과 하늘의 도리를 어기면 모든 것이 멸망한다.

順天者存 逆天者亡(순천자존 역천자망)

【참고 설명】 순천(順天)과 역천(逆天)의 깊은 뜻

(1) 하늘은 우주 천지 만물의 창조주이자 동시에 천도(天道)의 주재자(主宰者)이다. 하늘의 뜻과 도리를 따라야 살고 번성한다. 반대로 하늘의 뜻과 도리를 어기면 멸망한다. <* 자연법칙도 천도의 일부이다.>

(2) 사람은 하늘을 경건히 받들고 저마다의 분수를 지키면서, 하늘의 뜻과 도리를 지성(至誠)으로 따르고 실천해야 한다.

(3) 천명(天命)이란 하늘이 우리에게 내려준 절대명령이다. 내가 바로 이 때, 이 나라에 국민으로 태어난 것, 아울러 나에게 주어진 성품 기질 재능 환경 등이 다 하늘의

절대명령에 의해서 나에게 주어진 분수인 것이다.

(4) 그러므로 나는 하늘의 명을 경건히 따르고 최선을 다해야 한다. 곧 「선본성(善本性)을 지성(至誠)으로 따르고 살아야 한다.」 내가 자식일 때에는 부모에게 효도하고, 아버지가 되어서는 자녀들을 자애롭게 양육하고 잘 교육하는 것이 곧 하늘의 명을 따르고 또 천도를 따름이다.

[12] 하늘은 귀로 소리를 들으려 해도, 말없이 조용하기만 하다. 또 하늘을 눈으로 보려고 해도 맑고 푸르기만 하고 아득하기만 하다. 하늘이나 하늘의 도리를 어디서 찾나. 높지도 않고 멀지도 않은 곳, 즉 사람의 마음속에 있느니라.

天聽寂無音 蒼蒼何處尋(천청적무음 창창하처심)
非高亦非遠 都只在人心(비고역비원 도지재인심)

【참고 설명】 마음속에 하늘이 있다

(1) 하늘은 무형의 본체(本體)이다. 그러나 하늘의 뜻이나 도리는 천지 자연 만물에 나타난다. 만물의 영장인 사람은 하늘로부터 받은 선본성(善本性)이 있다. 그러므로 나타나는 형상을 통해서 하늘의 뜻이나 도리를 알 수 있다. 과학자가 사실을 바탕으로 자연법칙을 아는 것과 같다.

(2) 맹자는 『하늘은 백성의 눈을 통해서 살피고, 백성의 귀를 통해서 듣는다.(天視自我民視 天聽自我民聽)』라고

말했다. 임금이 하늘의 뜻과 천도에 맞게 다스리면 나라가 번성하고 백성이 잘산다. 그래서 모든 사람이 기뻐한다.

[13] 사람의 사사로운 말이나 서로 주고받는 비밀스런 속삭임도 하늘의 귀에는 뇌성처럼 들린다. 아무도 없는 어두운 방에서 양심을 속이는 짓을 할지라도 신령의 눈에는 번개처럼 밝게 보인다.

人間私語 天聽若雷(인간사어 천청약뢰)
暗室欺心 神目如電(암실기심 신목여전)

【참고 설명】 하늘은 못 속인다

(1) 사람을 속일 수 있어도 하늘은 못 속인다. 그러므로 하늘 무서운 줄 알아야 한다. 속담에도「낮말은 새가 듣고, 밤말은 쥐가 듣는다」고 했다. 언행은 종국적으로는 자연에 영향을 준다. 사람이 착하게 하면 하늘이 기뻐하고 자연이 번성한다. 이것이 곧 상복(賞福)이다.

(2) 반대로 임금이 하늘의 뜻과 천도를 어기고 자기의 악덕한 욕심만을 채우면 백성이 고생을 한다. 그것이 곧 하늘의 벌재(罰災)이다.

[14] 두레박 속에 우물물이 가득 차 있듯이, 나쁜 사람의 마음속에 나쁜 생각이 가득 차 있으면 하늘이 반드시 벌을 주고 멸망하게

할 것이다.

惡鑵若滿 天必誅之(악관약만 천필주지)

【참고 설명】 하늘은 악을 친다

직역은 다음 같다. 「썩은 두레박에 물을 가득히 채워서 들어올려도, 하늘이 반드시 줄을 끊어지게 한다.」 썩은 줄이 끊어지는 것이 하늘과 자연의 도리이다. 인류 역사를 길게 보자. 역사는 도를 따라 착하게 사는 사람에게는 복을 주고 악인에게는 벌을 준다. 악한 통치자는 멸망했다.

[15] 사람은 혹 〈천도에 어긋나는〉 좋지 않은 짓을 하고도 세상에 이름을 내고 잘사는 수도 있다. 그리고 비록 사람들이 그를 해치지 않는다 해도 하늘은 반드시 그를 벌주고 멸한다.

若人作不善 得顯名者(약인작불선 득현명자)

人雖不害 天必戮之(인수불해 천필륙지)

【참고 설명】 천필륙지(天必戮之)

(1) 「천도(天道)」와 「사회정의(社會正義)」가 바르게 행해지는 세상에서는 선인(善人)은 칭송되고, 반대로 악인(惡人)은 배척되고 벌을 받게 마련이다.

(2) 그러나 타락한 정치사회에서는 악덕한 자가 권력이나 재물을 독점하고 착한 백성들을 괴롭히는 수가 많다.

(3) 사람은 만물의 영장(靈長)이다. 동물과는 차원이 다른 탁월한 「정신적 지능(知能)」을 지니고 있다.

(4) 그러므로 「하늘〔天〕과 하늘의 도리〔天道〕」를 따라 살아야 한다. 여기서 말하는 「하늘」은 곧 「공간과 시간을 통합한 우주(宇宙)」이다. 「하늘의 도리」는 곧 「우주의 도리」 혹은 「역사 발전의 도리」이다.

[16] 오이를 심으면 오이를 거두고, 콩을 심으면 콩을 거둔다. 하늘의 그물은 크고 성글다. 그러나 악이나 악덕을 새게 하지는 않는다.

種瓜得瓜 種豆得豆(종과득과 종두득두)
天網恢恢 疎而不漏(천망회회 소이불루)

[17] 하늘에 죄를 지으면, 빌 곳도 없게 된다.

獲罪於天 無所禱也(획죄어천 무소도야)

【참고 설명】 인과응보(因果應報)

(1) 선(善)은 선과(善果), 악(惡)은 악과(惡果)가 영글게 마련이다. 그것이 천도, 곧 하늘의 법망(法網)이다.

(2) 거듭 강조한다. 하늘은 만물의 뿌리이자, 우주 천지를 주재하는 절대선(絶對善)이다. 절대선인 하늘에 죄를 지으면 어디에 대고 용서를 빌겠는가.

【참고 설명】 순명(順命)의 뜻

(1) 논어(論語)에 있다. 「생사 부귀도 하늘이 준다.(死

生有命 富貴在天)」이 말은 숙명론이 아니다. 즉 절대자인 하늘과 하늘의 도리를 따라야 함을 강조한 것이다.

(2) 광대하고 영원한 우주에 비하면 개개인의 존재와 삶은 참으로 미미하다. 그런데 그 우주를 지배하는 절대자가 하늘이고, 그 도리가 바로 하늘의 도리이다. 자연법칙도 천도의 일부이다.

(3) 그러나 우매하고 탐욕스럽고 또 거만한 자는 하늘〔天〕과 천도(天道)를 모르거나 부정한다. 그래서 공자가 깨우치고자 한 것이다.

[18] 사람의 생사도 천명으로 주어지는 것이다. 사람의 부귀도 하늘에 매여 있다.

死生有命 富貴在天(사생유명 부귀재천)

【참고 설명】 생사부귀(生死富貴)와 하늘

(1) 사람이 가장 소중하게 여기는 생명도 하늘이 내려준 것이다. 그러므로 하늘이 절대명령으로 내려준 생명을 소중히 여기고 하늘의 뜻에 맞게 살아야 한다.

(2) 부귀도 하늘에 매여 있다. 그러므로 하늘의 뜻과 도리를 따라 부지런히 생산하고 절약하고 또 아울러 사회나 국가를 위해 공을 세우면 부귀가 저절로 따른다는 뜻이다.

[19] 모든 것은 원래 주어진 분수가 정해져 있다. 그러하거늘 〈하늘과 하늘의 도리를 모

르는 우매한 자들은〉 뜬구름같이 〈오가면서〉 공연히 서두르며 안달을 떨며 〈부귀영화를〉 얻고자 한다.

萬事分已定 浮生空自忙(만사분이정 부생공자망)

【참고 설명】 부생공자망(浮生空自忙)

공자의 말은 숙명론이 아니다. 학문 수양 등의 노력을 부정하거나 포기하라는 뜻으로 해석하면 안 된다. 하늘은 선(善)의 주재자(主宰者)다. 착한 사람에게는 복을 주고, 악한 사람에게는 벌을 내린다. 이를 두고 분수가 이미 정해져 있다고 말한 것이다. 이와 같은 천도의 뜻을 모르는 우매한 사람 또는 욕심 많은 사람들이 뜬구름처럼 떠다니면서 부귀영화(富貴榮華)를 누리려고 안달을 한다.

[20] 화(禍)도 요행으로 면할 수 없고, 복(福)도 다시 구할 수 없다. 〈도리를 따라 살아야 한다〉

禍不可倖免 福不可再求(화불가행면 복불가재구)

【참고 설명】 복(福)과 화(禍)

(1) 하늘의 심판은 엄하다. 천도를 기준으로 선악(善惡)을 결정하고 복(福)이나 화(禍)를 내린다.

(2) 하늘의 도리는 공평무사(公平無私)하고 영구불변(永久不變)한다. 한번 선을 하고 복을 받았다고 복이 계속

내리기를 기대하면 안 된다. 계속해서 선을 해야 한다. 반대도 같다. 악에게는 벌(罰)을 내린다. 하늘의 벌은 꾀나 요행으로 면할 수 있는 것이 아니다.

[21] 때가 되면 바람이 등왕각 쪽으로 불어 주지만, 반대로 운수가 쇠퇴하면 벼락이 천복사의 비석에 떨어지노라.

時來風送滕王閣(시래풍송등왕각)
運退雷轟薦福碑(운퇴뢰굉천복비)

【참고 설명】 이 말의 배경

(1) 등왕각(滕王閣)의 낙성을 기념하는 글짓기 대회가 있었다. 그때 왕발(王勃)이 탄 배를 바람이 불어서 7백리 길을 하루에 당도케 해주었으며, 또 그가 지은 「등왕각서(滕王閣序)」가 으뜸으로 뽑혀서 이름이 천하에 알려졌다.

(2) 천복비(薦福碑)는 명필 구양순(歐陽詢)이 글씨를 쓴 유명한 비석이다. 송(宋)나라에 구래공(寇萊公)이란 가난한 선비가 있었다. 그를 동정한 사람이 구래공에게 천복비의 탁본을 떠오면 후한 수고비를 주겠다고 했다. 이에 구래공이 수천리 길을 가서 내일이면 탁본을 뜰 참이었다. 그런데 밤에 벼락이 떨어져 비석이 깨져 탁본을 뜨지 못했다.

[22] 바보에 귀먹고 고질병에 벙어리라도 집이 부자일 수가 있다. 지혜롭고 총명해도 도

리어 빈궁에 시달릴 수가 있다. 태어난 연월일시(年月日時)〈사주팔자〉에 이미 정해진 바가 있노라. 허기는 헤아려 보면 운명에 따른다. 사람에 따르는 것이 아니다.

痴聾痼啞家豪富(치롱고아가호부)
知慧聰明却受貧(지혜총명각수빈)
年月日時該載定(연월일시해재정)
算來由命不由人(산래유명불유인)

【참고 설명】 진인사대천명(盡人事待天命)

(1) 하늘은 우주의 운행을 주재하고 있다. 그러므로 천명(天命)과 천도(天道)를 따라야 한다.

(2) 인간의 운명이나 운수도 하늘이 결정한다. 그래서 「생년월일시(生年月日時)」에 따라 사람마다 운명이 다르게 타고난다고 말하는 것이다. 그래서 사주를 보고 점을 치기도 한다. 단 숙명론자가 되면 안 된다.

제2장 효행(孝行) 정기(正己)의 명언 명구

[설명] 「제2장」은 「옛 판본 제4 효행편(孝行篇)과 제5 정기편(正己篇)」을 통합한 것이다.

【참고 설명】 효행(孝行)은 곧 정기(正己)

효(孝)는 하늘의 도리를 따라 부모를 섬긴다는 뜻이다. 나를 낳고 키워 주신 어버이의 은혜는 하늘보다 높고 바다보다도 더 깊다. 효는 나를 낳고 키워주신 부모를 따르고 받드는 선행이다. 이는 곧 천도를 바르게 따른 것이다. 그러므로 정기(正己)이다. 「정(正)」은 「하나〔一〕에 멈춤〔止〕」이다. 「천도를 따르고 행함」이 곧 「정기」이다.

[1] 시경에 있다. 『아버지는 나를 낳게 하시고, 어머니는 나를 낳고 기르셨노라.

아아! 참으로 감사하도다. 부모님께서 나를 낳아 키우시느라 수고하셨도다.

은덕을 갚으려 하나 하늘처럼 크며 끝이 없노라.』

父兮生我 母兮鞠我(부혜생아 모혜국아)
哀哀父母 生我劬勞(애애부모 생아구로)
欲報之德 昊天罔極(욕보지덕 호천망극)

[2] 효자의 부모님 섬김은 다음과 같이 해야 한다. 평상시에는 공경을 다해서 모시고, 식

사 대접시에는 즐겁게 드시도록 한다. 병시중을 들 때에는 진정으로 우려하고, 상례를 치를 때에는 애도를 다하고, 제사를 올릴 때에는 지극히 엄숙하게 모셔야 한다.

孝子之事親也(효자지사친야)
居則致其敬(거즉치기경)
養則致其樂(양즉치기락)
病則致其憂(병즉치기우)
喪則致其哀(상즉치기애)
祭則致其嚴(제즉치기엄)

【참고 설명】 효는 윤리의 핵심

(1) 낳고 키워 주신 어버이의 은혜는 하늘이나 땅처럼 높고 크다. 그러므로 끝없는 정성으로 보답해 드려야 한다.

(2) 존경으로 사친(事親)해야 한다. 즐거운 낯으로 봉양(奉養)해야 한다. 병나시면 걱정한다. 지극한 슬픔으로 상례를 치른다. 엄숙하게 제사를 지내야 한다.

(3) 효도 효행은 개인적으로는 집안을 계승하고 집안을 더욱 번성케 함이다. 그러나 총체적으로 말하면 인류역사와 문화 발전을 계승하고 발전케 함이다. 그것이 곧 사람의 도리이고 빛나는 업적이다.

[3] 부모님이 살아계시면 자식은 먼 곳으로 여행가지 말며, 혹 부득이 가는 경우에는 반

드시 행방을 아뢰어야 한다.

父母在 不遠遊(부모재 불원유)
遊必有方(유필유방)

【참고 설명】 행선지를 알려라

자식은 진심으로 효도해야 한다. 특히 부모님의 마음을 안락하게 해 올려야 한다. 혹 멀리 여행갈 때에는 반드시 행선지를 알려야 한다. 그래야 급할 때 연락하고 또 집에 달려올 수 있다. 옛날에는 교통이 불편했으므로 자식의 행방을 모르면 변을 당했을 때 큰 불효를 저지르게 된다.

[4] 어른이 부르시면 "예"하고 즉시 달려가야 한다. 입에 음식을 품고 있거든 즉시 뱉도록 하라.

父命召 唯而不諾(부명소 유이불낙)
食在口 則吐之(식재구 즉토지)

【참고 설명】 지체하지 말라[不諾]

어른이 부르시면 선뜻 대답하고 즉시 달려가서 정중한 태도로 대명(待命)해야 한다.

[5] 내가 부모에게 효도해야 자식도 나에게 효도를 할 것이다. 내가 부모에게 효도를 안 하면서 어떻게 나의 자식이 나에게 효도하기를 바라겠는가.

孝於親 子亦孝之(효어친 자역효지)
身旣不孝 子何孝焉(신기불효 자하효언)

【참고 설명】 내가 본을 보여야 한다

(1) 효(孝)는 효(效)에 통하며 「본받고 따른다」는 뜻이다. 가정교육이 중요하다. 내가 부모에게 효도하면 자식들도 본받고 나에게 효도할 것이다.

(2) 효도(孝道) 효행(孝行)은 어려서부터 잘 가르치고 익숙하게 행할 수 있게 훈련해야 한다. 안 가르치면 귀중한 효도를 모르고 따라서 효행을 못한다.

(3) 사람도 동물에 속한다. 그러므로 동물적 · 생리적 · 본능적 삶을 살게 마련이다. 즉 먹고 마시고 남녀가 짝하여 아들딸을 낳게 마련이다. 이러한 본능을 식색(食色)이라고 한다. 정신적 도덕교육을 안하면, 식색(食色)만을 알게 된다.

[6] 부모에게 효도하고 순종하는 사람이라야 역시 그가 낳는 자식도 효도하고 순종할 것이다.

반대로 부모에게 오역하는 사람은 또한 오역하는 자식을 낳을 것이다.

내 말을 믿지 못하겠거든 처마끝에 떨어지는 낙숫물을 보라. 방울방울 낙숫물이 같은 지점에 떨어진다.

孝順還生孝順子(효순환생효순자)
忤逆還生忤逆子(오역환생오역자)
不信但看簷頭水(불신단간첨두수)
點點滴滴不差異(점점적적불차이)

【참고 설명】 효(孝)는 공동체 발전의 핵심

(1) 효의 깊은 뜻은 계지술사(繼志述事)다. 선조나 부모의 이상을 계승하고 집안의 사업을 더욱 발전케 하는 것이 바로 효다.

(2) 거듭 말하겠다. 자자손손 이어가면서 집안을 더욱 흥성 발전케 하는 것이 효도 효행이다. 가정에서의 효가 국가적으로는 충군애민(忠君愛民)이 된다.

(3) 효는 천도를 따라 가정이나 국가 같은 공동체를 사랑으로 화합(和合)하고, 또 역사적으로 계승 발전되게 하는 선행이다.

(4) 선(善)을 행하고 공(功)을 세우면 자식이나 부모의 이름이 알려지고 또 빛나게 된다. 효경(孝經)에서 공자는 다음같이 말했다.

① 효도에는 다음과 같이 삼단계가 있다. 처음에는 가정에서 부모님을 잘 섬기는 것이다.(夫孝始於事親)

② 다음은 임금에게 충성하는 것이다.(中於事君)

③ 그리고 끝으로 자신을 천하에 내세우고 덕을 세우는 것이다.(終於立身)

(5) 또 말했다. 「입신출세하고 도를 실천하여 후세에 이름을 떨치고 부모님을 빛나게 하는 것이 효의 최종 단계이다.(立身行道 揚名於後世 以顯父母 孝之終也)」

(6) 집안의 혈통과 가정교육이 좋아야 자녀들이 효도를 깨닫고 효행을 한다. 효(孝)는 인(仁)의 뿌리다.

(7) 그러므로 가정에서는 부모가, 학교에서는 스승이, 국가에서는 지도자들이 효도 효행을 가르쳐야 한다. 그래야 공동체의 모든 사람이 화합하고 또 역사적・문화적으로 번성 발전한다.

(8) 「정신적・도덕적 효를 모르면 동물적 삶만을 살게 된다.」 특히 「이기적 욕심」이나 「남을 죽이고 남의 재물을 탈취하려는 수심(獸心)」을 바탕으로 하면 악덕하게 된다. 그래서 오늘의 세계가 위기에 처해 있는 것이다.

【참고 설명】 정기(正己)의 뜻

(1) 「정기(正己)」는 「자기의 마음이나 행실을 바르게 함이다.」 「바를 정(正)」은 「한 일(一)과 멈출 지(止)」를 합한 글자이다. 깊은 뜻은 「하나인 하늘이나 하늘의 도리와 하나가 됨(天人合一)」이다.

(2) 하나는 곧 절대선인 하늘 혹은 하늘의 도리이다. 설문(說文)에는 「아득한 태초에 도가 하나에서 세워졌고, 하늘과 땅이 나뉘었고, 그로부터 만물이 변화하여 나타났다.(惟始太初 道立於一 造分天地 化生萬物)」라고 풀었다.

(3) 하나는 곧 유일무이(唯一無二)한 천도다. 고로 바르게 함은 곧 내가 하늘과 하나가 되고, 나의 몸가짐을 하늘의 도리에 맞게 함이다. 유교는 선악 시비의 기준을 천도에 둔다. 바른 사람은 천도를 실천하여 덕을 거두는 유덕자다. 수심이나 욕심을 따르면 악덕하게 된다.

[7] 남의 선을 보면 나도 선을 찾아 행하고, 남의 악을 보면 나의 악을 찾아 반성해야 한다. 이렇게 해야 비로소 유익하게 된다.

見人之善 而尋己之善(견인지선 이심기지선)
見人之惡 而尋己之惡(견인지악 이심기지악)
如此方是有益(여차방시유익)

【참고 설명】 남을 거울로 삼다

(1) 남을 거울로 삼으면 나의 덕성과 인격을 높일 수 있다. 남의 선행을 보면 나도 선을 행하고, 남의 악을 보면 나 자신의 악을 반성하고 고쳐야 한다. 좋으나 나쁘나 남을 거울로 삼고 정진(精進)해야 한다.

(2) 논어에 있다. 『세 사람이 함께 가면 반드시 나의 스승이 있다.(三人行 必有我師焉)』 윗사람에게는 배우고 아랫사람에게는 가르쳐 준다는 뜻이다. 모든 사람의 특성을 활용해야 한다. 편협한 생각으로 남을 부정하면 안 된다.

[8] 대장부는 당연히 남을 용서해야 한다. 남에게 용서 받을 처지가 되면 안 된다.

大丈夫當容人(대장부당용인)
無爲人所容(무위인소용)

【참고 설명】 충(忠)과 서(恕)

인자(仁者)는 충(忠)과 서(恕)를 겸한다. 「충(忠)」을 주자(朱子)는 「자기의 최선을 다함이다(盡己之謂忠)」라고 풀었다. 즉 적극적인 사랑이다. 「서(恕)」는 남의 잘못을 용서해 줌이다. 맹자(孟子)는 말했다. 「대장부(大丈夫)는 천하의 대도를 가고, 또 도를 행한다.」 「우러러도 하늘에 부끄럽지 않고, 숙여도 남에게 창피하지 않다.」

[9] 자신을 귀하게 여긴다고 남을 천대하면 안 된다. 내가 크다고 작은 사람을 멸시하면 안 된다. 나의 용맹을 믿고 적을 경시하면 안 된다.

勿以貴己而賤人(물이귀기이천인)
勿以自大而蔑小(물이자대이멸소)
勿以恃勇以輕敵(물이시용이경적)

【참고 설명】 대장부(大丈夫)

인간은 사회적으로 존재하고 또 활동하게 마련이다. 다양한 사람들이 서로 어울려 함께 협동하며 살아야 한다. 누구나 저마다의 특성과 능력을 발휘하고 활용하되 남의 존재나 가치도 인정하고 존중할 줄 알아야 한다. 그러므로 독선(獨善), 편견(偏見), 아집(我執) 및 탐욕(貪慾) 등에 사로잡힌 이기주의(利己主義)를 버려야 한다. 서로가 나만을 내밀고 고집하면 결국은 서로 싸우게 된다. 오늘의 세계 정치가 바로 극단적 이기주의에 빠져 있다.

[10] 남의 허물을 들으면 마치 부모의 이름을 들은 듯, 귀로는 들을지라도 입으로는 말하지 말라.

聞人之過失 如父母之名(문인지과실 여부모지명)
耳可得聞 口不可言也(이가득문 구불가언야)

【참고 설명】 남을 욕하지 마라

(1) 사람들은 자기 허물은 덮어두고 남의 허물을 과장해서 말하는 버릇이 있다. 남을 욕하는 소리를 어쩔 수 없이 귀로 들어도 나는 남을 욕하지 말아야 한다.

(2) 남들이 혹 내 아버지의 함자를 입에 올리는 수도 있다. 나는 절대로 부친의 함자를 입에 올리고 부르면 안 된다. 아랫사람은 윗사람의 이름을 함부로 부르면 안 된다.

[11-1] 남이 나를 비방하는 말을 들어도 화내지 마라. 남이 나를 칭찬하는 말을 들어도 기뻐하지 마라.

남을 욕하는 소리를 들어도 함께 어울리지 말고, 남을 칭찬하는 소리를 들으면 같이 따라서 어울리고 함께 기뻐하라.

聞人之謗未嘗怒(문인지방미상노)
聞人之譽未嘗喜(문인지예미상희)
聞人之惡未嘗和(문인지악미상화)
聞人之善 則就而和之(문인지선 즉취이화지)
又從而喜之(우종이희지)

[11-2] 〈시에서 말했다〉 착한 사람 보기를 즐거워하고, 착한 일 듣기를 즐거워해라. 좋은 말 하기를 즐거워하고, 좋은 뜻 행하기를 좋아해라. 남의 허물을 듣거든 가시를 등에 진 듯이 껄끄럽게 여기고, 남의 착함을 듣거든 난초를 몸에 지닌 듯 좋아해라.

樂見善人 樂聞善事(낙견선인 낙문선사)
樂道善言 樂行善意(낙도선언 낙행선의)
聞人之惡 如負芒刺(문인지악 여부망자)
聞人之善 如佩蘭蕙(문인지선 여패란혜)

【참고 설명】 선만 듣고 악은 듣지 마라

(1) 선악의 기준을 바르게 세워야 한다. 속인들과 어울려 선악을 혼동하고 또 부화뇌동(附和雷同)하면 안 된다.

(2) 「남을 칭찬하는 소리를 듣거든 따라서 어울리고 같이 기뻐하라.」 「남의 허물을 듣거든 가시를 등에 진 듯이 껄끄럽게 여겨라.」 권선징악(勸善懲惡)을 말한 것이다.

[12] 덮어놓고 나를 보고 다 좋다고 말하는

사람은 나를 해치는 사람이다. 단 신중하게 나를 관찰하고 나의 잘못을 지적하는 사람은 스승 같은 사람이다.

道吾善者 是吾賊(도오선자 시오적)
道吾惡者 是吾師(도오악자 시오사)

【참고 설명】 신중한 비판

선악(善惡) 시비(是非)를 분명히 가려야 한다. 그러나 남을 비판할 때는 신중해야 한다. 무조건 좋다고 아첨하는 사람은 결과적으로 나를 해치는 사람이다. 그러나 신중하고 조심스럽게 나의 잘못을 알려주는 사람은 스승이라 하겠다.

[13] 근면은 값없이 귀중한 보배이다. 근신은 나를 지켜주는 부적이다.

勤爲無價之寶(근위무가지보)
愼是護身之符(신시호신지부)

〈* 정직하고 근면하게 부(富)를 쌓고 씀씀이를 절약하고 언행을 신중하게 해야 한다.〉

[14] 나의 삶을 잘살기 위해서는 악독한 욕심을 내지 말아야 한다. 나의 몸을 오래 간직하기 위해서는 세속적 권세나 이름나기를 피해야 한다. 욕심을 적게 하기는 쉬우나 이름

피하기는 쉽지 않다.

保生者寡慾(보생자과욕)
保身者避名(보신자피명)
寡慾易 無名難(과욕이 무명난)

【참고 설명】 명철보신(明哲保身)

(1) 명철(明哲)은 곧 철학적 도리를 밝게 알고 또 덕을 세운다는 뜻이다. 그래야 하늘이 준 생명이나 기능을 잘 간직할 수 있다. 그것이 곧 보신(保身)이다.

(2) 명철보신(明哲保身)하기 위해서는 동물적 수심(獸心), 이기적 야심(野心), 간악한 술책을 버려야 한다.

(3) 세속적인 명리(名利)에 집착하면 안 된다. 하늘의 뜻과 도리를 따라 광명정대(光明正大)하고 공평무사(公平無私)하게 살아야 한다. 그래야 「명철보신」할 수 있다.

[15] 군자는 세 가지를 삼가고 또 경계해야 한다. 어릴 때에는 혈기가 아직 안정되지 못했으므로 여색을 삼가고 경계해야 한다. 장성하면 혈기가 마냥 세차게 넘치므로 성을 내고 함부로 싸움하는 것을 경계해야 한다. 늙어 혈기가 쇠한 다음에는 움켜쥐려고 하는 탐욕을 경계해야 한다.

君子有三戒(군자유삼계)

少之時(소지시)
血氣未定 戒之在色(혈기미정 계지재색)
及其壯也(급기장야)
血氣方剛 戒之在鬪(혈기방강 계지재투)
及其老也(급기로야)
血氣旣衰 戒之在得(혈기기쇠 계지재득)

【참고 설명】 도에 맞게 살아야 한다

(1) 청소년 시절에는 부지런히 배워야 한다. 학문 지식 기술은 물론 효도 윤리 도덕도 배우고 익혀야 한다. 혈기가 굳기도 전에 여색에 빠지면 인생 전체를 망친다.

(2) 어른이 되어 혈기가 넘치고 힘이 세다고 함부로 싸움을 하고, 수심(獸心)으로 남을 치고 명리를 독차지하려고 하면 개인적으로나 국가적으로나 악덕하게 된다.

(3) 혈기가 쇠한 노년에도 탐욕을 부리면 추하고 또 생명을 단축하게 된다.

[16-1] 성을 심하게 내면 기가 쏠리어 몸 전체가 상하게 된다. 잡다한 생각이 많으면 맑은 정신을 크게 다친다. 정신이 피곤하면 마음이 쉽게 지치고, 생기가 약해지면 따라서 병이 나게 마련이다.

怒甚偏傷氣 思多太損神(노심편상기 사다태손신)
神疲心易役 氣弱病相因(신피심이역 기약병상인)

【참고 설명】 잡념과 탐욕을 버려라

정신이 맑아야 마음도 맑고 따라서 몸도 활기차게 된다. 반대로 정신이 탁하고 흐리면 마음도 몸도 지치고 병들게 된다. 정신을 안정시키기 위해서는 잡념(雜念)과 탐욕(貪慾)을 버리고 특히 격노(激怒)를 피해야 한다.

[16-2] 슬픔과 기쁨을 심하게 나타내지 말고 음식을 고르게 섭취해야 한다. 특히 밤에 술 마시고 취하지 않게 조심해라. 무엇보다 새벽에는 성나지 않게 해야 한다.

勿使悲歡極 當令飮食均(물사비환극 당령음식균)
再三防夜醉 第一戒晨嗔(재삼방야취 제일계신진)

【참고 설명】 양생의 길(養生之道)

(1) 감정을 잘 조절하고 절도있는 생활을 해야 한다. 특히 새벽에 성을 내면 심기(心氣)가 흐트러지고 또 그날의 안정을 잃는다. 자주 밤에 술 마시고 곤드라지면 정신적으로 멍청한 사람이 될 뿐만이 아니라 날로 건강을 해치고 마침내는 폐인이 된다.

(2) 양생(養生)은 하늘이 나에게 준 삶과 건강을 보전하는 일이다. 양생의 요(要)는 육체적인 면보다 정신적인 면에 있다. 정신과 마음이 맑은 하늘과 하나가 되어야 몸도 편하고 건강하게 된다. 사악(邪惡)하면 추악하게 되고 병들게 된다.

[17] 음식을 담백하게 들면 정신도 상쾌하게 된다. 마음이 맑으면 꿈자리도 편하게 된다.

食淡精神爽 心淸夢寐安(식담정신상 심청몽매안)

【참고 설명】 맑은 정신과 마음

식생활을 담백하게 해야 정신도 맑고, 마음도 허정(虛靜)하고, 몸도 편하고, 밤에 악몽에 시달리지도 않는다. 재물이나 권세에 대한 욕심을 억제할 수 있어야 심성이나 정신이 안정되고, 따라서 건강하고 안락한 삶을 살 수 있다.

[18] 마음을 안정되게 하고 사물을 처리할 수 있어야 한다. 그렇다면 글공부를 안했어도 덕 있는 군자라 하겠다.

定心應物(정심응물)
雖不讀書(수부독서)
可以爲有德君子(가이위유덕군자)

【참고 설명】 덕(德) 있는 군자(君子)

(1) 하늘의 도리를 기준으로 마음을 바르게 안정시키고 모든 사물을 도리에 합당하게 처리하면 덕 있는 군자라 할 수 있다. 즉 「중용지도(中庸之道)」를 터득한 군자이다.

(2) 「중용지도」는 곧 절대선인 하늘의 도리다. 정치를

비롯하여 모든 사물을 천도에 맞게 해야 한다.

(3) 오늘의 많은 지식인들은 학식이나 기능을 악용하고 이기적 탐욕을 채우는 데 골몰하고 있다. 따라서 그들은 군자가 아니다.

[19] 분통 누르기를 불 끄듯이 하고, 욕심 막기를 홍수 막듯이 하라.

懲忿如救火 窒慾如防水(징분여구화 질욕여방수)

【참고 설명】 분통과 욕심을 억제하라

(1) 불은 모든 것을 태워 없애고, 홍수는 모든 것을 흘려 버린다. 가슴속의 불이 바로 분(忿)이다. 불을 끄듯이 가슴 속의 분을 눌러라. 넘치는 욕심을 제어해야 한다.

(2) 분통이나 욕심을 억제하는 것은 곧 자기의 마음을 제어함이다. 왕양명(王陽明)은 말했다. 「산속에 숨은 도적을 격파하기는 쉬워도, 마음속의 도적을 치기는 어렵다. (破山中賊易 破心中賊難)」

[20] 여색 피하기를 원수 피하듯이 하고, 바람 피하기를 화살 피하듯이 하라.

공복에는 차를 마시지 말고, 밤중에는 밥을 가볍게 들어라.

避色如避讐 避風如避箭(피색여피수 피풍여피전)
莫喫空心茶 少食中夜飯(막끽공심다 소식중야반)

【참고 설명】 여색과 바람기를 억제해라

(1) 여색에 빠지면 정기를 잃고 마음이 퇴폐한다. 또 바람기가 넘치거나 찬바람을 맞으면 병들기 쉽다. 그러므로 항상 여색과 바람을 피하도록 경계해야 한다.

(2) 깊은 밤이나 공복(空腹)에는 자극이 심한 차나 술을 들지 말아야 한다. 특히 청소년들이 이 가르침을 잘 따라야 한다. 밤새도록 먹고 마시고 놀면 일생을 망친다.

[21] 쓸데없는 말과 급하지 않은 일을 서둘러 말하거나 하면 안 된다.

無用之辯 不急之察(무용지변 불급지찰)
棄而勿治(기이물치)

【참고 설명】 소중한 삶

「삶」의 소중함을 깊이 알아야 한다. 하늘이 나에게 생명을 주고 삶을 누리게 한 뜻을 깊이 살펴야 한다. 모든 사람은 저마다 하늘로부터 내려 받은 귀중한 사명이 있다. 그것은 곧 인류의 역사 문화 발전에 선가치적(善價値的)으로 이바지함이다. 그러므로 모든 사람은 보람있는 말과 일을 해야 한다.

[22] 대중이 좋아해도 반드시 잘 살펴보고, 대중이 싫어해도 반드시 잘 살펴보아야 한다.

衆好之 必察焉(중호지 필찰언)

衆惡之 必察焉(중오지 필찰언)

【참고 설명】 부화뇌동(附和雷動)하지 마라

학식과 덕성을 겸비하고 백성을 다스릴 군자(君子)는 확고한 소신과 주체성을 지녀야 하며 경솔하게 부화뇌동(附和雷動)하면 안 된다. <* 단 나라나 백성을 다스릴 군자는 대중을 잘 살피고, 또 잘 교화해야 한다.>

[23] 술이 거나하게 취해도 말이 없어야 참된 군자라 하겠다. 재물에 대한 셈이 분명해야 대장부라 하겠다.

酒中不語 眞君子(주중불어 진군자)
財上分明 大丈夫(재상분명 대장부)

【참고 설명】 군자자중(君子自重)

군자는 취중에도 입이 무거워야 하고, 대장부는 재물보다 대의명분(大義名分)을 높여야 한다. 논어에 「견리사의(見利思義)」란 말이 있다. 명예나 이득을 취하기에 앞서 대의명분을 먼저 가려야 한다.

[24] 모든 일을 너그럽게 처리하면 그로 인한 복이 저절로 두터워진다.

萬事從寬 其福自厚(만사종관 기복자후)

【참고 설명】 관대(寬大)와 다복(多福)

(1) 침착하고 너그러운 태도로 사람과 사귀고 사물을 처

리하면 복이 많고 후하게 된다.

(2) 침착하고 너그럽게 하기 위해서는 나의 마음을 비워야 한다. 즉 편견이나 아집을 버리고 만물을 품고 키워주는 하늘의 마음과 하늘의 도리를 따라야 한다. 복(福)과 덕(德)은 도(道)에서 나오고 또 쌓인다.

[25] 남을 헤아리려면 먼저 자신을 헤아려 보아라. 남을 해치는 말은 도리어 자신을 해친다. 피를 입에 물고 남에게 뿜으면 먼저 제 입을 더럽힌다.

欲量他人 先須自量(욕량타인 선수자량)
傷人之語 還是自傷(상인지어 환시자상)
含血噴人 先汚其口(함혈분인 선오기구)

【참고 설명】 엄격히 나를 단속해라

남을 탓하기에 앞서 자신을 먼저 탓해야 한다. 남에게는 관대하고 자신에게는 엄격해야 한다. 남을 욕하면 그 욕은 자신에게 돌아온다. 남을 욕하면 내 입이 더러워진다. 설사 남이 나를 욕하더라도 관대한 마음으로 그를 품어야 한다.

[26] 놀이는 무익하다. 근면해야 공을 이룩한다.

凡戱無益 惟勤有功(범희무익 유근유공)

【참고 설명】 삶의 보람

(1) 부지런히 배우고 일해서 보람된 삶을 살아야 한다. 특히 청소년은 공부와 독서에 열중해야 한다. 그래야 훌륭한 사람이 된다.

(2) 귀중한 인생을 놀이로 허송하면 안 된다. 즉 동물적·육체적 삶만 살면 안 된다.

(3) 삶의 가치는 「정신적 도덕성을 바탕으로 남을 사랑하고, 공동체의 번영과 인류 문화 발전에 기여함에 있다.」

[27] 오이밭에서는 엎드려 신을 고쳐 신지 말고, 자두나무 아래서는 손을 올려 갓을 고쳐 쓰지 마라.

瓜田不納履 李下不整冠(과전불납리 이하부정관)

【참고 설명】 신중한 몸가짐

남에게 의심을 받지 않도록 조심해야 한다. 「신중한 몸가짐이 곧 자기를 지키는 부적이다.(愼是護身之符)」

[28-1] 마음을 안락하게 갖더라도 몸은 수고롭게 해야 한다. 도를 즐겁게 여기더라도 마음으로는 항상 걱정해야 한다.

心可逸 形不可不勞(심가일 형불가불로)
道可樂 心不可不憂(도가락 심불가불우)

[28-2] 몸을 수고롭게 부리지 않으면 늘어져서 못쓰게 되기 쉽다. 마음으로 염려하지 않으면 황음 방탕하여 불안정하게 된다.

形不勞 則怠惰易弊(형불로 즉태타이폐)
心不憂 則荒淫不定(심불우 즉황음부정)

[28-3] 그러므로 안락도 수고로움을 통해서 얻어야 항상 좋다. 삶의 즐거움도 마음고생을 통해야 물리지 않는다. 일락하게 산다고 어찌 걱정이나 수고로움을 잊을 수 있느냐.

故逸生於勞 而常(고일생어로 이상)
樂生於憂 而無厭(낙생어우 이무염)
逸樂者 憂勞 豈可忘乎(일락자 우로 기가망호)

【참고 설명】 편한 마음과 열심히 일하는 몸

(1) 「지인용(知仁勇)」을 다 갖추고 실천해야 한다.

① 지(知)는 하늘의 도를 알고 바르게 실천함이다.

② 인(仁)은 자연과 조화를 이루고 서로 사랑하고 함께 잘살고 다같이 번성함이다.

③ 용(勇)은 착한 본성을 바탕으로 적극적으로 실천하고 공덕(功德)을 세움이다.

(2) 착한 마음을 바탕으로 몸을 수고롭게 활동해야 참다운 삶의 즐거움과 보람을 얻을 수 있다.

(3) 삶의 보람은 활동하고 사회적으로 공을 세움에 있

다. 하늘은 우리에게 인류의 역사와 문화 발전에 기여하라고 귀중한 생명을 내려주었다. 「먹고 마시고 뛰고 놀기만 하면 하늘과 하늘의 도리에 어긋난다.」

[29] 귀로는 남을 비방하는 말을 듣지 말고, 눈으로는 남의 단점을 보지 말고, 입으로는 남의 허물을 말하지 말라. 그래야 군자에 가까운 사람이다.

耳不聞人之非(이불문인지비)
目不視人之短(목불시인지단)
口不言人之過(구불언인지과)
庶幾君子(서기군자)

【참고 설명】 군자의 태도

사람은 누구에게나 장단점이 있다. 군자는 서로 남의 장점을 살리고 단점을 고쳐주어야 한다. 반대로 남의 단점을 들추어내고 공격하면 서로 살 수 없다.

[30] 기쁨이나 노여움이 마음속에 있으면 입을 통해 말로 나타난다. 그러니 삼가지 않으면 안 된다.

喜怒在心 言出於口(희노재심 언출어구)
不可不愼(불가불신)

【참고 설명】 먼저 마음을 수양해야 한다

(1) 감정을 말로 나타낼 때에는 신중하게 해야 한다. 우선 마음속에 과격한 감정이 일지 않도록 수양해야 한다.

(2) 정신적 마음, 도덕적 마음이 확고하게 서 있어야 한다. 그래야 진정으로 남을 사랑하고 남의 잘못을 용서하고 또 관대하게 대할 수 있다.

[31] 썩은 나무에는 조각할 수 없고, 분토로 쌓은 담에는 흙손질할 수가 없다.

朽木 不可雕也(후목 불가조야)
糞土之墻 不可圬也(분토지장 불가오야)

【참고 설명】 비유한 말

바탕이 좋아야 조각도 하고 흙손질해서 꾸밀 수가 있다. 「낮잠이나 자는 게으름뱅이는 쓸모가 없다.」 공자가 낮잠 자는 자를 보고 유머러스하게 핀잔을 준 말이다. 오늘의 학생들도 강의시간에 잠자면 안 된다.

[32-1] 복은 청렴하고 검소하게 사는 데서 생긴다. 덕은 자기를 낮추고 사양하는 데서 생긴다. 도는 안정되고 허정한 마음에서 터득된다. 세찬 생명력은 화창한 속에서 살아난다.

福生於淸儉 德生於卑退(복생어청검 덕생어비퇴)

道生於安靜 命生於和暢(도생어안정 명생어화창)

【참고 설명】 복(福)·덕(德)·도(道)·명(命)

도(道)를 따라 청렴결백하게 살아야 하늘이 복을 준다. 덕이 높고 마음이 허정(虛靜)해야 깊은 도리를 터득할 수 있다. 그러면 천도(天道)와 지덕(地德)과 일체(一體)를 이루고 수명장수(壽命長壽)할 수 있다.

[32-2] 근심 걱정은 지나친 욕심에서 생긴다. 환난은 지나친 탐욕에서 생긴다. 과오는 경솔과 태만에서 생긴다. 죄악은 어질지 않음에서 생긴다.

憂生於多慾 禍生於多貪(우생어다욕 화생어다탐)
過生於輕慢 罪生於不仁(과생어경만 죄생어불인)

【참고 설명】 마음에서 재화가 나온다

우환(憂患), 재화(災禍), 과오(過誤), 죄악(罪惡) 등은 다 사람의 마음가짐에서 나온다. 마음은 몸의 주체(主體)다. 마음이 바르고 착하면 행동도 바르고 착하게 된다.

[32-3] 눈을 삼가 남의 비행을 들추어 보지 말고, 입을 삼가 남의 단점을 떠벌이지 말며, 마음을 삼가 탐욕부리거나 진노하지 말고, 몸을 삼가 악한 무리와 짝짓고 따르지 말라.

戒眼莫看他非(계안막간타비)

戒口莫談他短(계구막담타단)
戒心莫自貪嗔(계심막자탐진)
戒身莫隨惡伴(계신막수악반)

【참고 설명】 네 가지 일을 삼가라

삼가야 할 일을 네 가지 들었다. 남의 비리를 들춰내지 마라. 남의 단점만을 말하지 마라. 함부로 성내고 욕심만 채우려 하지 마라. 나쁜 무리들과 한패가 되지 마라.

[32-4] 유익하지 않은 말은 하지 말고, 나와 무관한 일은 함부로 하지 마라.

無益之言 莫妄說(무익지언 막망설)
不干之事 莫妄爲(불간지사 막망위)

[32-5] 군왕을 존중하고 부모에게 효도하고, 연장자를 공경하고 덕 있는 사람을 받들고, 슬기와 어리석음은 가려야 한다. 단 무식한 자의 잘못은 용서해라.

尊君王 孝父母(존군왕 효부모)
敬尊長 奉有德(경존장 봉유덕)
別賢愚 恕無識(별현우 서무식)

【참고 설명】 효제충신(孝悌忠信) 및 기타

(1) 나라의 중심적 존재인 임금에게는 충성을 하라. 가정에서는 부모에게 효도를 해야 한다. 사회에서는 연장자를 존경하고 유덕자를 받들어야 한다. 또 많은 사람과 어울

려 함께 살고 서로 도와주되, 현인과 우매한 자를 잘 분별해야 한다. 그러나 무식으로 인해 잘못을 저지른 경우에는 너그럽게 용서해 주어야 한다.

(2) 이상의 여섯 가지는 동양의 전통윤리의 기본덕목이다. 즉 「충(忠), 효(孝), 제(悌), 서(恕), 경장(敬長) 및 존현(尊賢)이다.」「충(忠)」의 깊은 뜻은 「최선을 다한다」이다. 즉 인군(仁君)을 잘 받드는 것이 충이다. 포악하고 악덕한 독재자에게 굴종(屈從)하는 것은 「충」이 아니다.

[32-6] 순리로 들어온 재물은 굳이 물리치지 말되, 이미 없어진 재물은 미련을 두고 뒤쫓지 마라.

내 몸에 닥치지 않을 것을 바라지 말며, 이미 지나간 일들은 생각하지 마라.

物順來而勿拒(물순래이물거)
物旣去而勿追(물기거이물추)
身未遇而勿望(신미우이물망)
事已過而勿思(사이과이물사)

【참고 설명】 순리로 주어진 부귀영화

재물이나 부귀영화가 순리로 나에게 주어졌으면 잘 받아들이고 누려라. 반면에 이미 지나가고 놓쳐버린 재물이나 부귀영화는 깨끗이 잊어라.

[32-7] 총명한 사람도 어둡게 모를 때가 많고, 잘 세운 계책도 불편하고 맞지 않을 때가 있다. 남에게 손해를 주면 끝내는 자신도 잃게 되고, 세도에 의존하면 나중에 재화가 함께 따르게 된다.

聰明多暗昧 算計失便宜(총명다암매 산계실편의)
損人終自失 依勢禍相隨(손인종자실 의세화상수)

【참고 설명】 사람의 한계

능력에는 한계가 있다. 총명한 사람도 모를 것이 많다. 절대로 자만해서는 안 된다. 남을 해치면 자기도 다치고, 남의 세도를 믿고 무모한 짓을 하면 결국 쇠망한다.

[32-8] 마음가짐을 삼가고 원기를 잘 간직해라.
절제하지 않기 때문에 집안을 망치고, 청렴하지 않음으로 인하여 자리를 잃게 되느니라.

戒之在心 守之在氣(계지재심 수지재기)
爲不節而亡家(위부절이망가)
因不廉而失位(인불렴이실위)

【참고 설명】 마음이 몸의 주인

주자는 「마음이 몸의 주인이다(心者 身之主也)」라고 했다. 마음가짐을 잘해야 몸과 행동이 바르게 된다. 생명의 근원인 원기(元氣)를 잘 간직해야 수명장수(守命長壽)한다.

[32-9] 그대에게 권한다. 평생 스스로 경계해야 한다. 〈이상의 모든 훈계를〉 탄복하고 경계하고 생각하고 〈잘 따라야〉 한다.

위로는 하늘의 거울이 내려다보고 있으며, 아래로는 땅의 신령들이 살피고 있다. 밝은 곳에는 삼법(三法 : 敎 · 行 · 證)이 있고, 어둠에는 귀신들이 따르고 있다.

바른 도리를 지키고 양심을 속이지 마라. 〈이상을〉 삼가고 또 삼가야 한다.

勸君自警於平生(권군자경어평생)
可歎可警而可思(가탄가경이가사)
上臨之以天鑑(상림지이천감)
下察之以地祇(하찰지이지기)
明有三法相繼(명유삼법상계)
暗有鬼神相隨(암유귀신상수)
惟正可守 心不可欺(유정가수 심불가기)
戒之戒之(계지계지)

【참고 설명】 이상의 가르침

(1) 하늘에서는 천신(天神)이 내려다보고 있고, 아래로는 신령들이 살피고 있다. 설사 사람의 눈은 속일 수 있어도 하늘과 땅을 속일 수는 없다.

(2) 원인과 결과는 언제나 일치한다. 좋은 가르침과 착한 동기에서 나온 행동은 선과(善果)를 맺고, 악한 가르침과 나쁜 동기에서 나온 행동은 악과(惡果)를 맺는다.

(3) 사람의 본성도 하늘이 준 것이다. 본성을 바탕으로 천리를 따라 살아야 한다. 악한 욕심을 따르면 망한다. 불교에서는 인과응보(因果應報)라고 한다.

(4) 논어에서 공자는 말했다.「자신을 극복하고 예에 돌아감이 인이다.(克己復禮爲仁)」 주자(朱子)는 「극기(克己)」를 「자신의 사사로운 욕심을 이김이다(謂身之私欲也)」라고 풀었다.

제3장 안분(安分) 존심(存心)의 명언 명구

[설명] 「제3장」은 「구판 제6 안분편(安分篇), 제7 존심편(存心篇) 및 제8 계성편(戒性篇)」을 통합했다.

【참고 설명】 안분(安分)의 뜻

(1) 안분(安分)의 좁은 뜻은 「하늘이 나에게 준 분수에 안주(安住)함이다.」 즉 사람은 태어나기 전에 자기의 분수를 스스로 선택할 수 없다. 예를 들자. 「20세기 후반기에 서울에 사는 김씨의 맏아들로 태어났다는 사실」이 곧 하늘이 정해 준 분수라 하겠다.

(2) 뿐만이 아니다. 선천적으로 이어 받은 유전자(遺傳子), 기질, 재능, 성질 및 체질 등도 다 분수에 속한다.

(3) 「안분」을 「숙명론(宿命論)」으로 해석하면 안 된다. 「착한 본성에 안주하라」는 뜻은 곧 「엉뚱한 생각이나 지나친 욕심으로 무모한 짓을 하지 말라」는 뜻이다.

(4) 「안분지족(安分知足)」해야 도리어 한가롭고 즐겁게 살 수 있음을 깨우치고자 한 것이다.

(5) 분수에 안주하고 만족할 줄 아는 「안분지족」은 결국 「안빈낙도(安貧樂道)」와 같은 경지이다.

(6) 노자는 말했다. 「만족함을 아는 사람이 부자이다.(知足者富)」 「만족할 줄 알면 욕을 보지 않는다.(知足不辱)」 욕심이 많은 사람은 결국 가난한 사람이라 하겠다.

【참고 설명】 하늘이 준 선본성(善本性)

(1) 안분(安分)과 숙명론(宿命論)은 다르다. 안분의 확대된 적극적인 뜻을 참고로 말하겠다.

(2) 우주 천지 자연 만물을 창조하고 주재하는 절대자 하늘은 사람을 만물의 영장(靈長)으로 태어나게 했으며, 「선본성(善本性)」을 주었다.

(3) 「선본성」은 곧 「영적(靈的)·정신적(精神的)·이성적(理性的) 도덕성(道德性)이다.」 그러므로 사람은 「동물적 삶」만을 살면 안 된다. 동물적·이기적 탐욕을 끝없이 채우려고 하므로 서로 싸우고 탈취하게 마련이다.

[1] 족한 줄 알아야 즐겁기도 하다. 탐욕을 부리면 걱정스럽기만 하다.

知足可樂 務貪則憂(지족가락 무탐즉우)

[2] 만족할 줄 아는 사람은 가난하고 천해도 즐겁게 산다. 그러나 만족을 모르는 사람은 부귀를 누려도 여전히 걱정스럽게 살아야 한다.

知足者 貧賤亦樂(지족자 빈천역락)
不知足者 富貴亦憂(부지족자 부귀역우)

【참고 설명】 낙(樂)과 우(憂)

마음가짐에 따라 낙(樂)과 우(憂)가 다르게 된다. 「즐겁게 사느냐, 짜증스럽게 사느냐 하는 것」은 밖에 있지 않다.

마음가짐에 있다. 안빈낙도(安貧樂道)해야 한다.

[3] 허황된 생각은 공연히 정신을 상하게 하고, 경망한 행동은 도리어 재화를 초래한다.

濫想徒傷神 妄動反致禍(남상도상신 망동반치화)

【참고 설명】 남상망동(濫想妄動)

사람답게 살아야 한다. 사람이면서 동물적·이기적 욕심을 채우기 위해 남을 살상(殺傷)하고, 남의 재물을 탈취하면 안 된다. 남을 속이거나 무력으로 남의 재물을 탈취하는 것은 「선본성(善本性)」에 위배된다. 잡념과 욕심은 맑은 정신을 흐리게 하고, 몸을 병들게 한다. 탐욕을 버리고 자신의 분수를 지키면 즐겁게 살 수 있다.

【참고 설명】 추악한 삶

욕심을 부리는 삶은 추악하고 오욕(汚辱)에 차게 마련이다. 안분지족(安分知足)해야 욕되지 않고, 또 즐겁고 여유 있는 삶을 살 수 있다.

[4] 족한 줄 알고 항상 만족한 마음으로 살면 종신토록 욕되지 않을 것이다.

머무를 줄 알고 항상 적절하게 머무르면 종신토록 창피함이 없게 된다.

知足常足 終身不辱(지족상족 종신불욕)

知止常止 終身無恥(지지상지 종신무치)

[5] 가득 차면 줄어들게 마련이다. 겸손해야 더욱 많은 이득을 얻게 된다.

滿招損 謙受益(만초손 겸수익)

【참고 설명】 달도 차면 진다(月滿則虧)

서경 대우모(大禹謨)에 있는 말이다. 자연의 이치는 높이 올라가면 떨어지고, 차면 줄게 마련이다. 「달도 차면 이지러진다.(月滿則虧)」「사물도 극에 달하면 쇠퇴한다.(物盛則衰)」「부귀를 누리고 교만하면 스스로 남에게 허물을 남기게 된다.(富貴而驕 自遺其咎)」「재물을 많이 감추어 두면, 크게 잃는다.(多藏必厚亡)」

[6] 분수에 만족하면 몸에 욕됨이 없고, 천기를 터득하면 마음이 한가하게 된다.

인간 세상에 살고 있으면서 인간 세상을 해탈해야 한다.

安分身無辱 知機心自閑(안분신무욕 지기심자한)

雖居人世上 却是出人間(수거인세상 각시출인간)

【참고 설명】 안분(安分)과 지기(知機)

(1) 맑은 하늘의 오묘한 뜻과 도리를 깨닫고 하늘과 하나가 되면 추악한 인간 속세에서 해탈할 수 있다. 천도와 천명을 터득하고 인간적인 추악한 탐욕을 부리지 않는 것이 바로 천기(天機)를 바르게 아는 것이다.

(2) 전통사상에서는 우주를 하나의 거대한 생명체로 본다. 따라서 우주의 메커니즘이 곧 천기이다. 그 천기의 하나가 바로 자연법칙이다.

(3) 과학자가 자연법칙을 활용해서 좋은 성과를 올리듯이, 사회나 국가도 천도 천기를 기준으로 하고 실천해야 한다. 그것이 곧 안분(安分)이고 지기(知機)이다.

[7] 자리에 있지 않으면 그에 관한 정사를 도모하지 마라.

不在其位 不謀其政(부재기위 불모기정)

【참고 설명】 자신의 위치

(1) 자기의 직분을 충실하게 수행하는 동시에 남의 직책에 대하여 간섭하거나 비평하는 일을 삼가야 한다.

(2) 「군자는 생각하는 바가 그 직위를 벗어나지 않게 해야 한다.(君子思不出其位)」<曾子>

(3) 중용(中庸)에 있다. 「군자는 자기가 처한 위상에 맞게 행동하고 밖의 것을 바라지 않는다. 부귀를 누리게 되면 부귀를 누리는 사람답게 행동하고, 빈천한 자리에 떨어지면 빈천한 사람답게 행동한다.(君子素其位而行 不願乎其外 素富貴行乎富貴 素貧賤行乎貧賤)」

【참고 설명】 존심(存心)의 깊은 뜻

(1) 존심(存心)은 「바르고 착한 마음을 항상 간직한다」

는 뜻이다. 「마음이 인체(人體)의 어느 부위에 있는지, 또 그 모양이 어떠한지」 알 수 없다. 마음의 실체를 과학적으로 구명하지 못하고 있다.

(2) 그러나 마음은 분명히 있으며 마음이 사람의 언행(言行)을 주재하고 있다. 옛사람은 속에 있는 보이지 않는 마음을 「촌심(寸心)」이라 했다.

(3) 그 작은 마음이 밖으로 나타나고 또 엄청난 결과를 야기한다. 그러므로 「보이지 않는 작은 마음을 마치 육두마차(六頭馬車)를 몰듯이 조심하라」고 훈계했다.

(4) 마음을 선심(善心)과 악심(惡心)으로 대별할 수 있다. 하늘의 도리를 따르고 지성(至誠)으로 부모님에게 효도하고, 나라에 충성하고 백성을 사랑하는 마음이 「착한 마음」이다. 반대로 이기적 욕심은 악심(惡心)이다.

(5) 수양(修養)은 곧 마음의 수양이다. 누구나 수양하면 착하게 된다. 그러므로 인성교육(人性敎育) 심성함양(心性涵養)을 중시해야 한다.

(6) 마음을 현대적으로 다음같이 설명할 수 있다. 「영적·정신적·이성적 도덕성」을 선심(善心)이라 한다. 반대로 「육체적·생리적·이기적 욕심이나 지나치게 쾌락을 추구하는 마음」을 악심(惡心)이라 한다.

(7) 단 사람은 육신을 무시할 수 없다. 그러므로 육체적·생리적 본능인 식색(食色)을 절대로 무시할 수 없다. 그러나 동시에 정신적 도덕성을 무시하고 이기적 욕심만을 채

우려고 하면 악하게 된다.

[8] 밀실에 앉아 있어도 마치 네거리에 있는 것처럼 해야 한다. 작은 마음 제어하기를 마치 육두마차(六頭馬車) 부리듯 하면 허물을 면할 수 있을 것이다.

坐密室 如通衢(좌밀실 여통구)
馭寸心 如六馬(어촌심 여륙마)
可免過(가면과)

【참고 설명】 마음을 제어해야 한다

마음은 보이지 않고 어디에 있는지도 알 수 없다. 그러나 촌심(寸心)이 언행(言行)을 지배한다.

[9] 부귀를 지능의 힘만으로 얻는다면 공자는 젊어서 제후가 되었을 것이다. 세상 사람들은 푸른 하늘의 뜻을 알지 못한다. 그래서 공연히 밤중에 몸과 마음으로 〈자신의 처지를〉 슬퍼하노라.

富貴如將智力求(부귀여장지력구)
仲尼年少合封侯(중니년소합봉후)
世人不解靑天意(세인불해청천의)
空使心身半夜愁(공사심신반야수)

【참고 설명】 선에 복을 준다

(1) 공자(孔子)는 논어(論語)에서 말했다. 「죽고 사는 것은 천명으로 주어지고, 부귀는 하늘에 매여 있다.(死生有命 富貴在天)」

(2) 속인은 욕심으로 부귀를 누리려고 한다. 노자(老子)는 말했다. 「천도는 편애하지 않고 항상 선인을 편든다.(天道無親 常與善人)」 즉 하늘은 선(善)에게 복을 내린다.

[10-1] 극히 어리석은 사람이라도 남을 책할 때에는 영악하다. 총명한 사람이라도 자신의 잘못을 흐리고 넘기려 한다.

人雖至愚 責人則明(인수지우 책인즉명)
雖有聰明 恕己則昏(수유총명 서기즉혼)

[10-2] 너희들은 마땅히 남을 책하는 마음으로 자신을 책하고, 자신을 용서하는 마음으로 남을 용서해 주어야 한다. 그러면 성인의 경지에 이르지 못할까 걱정하지 않아도 된다.

爾曹但當(이조단당)
以責人之心責己(이책인지심책기)
恕人之心恕人(서인지심서인)
則不患不到(즉불환부도)
聖賢地位也(성현지위야)

【참고 설명】 남에게는 관대하라

남의 과실을 관대하게 용서하고 반대로 자신의 잘못을 엄격하게 다스려야 한다. 그러면 성현의 경지에 도달할 수 있다. 특히 용서의 미덕을 발휘해야 한다. 용서는 소극적인 사랑이다. 자신의 마음을 단속하는 것이 자기수양이기도 하다.

[11] 총명하고 슬기로워도 어리석음으로써 지켜야 한다. 공이 천하에 넘쳐도 겸양하는 마음으로 지켜야 한다. 용맹이 세상에 떨쳐도 겁먹은 마음으로 지켜야 한다. 부귀가 사해에 넘칠지라도 겸손한 태도로 지켜야 한다.

聰明思睿 守之以愚(총명사예 수지이우)
功被天下 守之以讓(공피천하 수지이양)
勇力振世 守之以怯(용력진세 수지이겁)
富有四海 守之以謙(부유사해 수지이겸)

【참고 설명】 예양(禮讓)

순자(荀子)는 말했다. 「신분이 높을수록 더욱 남에게 공손해야 한다.(身貴而愈恭)」 「부자일수록 더욱 검소하게 살아야 한다.(家富而愈儉)」 「적에게 이겨도 더욱 경계해야 한다.(勝敵而愈戒)」

[12] 박하게 베풀고 후한 것을 바라는 자는 보답을 못 받는다. 귀하게 되고 천했던 때를

잊으면 오래가지 못한다.

薄施厚望者不報(박시후망자불보)
貴而忘賤者不久(귀이망천자불구)

【참고 설명】 배은망덕(背恩忘德)

남에게는 많이 베풀고, 남으로부터는 적게 받아야 한다. 속담에 있다. 「개구리 올챙이 때를 모른다.」 높은 자리에 올랐다고 옛 친구나 전에 신세를 진 사람들을 잊으면 안 된다. 배은망덕(背恩忘德)한 자는 이내 망한다.

[13] 은혜를 베풀되 그에 대한 보답을 바라지 마라. 남에게 주고 나서 나중에 후회하지 마라.

施恩 勿求報(시은 물구보)
與人 勿追悔(여인 물추회)

【참고 설명】 무조건 베풀어라

부모가 자녀를 사랑하는 참사랑의 심정으로 남에게 은혜를 베풀어라. 그리고 보답을 바라지 마라. 또 남에게 베푼 일을 나중에 아깝게 생각하거나 후회하지 마라. 진정한 사랑은 「상대를 좋은 사람 되게 하기 위하여, 아무런 조건 없이 정성으로 후원해 주는 것이다.」

[14] 담력은 클지라도 마음가짐은 작은 듯 신중하고, 지식은 둥글고 넓게 가지되 행실

은 방정해야 한다.

膽欲大 而心欲小(담욕대 이심욕소)
知欲圓 而行欲方(지욕원 이행욕방)

【참고 설명】 신중하고 방정하게 해라

사려와 행동을 치밀하고 신중하게 해야 한다. 학문이나 지식은 박학다식하되 행실은 한결같고 방정해야 한다. 회남자(淮南子)에 있다. 「지(智)는 둥글고 행실은 방정해야 한다.(智欲圓 而行欲方)」

[15] 생각은 전투에 임하는 날처럼 신중하게 하라. 마음은 다리를 건널 때처럼 조심스럽게 하라.

念念要如臨戰日(염념요여림전일)
心心常似過橋時(심심상사과교시)

【참고 설명】 생각과 마음

(1) 생각과 행동을 신중하게 해야 한다. 전투에 임하는 날처럼, 또 위험한 다리를 건너갈 때처럼 조심해야 한다.

(2) 깊은 뜻을 생각해 보자. 전쟁은 탐욕을 채우기 위해서 서로 죽이고 토지나 재물을 쟁탈하는 악덕한 범죄행위다. 개인적 차원의 싸움이나 국가간의 전쟁이나 그 바탕은 동물적·이기적 탐욕과 잔인한 수심(獸心)이다.

(3) 사람도 같다. 「한 마음」 속에 두 마음이 공존하면서 싸우고 있다. 즉 「착한 마음」과 「악한 마음」이 서로 싸우고

있다. 악한 마음을 제어하고 선한 마음을 높여야 한다.

[16] 법도를 두렵게 여기고 따르면 아침마다 즐겁다. 공적으로 남을 속이면 날마다 걱정스럽다.

懼法 朝朝樂 欺公 日日憂(구법 조조락 기공 일일우)

【참고 설명】 법(法)과 공(公)을 높여야 한다

사(私)보다 공(公)을 앞세우고 높여야 한다. 사리사욕을 채우기 위해 대의명분(大義名分)을 망각하고 국법을 어기거나 공사를 문란케 하면 고생스럽게 살아야 한다.

[17] 입과 말조심을 병마개 막듯이 하고, 마음과 욕심 단속하기를 도성(都城) 지키듯이 해야 한다.

守口如甁 防意如城(수구여병 방의여성)

【참고 설명】 입과 마음 단속

말 때문에 인간관계가 틀어지고 또 세상이 시끄러워진다. 마음 단속을 흡사 성문을 지키듯이 엄하게 해야 한다. 맹자는 말했다. 「학문을 배우는 도리는 다른 것이 아니다.(學問之道無他)」「자신의 마음을 수습하고자 함이다.(求其放心而已矣)」

[18] 마음속에 남을 배반할 생각이 없다면

얼굴에도 부끄러운 기색이 나타나지 않는다.
心不負人 而無慙色(심불부인 이무참색)

[19] 사람은 백년을 살지 못한다. 부질없이 천년을 살 것처럼 욕심을 부린다.
人無百歲人 枉作千年計(인무백세인 왕작천년계)

[20] 벼슬할 때에 사욕을 앞세우고 일을 잘 못하면 실각하고 나서 후회하게 된다. 부유할 때에 절약하지 않으면 가난해지고 나서 후회하게 된다.

젊어서 기술을 안 배우면 나이 들어 후회하게 된다. 일을 보고도 배우지 않으면 일할 때에 후회하게 된다.

취중에 망언을 하면 깨어난 다음에 후회하게 된다. 몸이 성할 때에 양생(養生)하지 않으면 병들어 후회하게 된다.
〈* 한문 원문 생략〉

【종합 해설】 안분(安分)과 존심(存心)의 깊은 뜻

(1) 마음이 맑으면 얼굴도 맑고, 마음이 탁하면 얼굴도 탁하게 된다. 마음은 밖으로 나타나게 마련이다. 광명정대(光明正大)한 천도를 따르고 실천하려는 마음을 지니고 착하게 살면, 얼굴이 맑아지고 또 빛나게 마련이다.

(2) 사람은 오래 살아야 백년이다. 그러나 천년을 살 것처럼 탐욕을 부리고 과분하게 재물을 모으려고 한다. 욕심을 채우기 위해 서로 쟁탈하므로 세상이 혼란하게 되는 것이다.

(3) 육회명(六悔銘)은 다음 같다.

① 관직에 있을 때 사리사욕을 취하지 마라.
② 부유할 때 절약해라.
③ 젊어서 기술을 배워라.
④ 일찍이 일하는 능력을 키워야 한다.
⑤ 술 취했을 때 흰소리하지 마라.
⑥ 평소에 건강관리를 잘해야 한다.

[21] 탈 많게 부자로 사는 것보다, 차라리 탈없이 가난한 편이 낫다. 탈이 많으면서 대궐에 있느니, 차라리 탈없이 초가집에 사는 편이 낫다. 병이 난 다음에 좋은 약을 드느니, 차라리 병없이 조밥을 먹는 편이 낫다.

寧無事而家貧(영무사이가빈)
莫有事而家富(막유사이가부)
寧無事而住茅屋(영무사이주모옥)
不有事而住金屋(불유사이주금옥)
寧無病而食麤飯(영무병이식추반)
不有病而服良藥(불유병이복양약)

【참고 설명】 참다운 복

(1) 부자로 큰집에 살면서 집안에 탈이 많은 것보다, 가난하게 살아도 가족이 화목하고 집안이 안락한 편이 좋다. 비싼 약을 복용하면서 병에 시달리는 것보다, 보리밥을 먹으면서 건강하게 사는 편이 좋고 행복하다.

(2) 행복과 삶의 보람은 재물에만 있는 것이 아니다. 하늘과 우주의 도리를 따라 착하게 살아야 복을 받는다.

[22] 마음이 편안하면 초가집도 안온하고, 성품이 안정되면 나물국도 향기롭다.

心安茅屋穩 性定菜羹香(심안모옥온 성정채갱향)

【참고 설명】 두 가지 마음

(1) 사람의 마음에는 크게 두 가지 마음이 있다.

① 육체적 · 개별적 · 생리적 · 이기적 욕심(利己的 慾心)

② 정신적 · 도덕적 · 본성적 협동심(本性的 協同心)

(2) 여기서 말하는 마음은 「나 혼자만 잘살겠다는 이기적 욕심을 억제하고 함께 잘살자는 도덕적 협동심」이다.

(3) 서로 욕심을 부리면 서로 싸우게 된다. 서로 사랑하고 협동하면 함께 잘살 수 있다. 하늘의 도리를 따라 살고 마음이 착하면 어려움이나 가난도 쉽사리 극복할 수 있다.

[23] 남을 책하는 자와는 온전하게 사귈 수 없다. 자기 허물을 흐리는 자는 자기의 잘못

을 못 고친다.

責人者 不全交(책인자 부전교)

自恕者 不改過(자서자 불개과)

[24-1] 새벽부터 밤늦게까지 부모에게 효도하고 임금에게 충성하는 사람을, 남은 몰라주어도 하늘은 반드시 알아준다.

夙興夜寐(숙흥야매)

所思忠孝者(소사충효자)

人不知 天必知之(인부지 천필지지)

[24-2] 배불리 먹고, 따뜻하게 입고, 자기만의 안락을 지키는 자는 당장은 편할 것이다. 그러나 자손들이 어떻게 될지 알지 못한다.

飽食煖衣(포식난의)

怡然自衛者(이연자위자)

身雖安(신수안)

其如子孫何(기여자손하)

【참고 설명】 지성(至誠)해야 자손도 잘 된다

지성(至誠)이라야 감천(感天)한다. 가정이나 국가는 자자손손 세세대대로 이어지면서 더욱 발전한다. 오늘의 나는 과거의 역사 문화를 계승하고 나의 노력과 공적으로 더욱 발전시켜서 후손에게 물려줄 책임이 있다.

[25] 처자를 사랑하는 마음으로 어버이를 섬

기면 그 효도가 극진하게 된다. 부귀를 보전하려는 마음으로 임금을 섬기면 어느 면에서나 불충할 수 없다. 남을 책망하는 마음으로 자신을 엄하게 책망하면 자신의 허물이 적어질 것이다. 자신을 용서하는 마음으로 남을 용서해 주면 남과의 교제가 원만하게 될 것이다.

以愛妻子之心(이애처자지심)
事親則曲盡其孝(사친즉곡진기효)
以保富貴之心(이보부귀지심)
奉君則無往不忠(봉군즉무왕불충)
以責人之心(이책인지심)
責己則寡過(책기즉과과)
以恕己之心(이서기지심)
恕人則全交(서인즉전교)

【참고 설명】 공평한 마음

(1) 하늘의 도리는 공평무사(公平無私)하다. 선과 악의 차이는 도를 따르는 마음가짐에 있다. 이기적 마음을 돌려서 이타(利他)로 확대하면 인격자가 될 수 있다.

(2) 처자를 사랑하는 마음으로 부모를 잘 섬겨야 한다. 부귀를 간직하듯이 임금에게 충성해야 한다. 남을 탓하는 마음으로 자신을 책망해야 한다. 자기의 잘못을 용서하듯이 남들을 용서해 주어야 한다.

[26] 너의 계획이 옳지 못했으니 후회한들 무슨 소용이 있느냐. 너의 식견이 크지 못하니 가르친들 무슨 도움이 되겠느냐. 이기심에 골몰하면 바른 도리를 어기게 될 것이다. 사(私)만을 고집하면 공(公)을 망치게 될 것이다.

爾謀不臧 悔之何及(이모부장 회지하급)
爾見不長 敎之何益(이견부장 교지하익)
利心專則背道(이심전즉배도)
私意確則滅公(사의확즉멸공)

[27] 일을 만들면 일이 있게 되고, 일을 덜면 일이 없게 된다.

生事事生 省事事省(생사사생 생사사생)

【참고 설명】 욕심으로 일하면 안 된다

(1) 욕심으로 일을 꾸미면 세상이 복잡하게 뒤틀리고 악하게 된다. 마음을 비우면 세상이 조용하고 안정된다.

(2) 참고 설명을 보충하겠다. 공자가 논어에서 말했다. 「덕은 외롭지 않다. 반드시 이웃이 있다.(德不孤 必有隣)」

(3) 선한 행동과 어진 덕행은 남이 알아준다는 뜻이다. 선하고 어진 덕행의 기본은 충효(忠孝)다. 충(忠)은 나라의 중심점(中心點)인 임금에게 정성을 바치는 덕행이고, 효(孝)는 정성껏 부모를 공양하는 덕행이다.

(4) 충성(忠誠)이나 효순(孝順)은 다 지성에서 나온다. 「지성을 다하는 사람만이 능히 모든 것을 감화시킬 수 있다.(惟天下至誠 爲能化)」<中庸>

【참고 설명】 계성(戒性)의 뜻

(1) 「계성(戒性)」은 「남에게 성질부리는 일을 삼가라」는 뜻이다. 남을 대할 때, 어려운 일을 할 때, 고생스러운 삶을 살 때에도 함부로 성질을 부리지 말아야 한다.

(2) 인격수양의 제일보가 자신의 감정을 억제하고, 또 이기적 탐욕을 극복하는 것이다.

(3) 인격적 수양은 학문 공부나 훈련에 의해서 높아진다. 탐욕이나 감정 억제도 꾸준한 훈련과 노력을 바탕으로 해야 한다. 어려서부터 가정과 사회에서 예의범절을 잘 배우고 실천을 통해 몸에 익혀야 한다.

(4) 오늘의 사람들은 동양의 전통사상이나 윤리 도덕을 무시하고 돈과 무력만을 높인다. 그래서 개인적으로나 국가적으로나 이기적 탐욕을 채우려고 안달을 떨고, 서로 다투고 쟁탈하게 마련이다. 특히 국가는 부국강병(富國强兵)만을 높인다.

(5) 오늘의 사람은 「동물적(動物的)·생리적(生理的)·물질적(物質的)·감각적(感覺的) 삶」만을 알고 또 살고 있다. 그래서 「심령적(心靈的)·정신적(精神的)·도덕적(道德的) 삶」은 잘 모르고 또 무시한다.

(6) 「동물적 삶이란 먹고 뛰고 놀기만 하는 삶이다.」「이기적 삶은 자기의 욕심을 채우려고 남을 속이거나 남을 힘으로 누르고 남의 재물을 탈취하는 삶이다.」「도덕적 삶」은 곧 「정신적 도덕성(道德性)」을 바탕으로 한다. 이는 곧 「천도(天道)를 따라 지덕(地德)을 세우는 삶」이다. 만물의 영장(靈長)은 곧 「도덕적 삶」을 살아야 한다.

[28] 사람의 나쁜 성질은 물과 같다. 물은 한번 엎질러지면 다시 되돌려 담을 수 없다. 사람도 한번 성질을 부리면 다시 되돌리고 수습할 수 없다. 물을 제어하려면 반드시 제방으로 막아야 한다. 사람은 성질을 제어하려면 반드시 예법으로 해야 한다.

人性如水(인성여수)
水一傾 則不可復(수일경 즉불가복)
性一縱 則不可反(성일종 즉불가반)
制水者 必以堤防(제수자 필이제방)
制性者 必以禮法(제성자 필이례법)

【참고 설명】 기질적·감정적 성질

(1) 하늘이 사람에게 준 「정신적·본성적 도덕성」은 착하다. 그러나 「육체적·기질적 성질이나 감정」은 넘치거나 지나치면 걷잡을 수 없다.

(2) 물이 넘치면 걷잡을 수 없다. 그와 마찬가지로 사납

게 폭발한 감정이나 성질도 걷잡을 수 없다. 평소에 수양하고 예의범절로 단속을 해야 한다.

(3) 특히 가정교육을 통해 자녀들에게 예의범절을 가르치고 훈련을 해야 한다. 내버려두면 동물 이하의 존재가 된다.

【참고 설명】 감정적 성질

(1) 사람의 본성은 착하다. 그러나 이기적 욕심이나 격렬한 감정 때문에 사나워지기도 한다. 엎질러진 물을 다시 담을 수 없듯이, 폭발한 감정이나 성질은 되돌리기 어렵다. 그러기 전에 참아야 한다.

(2) 계성(戒性)은 「왈칵 성을 내지 말고 꾹 참으라」는 뜻이다. 아무에게나 함부로 성미를 부리거나 자신의 충동적인 노여움을 억제하지 못하고 불유쾌한 감정이나 태도를 원색적으로 나타내는 것을 삼가야 한다.

(3) 인격(人格)과 수양(修養)의 제일보가 바로 자신의 격한 감정을 제어(制御)하고 또 지나친 이기적 탐욕을 부리지 않음이다. 인격과 수양은 훈련에 의해서 높아진다.

(4) 따라서 탐욕이나 감정을 제어하는 것도 훈련과 노력에 의해서 달성되게 마련이다. 어려서부터 가정과 사회의 규범이나 예절을 배우고 익혀서 몸에 배게 해야 한다.

(5) 더 나아가서는 인간관계의 기본인 윤리와 도덕을 따르려는 이성의 힘으로 이기적이고 순간적인 감정의 폭발

을 억제하는 힘을 키워야 한다.

(6) 이성과 감정을 조화시키는 것이 마음이다. 땅에 엎질러진 물을 되담을 수 없듯이 한번 폭발한 감정은 되돌릴 수 없다. 그러므로 항시 감정 폭발이나 특히 노기(怒氣)의 폭발을 자기 마음으로 제어하도록 수양해야 한다.

(7) 「마음으로 참는 것」을 한자로 「참을 인(忍)」이라 한다. 그 글자는 「마음 심(心)과 칼날 인(刃)의 두 글자를 합한 것이다.」 즉 감정이나 노기를 폭발시키면 자기의 마음도 다치고 상대의 마음도 상처를 입는다. 고로 참고 또 참아야 한다.

[29] 순간적 분을 참으면 백일의 근심을 면할 수 있다.

忍一時之忿 免百日之憂(인일시지분 면백일지우)

【참고 설명】 인(忍)

(1) 일시적인 분노나 격분을 참지 못하고 폭발시키고 남을 매도하거나 남과 싸움을 하면 서로 원한을 품게 되고, 심한 경우에는 인명을 살상하는 불상사까지 발생하게 된다.

(2) 「참을 인(忍)」은 「마음에 칼날을 대고 분을 참는다」는 뜻이다.

[30] 참고 또 참아야 하며, 삼가고 또 삼가

야 한다. 참지 않고 삼가지 않으면 작은 일을 크게 만든다.

得忍且忍 得戒且戒(득인차인 득계차계)
不忍不戒 小事成大(불인불계 소사성대)

【참고 설명】 참아야 한다

독한 성질이나 분통을 함부로 내지 말고 참고 또 참아야 한다. 대수롭지 않은 일을 가지고 분통을 터뜨리면 서로 싸우고 급기야는 큰 불상사를 초래할 수 있다.

[31-1] 어리석고 흐릿한 사람이 노하고 성을 내는 까닭은, 오직 사리에 통하지 못하기 때문이다. 마음의 불길을 돋아올리지 말고, 귓가의 바람같이 흘려라.

愚濁生嗔怒 皆因理不通(우탁생진노 개인리불통)
休添心上火 只作耳邊風(휴첨심상화 지작이변풍)

[31-2] 장점 단점은 누구에게나 있고, 더위와 추위는 어디에나 같다. 옳고 그름을 〈판단하는 마음은〉 실상이 없다. 그러므로 결국은 〈본체(本體)인〉 하늘을 기준으로 하게 마련이다.

長短家家有 炎涼處處同(장단가가유 염량처처동)
是非無相實 究竟摠成空(시비무상실 구경총성공)

【참고 설명】 우둔한 사람

우둔하고 마음이 탁하고 흐릿한 사람일수록 쉽사리 성과 화를 낸다. 사리에 밝게 통하지 못하기 때문이다. 그러므로 맞장구를 치면 안 된다. 불에 기름을 쏟는 격이다.

【참고 설명】 무적(無的) 본체(本體)

(1) 먼저 저속한 인간적 차원에서 보자. 사람들은 눈으로 보아야 있다고 한다. 사람은 저마다 장단점이 있고 생각이 다르다. 그래서 선악시비를 놓고 언쟁을 한다.

(2) 우주천지를 주재하고 자연만물을 생육화성(生育化成)하는 하늘의 도리는 눈에 보이지 않는다. 그러므로 「무적 본체」인 「천도」를 기준으로 선악시비를 가려야 한다.

(3) 그러나 사람은 자기의 눈과 욕심을 바탕으로 「좋다 나쁘다」하고 서로 싸운다. 「어리석고 혼탁한 자만이 성을 내고 분을 터뜨린다.(愚濁生嗔怒) 모두 어리석어 도리를 모르기 때문이다.(皆因理不通)」 고로 우매(愚昧)한 자와 싸우면 안 된다. 「마음의 불길을 돋아올리지 말고(休添心上火) 귓가의 바람같이 지나치게 하라.(只作耳邊風)」

(4) 그렇다고 그를 경멸하거나 무시하는 태도를 노골적으로 내보이면 안 된다. 그러면 그는 더욱 화를 낼 것이다. 상대가 누그러지거나, 감정이 진정된 다음에 진정으로 그를 달래고 타일러 스스로 깨닫게 하는 것이 좋다.

[32-1] 자장이 떠나고자 공자에게 하직 인사를 올리고 아뢰었다. 「한말씀 내려주시면 수신의 미덕으로 삼겠습니다.」
〈* 한문 원문 생략〉

[32-2] 공자가 말했다. 「백행의 근본은 참음을 으뜸으로 친다.」 자장이 말했다. 「어떻게 참아야 합니까.」
〈* 한문 원문 생략〉

[32-3] 〈공자의 말〉 「천자가 참으면 나라에 해가 없다. 제후가 참으면 세력이 크게 된다. 관리가 참으면 지위가 높아진다. 형제가 참으면 집안이 부귀해진다. 부부가 참으면 평생을 해로하게 된다. 붕우가 참으면 명성을 잃지 않는다. 자신이 참으면 재앙이 없게 된다.」
天子忍之 國無害(천자인지 국무해)
諸侯忍之 成其大(제후인지 성기대)
官吏忍之 進其位(관리인지 진기위)
兄弟忍之 家富貴(형제인지 가부귀)
夫妻忍之 終其世(부처인지 종기세)
朋友忍之 名不廢(붕우인지 명불폐)
自身忍之 無禍害(자신인지 무화해)

[32-4] 〈자장이 또〉「안 참으면 어떻게 됩니까.」〈하고 묻자 공자가 다음같이 말했다.〉

「천자가 참지 않으면 나라가 텅 비게 된다. 제후가 참지 않으면 자신의 몸까지 잃게 된다. 관리가 참지 않으면 형법에 걸려 죽게 된다. 형제가 참지 않으면 제각기 흩어져 살게 된다. 부부가 참지 않으면 자식들을 고아로 만들게 된다. 붕우가 참지 않으면 우정과 의리가 소원해진다. 자신이 참지 않으면 화(禍)를 면치 못하게 된다.」

天子不忍 國空虛(천자불인 국공허)
諸侯不忍 喪其軀(제후불인 상기구)
官吏不忍 刑法誅(관리불인 형법주)
兄弟不忍 各分居(형제불인 각분거)
夫妻不忍 令子孤(부처불인 영자고)
朋友不忍 情意疎(붕우불인 정의소)
自身不忍 患不除(자신불인 환부제)

【참고 설명】 참아야 한다

(1) 공자(孔子)가 제자 자장(子張)에게 말했다.「수신의 근본은 인(忍)이다.(修身之本 忍也)」「백행의 근본은 인(忍)을 최고로 삼아야 한다.(百行之本 忍之爲上)」

(2) 말을 들은 자장이 말했다.「참으로 좋은 말입니다.

참기는 어렵지만, 사람이 아니면 안 참을 것이며, 안 참으면 사람이 아닐 것입니다.(善哉善哉 難忍難忍 非人不忍 不忍非人)」

(3) 인(忍)은 「사사로운 욕심과 과격한 감정 표현을 억제하라는 뜻이다.」 그리고 「인의 공덕」을 열거했다.

(4) 대아(大我)를 위해 소아(小我)를 극복해야 한다. 그러기 위해서는 각자가 동물적·이기적 탐욕을 억제하고 원색적 감정폭발을 눌러야 한다.

(5) 혼자만 잘살려는 사람이 소인이다. 모든 사람과 함께 잘사는 사람이 대인이다. 대인이라야 공동체를 구성할 수 있다. <* 오늘의 세계는 소인들이 날뛰는 세계이다.>

[33] 자신을 굽히는 사람이라야 중대사를 처리할 수 있다.

이기기를 좋아하는 사람은 반드시 적을 만나게 될 것이다.

屈己者 能處重(굴기자 능처중)
好勝者 必遇敵(호승자 필우적)

【참고 설명】 대아(大我)와 굴기(屈己)

(1) 「자기를 굽힘」은 굴종(屈從)과 다르다. 자기만의 편견, 아집, 탐욕을 버리고, 대의명분을 밝히고 또 소아(小我)보다 대아(大我)를 높인다는 뜻이다.

(2) 그래야 큰일을 한다. 좁은 식견이나 고집만을 부리

면 다른 고집쟁이와 맞부닥뜨리고 싸우게 마련이다.

(3) 심성을 수양하고 인격이 높은 사람은 대의(大義)를 위해 살신성인(殺身成仁)한다.

[34] 악인이 선인에게 욕을 하고 대들어도 선인은 전연 대꾸하지 마라.

대꾸하지 않는 사람의 마음은 맑고 한가하지만, 욕하는 자의 입은 뜨겁게 끓어오른다. 마치 사람이 하늘을 보고 침을 뱉는 격으로 〈욕이나 침은〉 도로 제 몸에 떨어진다.

惡人罵善人 善人摠不對(악인매선인 선인총부대)
不對心淸閑 罵者口熱沸(부대심청한 매자구열비)
正如人唾天 還從己身墜(정여인타천 환종기신추)

【참고 설명】 하늘에 침을 뱉는 격

하늘에 대고 침을 뱉으면 그 침이 다시 제 몸에 떨어진다. 남에게 욕을 하면 자기에게로 욕이 되돌아온다. 뿐만이 아니다. 서로 다투거나 싸우게 된다.

[35] 내가 만약에 남에게 욕을 먹더라도 귀먹은 체하고 따지려 들지 마라.

비유하면 불이 공중에서 타는 것과 같으니라. 끄지 않아도 저절로 꺼지게 마련이다.

나의 마음은 텅 빈 하늘과 같거늘 상대가

공연히 입술과 혀를 놀리는 것이다.

我若被人罵 佯聾不分說(아약피인매 양롱불분설)
譬如火燒空 不救自然滅(비여화소공 불구자연멸)
我心等虛空 摠爾飜脣舌(아심등허공 총이번순설)

【참고 설명】 욕하는 자는 상대하지 마라

(1) 욕하는 자를 상대하지 마라. 상대가 불같이 화를 내고 덤벼들어도 맞장구를 하지 마라.

(2) 말싸움이나 주먹 싸움이나 악독한 사람이 이기게 마련이다. 착한 사람이나 군자는 안 싸운다.

[36] 모든 일에 인정을 남겨두면 후일에 서로 좋은 낯으로 보게 된다.

凡事留人情 後來好相見(범사류인정 후래호상견)

【참고 설명】 정(情)의 단계

(1) 인격적 단계에 따라 정(情)도 다르게 된다.

(2) 도심(道心)을 바탕으로 한 성현(聖賢)이나 대인(大人) 혹은 군자(君子)의 정(情)은 곧 「인정(仁情)」이다.

(3) 「도심」을 모르면서도 타고난 기질이 착한 사람이 있다. 그와 같은 착한 사람이나 속인들의 정(情)은 곧 「온정(溫情), 동정(同情)」이다.

(4) 그와는 반대로 냉혹한 사람이나 이기적 욕심이 넘치는 자는 「냉정(冷情)하거나 무정(無情)」하게 마련이다.

【참고 설명】 원한(怨恨)을 맺지 마라

(1) 옛 판본 「계선편(繼善篇)」에 있다. 「남에게 은혜와 의리를 넓게 베풀어라.(恩義廣施)」

(2) 「살아 있으니 어디서 서로 만나지 않겠는가.(人生何處 不相逢)」

(3) 「남에게 원수와 원한을 맺게 하지 마라. 좁은 길에서 마주치면 피하기 어렵다.(讐怨莫結 路逢狹處 難回避)」

제4장 근학(勤學) 훈자(訓子)의 명언 명구

[설명] 「제4장」은 「옛 판본 제9 근학편(勤學篇)과 제10 훈자편(訓子篇)」을 통합한 것이다.

【참고 설명】 근학(勤學)의 깊은 뜻

(1) 인간은 육신을 바탕으로 동물적 삶을 산다. 그러나 인간은 만물의 영장(靈長)이다. 높은 정신적 · 윤리 도덕적 삶을 살아야 한다. 그러기 위해서는 배우고 깨닫고 또 실천적 훈련을 쌓아야 한다. 이를 「근학역행(勤學力行), 심성함양(心性涵養) 및 인격수양(人格修養)」이라고 한다.

(2) 바꾸어 말하면 동물적 생존을 넘어서 인간다운 삶을 영위하기 위해서는 학문이나 문화를 바탕으로 영적 · 정신적으로 높은 삶을 살아야 한다.

(3) 그래야 나와 남이 함께 사는 공동체에서 모든 사람이 공생(共生)한다. 아울러 인류의 역사 문화를 계승 발전시킬 수 있다. 그래야 사람의 존엄성을 찾을 수 있다.

(4) 사람에게 몸과 정신이 있듯이 인류의 문화도 외형적 물질문화와 내면적 정신문화가 있다. 따라서 이 둘을 잘 조화해야 한다. 특히 물질보다 정신가치를 높여야 한다. 그런데 많은 사람들이 정신가치를 소외하고 다만 물질가치만을 높임으로써 여러 폐단이 발생하고 있다.

(5) 정신문화 속에는 가정에서의 효도 및 사회에서의 윤

리 도덕의 실천이 포함된다. 이를 바르게 알고 실천하기 위해서는 잘 배우고 훈련을 해야 한다. 공자는 말했다. 「배워서 알고 때에 맞춰 실습하고 몸에 익히니 즐겁지 않으냐.(學而時習之 不亦說乎)」

(6) 인간의 존엄성을 높이고 인류를 빛나게 하는 것이 바로 학문이며, 그 학문은 많은 사람들의 총명과 노력의 결정(結晶)이다. 우리도 더욱 새롭고 가치가 높은 학문과 문화를 창출하여 후세에 물려주어야 한다.

(7) 한편 외형적 물질생활보다 더 귀중하고 차원이 높은 것이 바로 인간의 정신적 도의생활이다. 그러므로 우리는 물질생활을 발전시키는 과학기술을 배우고 익힘과 아울러 도의생활을 높이는 윤리 도덕을 중시하고 실천해야 한다.

[1] 넓게 배우고 뜻을 독실하게 세워야 한다. 나를 중심하고 절실하게 묻고 〈내가 행할〉 가까운 일부터 깊이 생각하고 행동해야 한다.

그러면 인(仁)이 바로 그 속에 있다. 〈인도(仁道)를 터득하고 인덕(仁德)을 세울 수 있다.〉

博學而篤志 切問而近思(박학이독지 절문이근사)
仁在其中矣(인재기중의)

【참고 설명】 박학, 독지, 절문, 근사

(1) 「박학(博學)」은 넓게 배우고 식견을 넓게 함이다.

「넓게 배운다 함」은 곧 「우주 천지의 도리, 자연 만물의 도리, 인류 세계 및 역사 문화 발전의 현상과 도리」를 다 포함한다. 특히 「물질세계와 정신세계」를 겸해야 한다.

(2) 「독지(篤志)」는 뜻을 독실하게 세우고 행함이다. 「절대선의 천도」를 기준으로 뜻을 세우고 실천해야 한다.

(3) 「절문(切問)」은 「절실하게 묻고 행한다」는 뜻이다. 즉 나 자신이 어떻게 해야 하나를 알고 행동해야 한다. 사람이면서 동물같이 살면 안 된다. 이들은 반드시 효도를 따르고 실천해야 한다. 학생이면서 술 마시고 놀기만 하면 안 된다.

(4) 「근사(近思)」는 「나 자신의 신분과 처지를 생각하고 내가 행할 바를 스스로 안다」는 뜻이다.

【참고 설명】 속에 인(仁)이 있다

「인이 속에 있다(仁在其中矣)」고 함은 곧 「박학(博學), 독지(篤志), 절문(切問), 근사(近思)」하면 「인도를 알고 실천해서 인덕을 세운다」는 뜻이다.

[2] 사람이 배우지 않고 〈살려는 것은〉 흡사 신선의 도술이 없는 사람이 하늘에 오르려는 것과 같다. 배워서 지식이 원대하게 되면 흡사 구름을 헤치고 푸른 하늘을 보고, 또 높은 산에 올라 사해를 내려다보는 것과 같다.

人之不學(인지불학)

如登天而無術(여등천이무술)
學而智遠(학이지원)
如披祥雲而覩青天(여피상운이도청천)
登高山而望四海(등고산이망사해)

【참고 설명】 배워야 밝게, 또 높게 본다

(1) 사람은 배워야 도리를 터득하고 지혜롭게 살 수 있다. 참 진리를 깨달으면 미망(迷妄)의 구름을 헤치고 진여(眞如)의 세계를 볼 수 있고, 또 지혜가 높으면 고산(高山)에 올라가 사방을 내려다보듯이 모든 것을 밝게 관조(觀照)할 수 있다.

(2) 사람은 개별적으로 태어나 산다. 즉 자기의 개별적 몸을 바탕으로 먹고 마시고 또 자기의 손발을 놀려 일을 한다. 그러나 동시에 가정 사회 및 국가의 모든 사람과 어울려 살게 마련이다. 그래서 윤리 도덕이 필요하다. 배워야 넓고 높은 경지를 알고 도덕적 삶을 살 수 있다.

[3] 옥돌도 다듬지 않으면 옥그릇이 되지 않는다. 사람도 배우지 않으면 도의를 알지 못한다.

玉不琢 不成器(옥불탁 불성기)
人不學 不知義(인불학 부지의)

【참고 설명】 학(學)의 깊은 뜻

(1) 「배울 학(學)」은 「하늘의 도리를 배워서 깨닫고

〔覺〕, 알고〔知〕, 본받고〔效〕 또 행(行)한다는 뜻」을 다 포함한다.

(2) 배워서 효도(孝道)를 바탕으로 인정덕치(仁政德治)를 하는 데 참여해야 진정한 지식인이다.

(3) 기술을 배우고 익히는 일도 중요하다. 그러나 더 중요한 것은 효도 윤리 도덕을 실천하는 일이다.

[4] 사람으로 태어나 살면서 〈효도 윤리 도덕을〉 배우지 않으면 흡사 어두운 밤길을 가는 것과 같다.

人生不學 如冥冥夜行(인생불학 여명명야행)

【참고 설명】 윤리 도덕을 배워야 한다

동물적 삶만 살면 안 된다. 정신적·도덕적 삶을 살아야 한다. 어려서부터 효도 윤리 도덕을 배우고 몸에 익혀야 한다. 배우지 않으면 참다운 삶의 도리와 바른 길을 모른다. 마치 암흑의 밤길을 헤매듯 맹목적인 삶을 살게 될 것이다. 즉 먹고 마시고 놀기만 하게 될 것이다.

[5] 사람이 고금에 통하지 못하면 말이나 소에게 옷을 입혀 놓은 꼴이 된다.

人不通古今 馬牛而襟裾(인불통고금 마우이금거)

【참고 설명】 도리와 역사를 알아야 한다

인류는 문화를 창조하고 계승하면서 더욱 역사적으로 발

전하고 있다. 오늘 우리가 누리고 있는 문화도 선인들이 남긴 귀중한 문화적 유산이다. 우리가 누리고 있는 자연과학 및 기계문명도 다 선인들이 남겨준 역사적 유산이다. 우리도 후손에게 빛나는 학문과 삶의 도리 및 역사와 문화를 계승 발전케 해야 한다.

[6-1] 집안이 가난하다고 학문을 폐해서는 안 된다. 집안이 부유하다고 학문을 태만히 하면 안 된다. 가난한 사람이 부지런히 배우면 입신출세할 것이다. 부유한 사람이 부지런히 배우면 이름을 빛내고 영달할 것이다.

家若貧 不可因貧而廢學(가약빈 불가인빈이폐학)
家若富 不可恃富而怠學(가약부 불가시부이태학)
貧若勤學 可以立身(빈약근학 가이립신)
富若勤學 名乃光榮(부약근학 명내광영)

[6-2] 배운 사람만이 사회에 나타나고 또 성공한다. 배우고 덕을 이루지 못한 예는 없다.

惟見學者顯達(유견학자현달)
不見學者無成(불견학자무성)

[6-3] 학문은 나에게 보배가 된다. 학문은 세상에서 귀하게 여긴다. 그러므로 배우면 군자이고 안 배우면 소인이다. 후세의 사람도 저마다 힘써 배워야 한다.

學者乃身之寶(학자내신지보)
學者乃世之珍(학자내세지진)
是故學則乃爲君子(시고학즉내위군자)
不學則爲小人(불학즉위소인)
後之學者宜各勉之(후지학자의각면지)

【참고 설명】 누구나 배워야 한다

(1) 개인이나 국가가 발전하기 위해서는 학문이 필요하다. 학문을 바탕으로 과학 기술도 발달하고 사회의 윤리 도덕도 향상되고 또 국가도 부강(富强)하게 된다.

(2) 단 학문이나 과학 기술이 선용되어야 한다. 그러기 위해서는 모든 사람이 대아(大我)에 사는 군자가 되어야 한다. 지식을 악용하는 소인이 되면 안 된다.

[7] 배운 사람은 쌀벼와 같다. 안 배운 자는 덤불쑥 같다. 쌀은 나라의 좋은 양식이 되고 세상에서 귀중하게 여기는 곡식이다. 덤불쑥은 밭의 농부도 싫어하고 가래질 하는 사람도 귀찮게 여긴다. 후일에 담을 마주한 듯이 답답해하며 뉘우쳐도 이미 늙어 배우지 못한다.

學者如禾如稻(학자여화여도)
不學者如蒿如草(불학자여호여초)
如禾如稻兮(여화여도혜)
國之精糧世之大寶(국지정량세지대보)
如蒿如草兮(여호여초혜)

耕者憎嫌鋤者煩惱(경자증혐서자번뇌)
他日面墻 悔之已老(타일면장 회지이로)

【참고 설명】 배워야 귀중하게 된다

(1) 배운 사람을 귀중한 벼에 비유했고, 안 배운 사람을 농부조차 싫어하는 덤불쑥에 비유했다.

(2) 젊어서 잘 배워야 나라의 좋은 일꾼으로 쓰인다. 늙어서 후회한들 무슨 소용이 있겠는가.

[8] 학문은 못 따를 듯이 〈배워야 한다.〉 또 잃지나 않을까 겁을 내야 한다.

學如不及 惟恐失之(학여불급 유공실지)

【참고 설명】 교학(教學)을 앞세워야 한다

(1) 때에 맞춰 음식을 들어야 한다. 그래야 건강을 유지하고 활동도 한다. 남자와 여자도 때가 되면 결혼하고 아들딸을 낳고 양육해야 한다. 그래야 역사를 계승 발전할 수 있다.

(2) 사람은 만물의 영장(靈長)이다. 다른 동물과는 차원이 다르게 지인용(智仁勇)을 갖추어야 한다. 그러기 위해서는 항상 배워야 한다. 예기(禮記)에 있다.「옛날의 임금이 나라를 세우고 백성을 다스릴 때에는 가르침과 배움을 가장 앞세웠다.(古之王者 建國君民 教學爲先)」

【참고 설명】 학문과 역사 문화 발전

(1) 개체(個體)를 보전(保全)하기 위해서는「먹고 마셔

야〔食飮〕」 한다. 또 종족(種族)을 번성(繁盛)시키기 위해서는 「짝짓기〔偶配〕」를 해야 한다. 그러므로 맹자(孟子)는 「먹음과 짝짓기는 인간의 본성이다.(食色 性也)」라고 했다. 그러나 인간의 「먹고 마심과 짝짓기」는 원시적 차원이 아니다. 역사와 문화를 계승하고 발전케 하는 높은 차원이라야 한다.

(2) 그래서 사람은 넓게 배워야 한다. 넓게 배운다는 뜻은 곧 다음 같은 뜻을 말한 것이다. 우주 천지 자연 만물의 현상과 도리를 넓게 또 세밀하게 탐구하고 활용해야 한다. 그래야 자연과학 및 기계 물질문명을 더욱 발전시킬 수 있다.

(3) 사람은 「개별적·외형적·육체적 삶」만을 살지 않는다. 「내면적·정신적·도덕적 삶」을 살아야 한다. 그러므로 정신적으로 깊이 생각하고 깊은 삶을 살아야 한다.

(4) 사람은 혼자 살다가 혼자 죽으면 끝나는 허무하고 무가치적(無價值的) 존재가 아니다.

(5) 사람은 가정적으로는 부모에 의해서 출생 양육되고 형제자매와 함께 자란다. 사회적으로는 친구 및 이웃 사람들과 함께 어울려 놀고 배우며 성장한다. 이웃사람들과 상부상조하면서 살아야 한다. 국가적으로는 임금을 중심으로 하나가 되고, 또 각자가 저마다의 능력을 발휘하여 국가 발전에 기여해야 한다. 집안에서도 「조부-부모-자식-손자」로 이어가면서 「계승발전(繼承發展)」해야 한다.

【참고 설명】 삼강(三綱)과 오륜(五倫)

(1) 도리를 알고 실천하기 위해서는 어려서부터 부지런히 배우고 실천해야 한다. 즉 삼강(三綱) 오륜(五倫)이다. 나누어 설명하겠다.

(2) 삼강(三綱) : 군위신강(君爲臣綱), 부위자강(父爲子綱), 부위부강(夫爲婦綱)

(3) 오륜(五倫) : 부자유친(父子有親), 군신유의(君臣有義), 부부유별(夫婦有別), 장유유서(長幼有序), 붕우유신(朋友有信)

【참고 설명】 서로 지켜야 한다

(1) 천도 윤리 도덕을 상하좌우(上下左右) 모든 사람이 쌍무적(雙務的)으로 따르고 실천해야 한다.

부자자효(父慈子孝), 형애제경(兄愛弟敬),
부화부순(夫和婦順), 군례신충(君禮臣忠),
붕우보인(朋友輔仁)

(2) 특히 정신이나 도덕을 높여야 사랑과 평화가 넘치는 공동체를 형성할 수 있다. 그래서 성현(聖賢)이 고대부터 윤리 도덕의 교육을 강조했던 것이다.

【참고 설명】 훈자(訓子)의 뜻

(1) 가정은 물론 국가와 세계도 역사적으로 대를 이어가면서 문화적·창조적으로 발전하게 마련이다. 고로 뒤를 이을 자식이나 후대를 잘 가르쳐야 한다.

(2) 역사적 계승 발전은 외형적 물질문명만이 아니다. 더 중요한 것이 곧 정신적 도덕성이다. 그러나 오늘의 세계에는 문제가 많다. 이기적 욕심을 바탕으로 재물과 무력을 악용하고 있다. 또 감각적 쾌락만을 채우기 위해 마시고 놀고 뛰기만 한다.

(3) 교육은 학교에서만 하는 것이 아니다. 가정에서는 자녀에 대한 효도(孝道) 교육을 강조해야 한다. 국가적으로도 윤리 도덕 교육을 강조해야 한다. 그래야 세계인류가 위기를 극복하고 진정한 평화세계를 건설할 수 있다.

[9] 빈객이 찾아오지 않으면 그 집안이 비천하고 저속하게 된다.

시경 서경 같은 학문을 가르치지 않으면 자손이 우매하게 된다.

賓客不來 門戶俗(빈객불래 문호속)
詩書無敎 子孫愚(시서무교 자손우)

【참고 설명】 안 가르치면 우매하게 된다

어른이 학문과 덕행이 높아야 고귀한 손님이 내왕하고 따라서 그 집안도 고귀하게 된다. 그와 마찬가지로 사람은 잘 배우고 남에게 덕을 베풀어야 한다. 옛날에는 외형적인 물질문화보다 내면적인 정신문화를 높였다. 즉 돈보다 인격 수양이나 덕행 실천을 중시했다.

[10] 작은 일도 안하면 이루어지지 않는다. 현

명한 자식도 안 가르치면 밝게 알지 못한다.

事雖小 不作不成(사수소 부작불성)

子雖賢 不敎不明(자수현 불교불명)

[11] 황금이 궤 속에 가득 차 있어도 자식에게 한 권의 경서를 가르치는 것만 못하다.

자식에게 천금을 주는 것보다 한 가지 기능을 가르쳐 주는 편이 낫다.

黃金萬籯 不如教子一經(황금만영 불여교자일경)

賜子千金 不如教子一藝(사자천금 불여교자일예)

【참고 설명】 학문이나 기술이 가치가 있다

(1) 오늘의 사람들은 돈만 안다. 그래서 모든 사람들이 돈만을 알고 「이기심 욕심(利己的 慾心)」을 채우려고 한다. 특히 국가 정치가 돈과 무력을 바탕으로 한 부국강병(富國强兵)만을 강조하고 있다. 그래서 학교 교육도 윤리도덕을 무시하고 과학과 물질 생산에 관한 교육만을 강조하고 있다.

(2) 「삶의 가치」는 「윤리 도덕을 높이고 역사와 문화 발전에 선가치적으로 공헌함에 두어야 한다.」

[12] 책 읽는 것보다 더 즐거운 일이 없다. 자식 교육보다 더 긴요한 일이 없다.

至樂莫如讀書(지락막여독서)

至要莫如教子(지요막여교자)

【참고 설명】 독서와 자식 교육

정신과 인격을 높이는 독서가 가장 즐겁다. 개인이나 국가적으로 가장 긴요한 것이 교육과 기술 발전이다. 중요한 것이 「효도 윤리 도덕 교육」이다. 「효도 윤리 도덕 교육」을 안하면 「돈이나 기술」을 악용할 우려가 있다.

[13] 집안에서 어진 부모의 가르침이 없고, 밖에서 엄한 스승이나 벗의 깨우침이 없이 능히 대성한 사람은 드물다.

內無賢父母 外無嚴師友(내무현부모 외무엄사우)
而能有成者鮮矣(이능유성자선의)

【참고 설명】 부모와 스승의 가르침

(1) 여기서 말하는 교육은 주로 효도 및 윤리 도덕 교육을 말한다. 효도 윤리 도덕 교육은 어려서부터 실천적으로 몸에 익숙하게 해야 한다.

(2) 그러므로 가정에서 부모는 자식에게 엄격하게 효도와 형제간에 우애를 실천적으로 훈육해야 한다. 한편 사회적으로는 스승이 엄하게 훈도하고, 또 붕우가 서로 학문과 덕행을 권장하고 서로 권선징악(勸善懲惡)해야 한다. 그래야 사회적으로나 국가적으로나 윤리 도덕이 실천되고 개인적으로도 훌륭한 인격자가 될 수 있다.

[14] 남자가 교육을 제대로 받지 못하면 자

라서 완악하고 어리석은 사람이 된다. 여자가 교육을 제대로 받지 못하면 자라서 추악하고 거친 사람이 된다.

男子失教 長必頑愚(남자실교 장필완우)
女子失教 長必麤疎(여자실교 장필추소)

【참고 설명】 남녀와 도덕 교육

도덕 교육은 남녀가 다같이 높여야 한다. 어려서부터 효도 윤리 도덕 교육을 받고 또 실천을 해야 사람다운 사람이 된다. 즉 학덕(學德)을 겸한 착한 사람이 될 수 있다. 윤리 도덕 교육을 안 받으면 악덕한 사람이 된다. 남자의 경우는 남을 속이거나 주먹으로 치고 남의 재물을 탈취하는 수가 있다. 여자의 경우는 성적으로 남자를 유혹하고 함께 타락하는 수가 있다.

[15-1] 남자는 성장해도 유흥과 음주에 빠지지 않게 해야 한다.

여자는 나이 들면 밖으로 놀러 다니지 않게 해야 한다.

男子長大 莫習樂酒(남자장대 막습락주)
女年長大 莫令遊走(여년장대 막령유주)

[15-2] 엄한 아버지 밑에서 효자가 나오고, 엄한 어머니 밑에서 효녀가 나온다. 아이를 사랑하거든 매를 많이 치거라. 아이를 미워

하거든 밥을 많이 주어라. 남들은 주옥을 좋아하지만, 나는 자손이 현명하고 착하기를 바란다.

嚴父出孝子 嚴母出孝女(엄부출효자 엄모출효녀)
憐兒多與棒 憎兒多與食(연아다여봉 증아다여식)
人皆愛珠玉 我愛子孫賢(인개애주옥 아애자손현)

【참고 설명】 놀기만 하면 안 된다

(1) 육체적 · 감각적 쾌락보다 정신적 · 도덕적 공부와 수양을 중시해야 한다. 그래야 사회적으로 유용한 인간이 된다.

(2) 그러나 서양의 풍조를 따라 여자와 남자가 먹고 마시고 놀고 뛰기만 하려고 한다. 그래서 타락하는 것이다.

【참고 설명】 부모의 참사랑

(1) 자녀들을 엄하게 키워야 한다. 유흥이나 향락에 빠지지 못하게 단속하고, 아울러 고된 훈련과 학습을 가해서 현명하고 독실한 인간이 되도록 키워야 한다.

(2) 과잉보호는 자식을 망친다. 맹자의 어머니가 자식 교육을 위해 집을 세 번이나 이사했다는 맹모삼천(孟母三遷)의 고사가 있다. 처음에는 교외 무덤 근처에 살았다. 그러자 어린 맹자가 장사 지내는 놀이를 했다. 다음에 장터 가까이 살자 장사꾼 흉내를 내므로 또 옮겼다. 세 번째로 학교 근처에 이사를 하자 어린 맹자가 글을 배우고 예의범

절을 익히더라는 이야기다.

(3) 자식의 양육과 인격 수양에는 환경이 지대한 영향을 준다. 따라서 부모는 자식들에게 세심한 주의를 기울여야 한다. 이 장(章)의 명언 명구는 자녀 교육에 대한 가르침이 많다. 그 내용이나 정신은 현대 사회에도 통할 수 있다. 특히 오늘의 인류는 병폐(病弊)에 빠져 있다. 「과학, 기술, 물질, 무력」 등을 중시하는 것은 좋다. 그러나 비도덕적으로 악용하는 것은 나쁘다.

제5장 성심(省心)의 명언 명구

[설명] 옛 책 「제11 성심편(省心篇) 상, 제12 성심편 하」를 합해서 「제5장 성심(省心)」이라 했다. 그러나 항목이 너무 많고 또 내용이 복잡하여 나누기에도 불편했다.

【참고 설명】 이 장에 있는 많은 항목

(1) 약 90개의 구절이 있다. 그러나 그 내용이 복잡하여 전체의 특색을 요약할 수 없다. 대략 다음같이 추리겠다.

(2) 외형적인 물질가치보다 내면적 정신가치를 높여야 한다. 재물이나 세속적 명리를 쟁취하기에 앞서 하늘의 도리와 충(忠)과 효(孝)를 높이고 실천해야 한다.

(3) 사람의 마음은 알기 어렵다. 그러나 내가 먼저 남을 믿고 사랑하고, 남을 미워하거나 투기하지 않으면 남도 나에게 잘 대해 줄 것이다.

(4) 남에게 겸손하고 겸양하는 마음으로 부귀권세를 누려야 한다. 그래야 복을 오래 간직한다.

(5) 부지런히 일하고 절약해서 가정살림을 풍족하게 유지해야 한다. 심하게 궁핍하거나 인색하면 인정도 메마르고 남과의 사이도 멀어진다. 그러므로 자신의 삶을 위해서나 남과의 사귐에 있어서나 어느 정도의 물질적 여유를 가질 수 있어야 한다.

(6) 하늘은 세상에 녹(祿)없는 사람을 태어나게 하지 않

았다. 누구나 근면하면 작은 부자가 될 수 있다. 간교한 짓을 하지 마라. 하늘은 감시하고 또 악을 용서하지 않는다. 하늘과 천도를 따라 맑고 한가로운 마음으로 사는 사람이 바로 신선이다.

[1] 보물이나 화폐는 쓰면 다 없어진다. 충효(忠孝) 덕택으로 받고 누리는 복은 끝이 없다.

寶貨用之有盡(보화용지유진)
忠孝享之無盡(충효향지무진)

【참고 설명】 끝없는 복을 받는다

돈이나 보물은 쓰면 다 없어진다. 그러나 임금에게 충성(忠誠)하고 부모에게 효도(孝道)하면 나라가 흥성하고 집안이 번창한다. 천도를 바탕으로 충효를 실천하면 하늘이 상복(賞福)을 내린다. 뿐만이 아니다. 그 공덕(功德)은 국가적으로 복락(福樂)이 된다.

[2] 집안이 화목하면 가난해도 좋다. 그러나 바르지 않으면 부한들 무슨 소용이 있느냐. 집안에는 효자가 한 명만 있어도 족하다. 자손이 많을 필요가 있겠느냐.

家和貧也好 不義富如何(가화빈야호 불의부여하)
但存一孝子 何用子孫多(단존일효자 하용자손다)

【참고 설명】 가난해도 화목해야 한다

(1) 악덕한 세상에서는 악덕한 사람들이 돈을 잘 번다. 그런 사람의 가정은 돈이 많아도 불의, 불화하게 마련이다.

(2) 악한 가정에 악한 자식이 많으면 집은 더욱 악하게 된다. 착하게 효도하는 자식이 있어야 미래가 좋아진다.

[3] 아버지가 마음근심 안함은 아들이 효도하기 때문이다. 남편이 번뇌하지 않음은 아내가 현명하기 때문이다. 말이 많고 실수하는 것은 술 때문이다. 의가 끊어지고 친분이 멀어짐은 돈 때문이니라.

父不憂心 因子孝(부불우심 인자효)
夫無煩惱 是妻賢(부무번뇌 시처현)
言多語失 皆因酒(언다어실 개인주)
義斷親疎 只爲錢(의단친소 지위전)

【참고 설명】 윤리 도덕을 높여야 한다

부모에게 걱정을 끼치지 않는 것이 효도다. 자식 된 사람은 가정에서 부모를 정성으로 섬기고, 형제간에 우애하고, 사회에 나가서는 도를 따라 바르게 살고, 또 공을 세워야 한다. 아내가 현명하게 자녀를 양육하고 독실하게 살림을 해야 남편이 걱정없이 사회활동을 한다. 적극적으로는 충효를 하라. 소극적으로는 참고 견디어야 한다.

[4] 도에서 벗어난 쾌락을 취하면 의당히 예측하지 않았던 후환이나 재난에 대비해야 한다.

旣取非常樂 須防不測憂(기취비상락 수방불측우)

【참고 설명】 우환에 대비해야 한다

(1) 주색잡기 같은 쾌락에 빠지면 패가망신한다. 특히 청소년 시절에는 학업과 효도 및 윤리 도덕 실천에 정진(精進)해야 한다. 그래야 장래가 밝다.

(2) 젊어서 놀기만 하면 훌륭한 사람이 되지 못한다. 낙오자가 될 뿐만 아니라 범죄를 저지를 가능성이 크다. 그러므로 미리 걱정하고 대비해야 한다.

[5] 총애를 받고 호강할 때에 미리 욕이 돌아올 것을 생각하고, 편안하게 살 때에 위난에 빠질 일을 미리 염려해야 한다.

得寵思辱 居安慮危(득총사욕 거안려위)

【참고 설명】 미리 걱정해라

(1) 부모 덕택으로 안락해도 앞날의 어려움에 대처하는 슬기를 가져야 한다. 속세에서 일시적으로 얻은 부귀영화는 덧없는 것이다.

(2) 나의 인생을 스스로 바르고 착하고 의롭게 살아야 한다. 그러므로 젊어서 학식(學識)과 덕행(德行)을 수양해야 한다.

[6] 속세에서 누리는 영화가 가벼워야 장차 닥쳐올 욕도 적을 것이다. 이득이 크고 무거우면 장차 닥쳐올 해도 심각하고 클 것이다.

榮輕辱淺 利重害深(영경욕천 이중해심)

【참고 설명】 세속적 영화나 이득

여기서 말하는 속세는 곧 비도덕적 세상을 말한다. 악덕한 사람이 다스리고, 간악(奸惡)하고 음흉(陰凶)한 자들이 잘사는 세상을 말한다. 그런 세상에서는 학덕(學德)을 겸한 군자(君子)는 의식적으로 악덕한 영화나 이득을 멀리한다. 일반적으로 착한 사람이 속세에서 가벼운 영화를 누린다 해도 뒤따를 오욕은 가벼울 것이다. 그러나 수작을 부리고 악덕하게 이득을 얻으면 천벌이 클 것이다.

[7] 큰 사랑에는 반드시 큰 소모가 따른다. 큰 칭찬에는 반드시 큰 훼방이 따른다. 크게 기뻐하면 반드시 크게 근심하게 된다. 크게 부정한 재물을 취하면 반드시 크게 잃게 된다.

甚愛必甚費 甚譽必甚毁(심애필심비 심예필심훼)
甚喜必甚憂 甚贓必甚亡(심희필심우 심장필심망)

【참고 설명】 감정 표현

(1) 여기서 말하는 「희노애락(喜怒哀樂)」은 「세속적 · 표면적 · 감정적」이다. 「하늘이 내려준 본성적(本性的) 희

노애락」은 도를 따라 적절하게 나타난다.

(2) 그러나 속세의 악덕한 사람들은 감정을 지나치게 과장한다. 그래서 부작용이 따른다.

[8] 높은 언덕을 보지 않으면 어찌 굴러 떨어질 위험을 알겠느냐. 깊은 못에 가지 않으면 어찌 빠져 죽을 위험을 느끼겠느냐. 큰 바다를 보지 않으면 어찌 풍랑의 위험을 알겠느냐.

不觀高崖 何以知顚墜之患(불관고애 하이지전추지환)
不臨深淵 何以知沒溺之患(불림심연 하이지몰닉지환)
不觀巨海 何以知風波之患(불관거해 하이지풍파지환)

【참고 설명】 위험에 가까이 가지 마라

어려움이나 위험도 자신의 체험을 통해서 실감할 수 있다. 기왕의 체험을 살려서 다시는 끔찍한 위험이나 위난에 부닥뜨리지 않게 미리 경계하고 대비해야 한다.

[9] 미래의 일을 알려거든 먼저 과거에 있었던 일을 살펴야 한다.

欲知未來 先察已然(욕지미래 선찰이연)

【참고 설명】 과거 · 현재 · 미래

(1) 모든 일은 원인이 있고 또 시간의 흐름을 타고 역사적으로 나타나게 마련이다. 과거를 바탕으로 현재가 있고,

현재를 바탕으로 미래가 꾸며진다. 역사의식을 가지고 전통을 존중하면서 밝은 미래를 창건해야 한다.

(2) 학문과 지혜는 다른 것이 아니다. 과거의 역사적 사실을 성현(聖賢)의 가르침을 통해 배우고 터득함이다.

[10] 밝은 거울은 같은 형상을 보게 하는 도구이다. 과거는 현재를 알게 하는 바탕이다.

明鏡所以察形(명경소이찰형)
往者所以知今(왕자소이지금)

【참고 설명】 거울과 역사

자기의 얼굴을 거울에 비춰보듯이 과거의 사실이나 역사를 통해 오늘을 알 수 있다. 과거가 오늘에 투영되고 있는 것이다. 특히 민족의 역사는 오늘에 생생하게 살아 있게 마련이다. 선역사(善歷史)를 잘 알고 따라야 한다.

[11] 과거사는 거울같이 밝게 알 수 있다. 그러나 미래의 일은 어둡기가 칠흑 같다.

過去事明如鏡(과거사명여경)
未來事暗似漆(미래사암사칠)

【참고 설명】 속세의 미래는 어둡다

앞에서는 과거를 알면 지금을 알 수 있다고 했다. 그러나 여기서는 미래가 칠흑처럼 어둡기만 하다고 했다. 서로 모순되는 말 같다. 그러나 천도를 따르면 미래사를 예측할 수 있고, 천도를 어기거나 이탈하면 앞일을 예측할 수 없다. 도를 안 따르는 사람의 마음이나 수작은 참으로 알 수 없다. 그래서 암흑 같다고 하는 것이다.

[12] 내일 아침의 일을 초저녁에 단정적으로 말할 수 없다. 초저녁에 일어날 일도 포시〈오후 4시경〉에 단정적으로 말할 수 없다.

明朝之事 薄暮不可必(명조지사 박모불가필)
薄暮之事 晡時不可必(박모지사 포시불가필)

【참고 설명】 천기(天機)는 알기 어렵다

역사를 통해 앞을 알아야 한다. 그러나 속인은 「천기(天機)」를 알 수 없다. 「천기」는 「우주의 이법(理法)」이다. 「공간과 시간을 통합한 도리」는 곧 「천도(天道)」이다.

[13] 하늘에는 예측할 수 없는 비바람이 몰아치고, 인간세계에는 아침저녁으로 재화(災禍) 혹은 길복(吉福)이 있게 마련이다.

天有不測風雨(천유불측풍우)
人有朝夕禍福(인유조석화복)

【참고 설명】 화(禍)나 복(福)도 하늘이 준다

(1) 인간사회의 화(禍)나 복(福)도 크게 보면 하늘의 오묘한 배려에 의해서 결정된다.

(2) 그러나 윤리 도덕을 모르는 우매한 사람은 동물적

삶만을 높이고 돈이나 재물만을 취하려고 한다. 심하면 남을 속이거나 죽이고 남의 재물을 탈취한다.

(3) 중국 전국시대에도 무력이 강한 강대국이 수심(獸心)을 바탕으로 작은 나라를 짓밟으면서 말로는 「잘살게 해주겠다」고 딴소리를 했다.

(4) 그래서 「화(禍)와 복(福)이 복잡하게 뒤엉킨 것이다.」 기준을 천도 윤리 도덕에 두어야 바르게 판단할 수 있다. 특히 악덕한 통치자는 거짓말을 잘한다.

[14] 죽어서 석 자 크기의 무덤에 돌아가기 전, 즉 살아서는 육신을 백년 간 보전하기 어렵다. 또 죽어 무덤에 돌아간 다음에도 무덤을 백년 보존하기 어렵다.

未歸三尺土 難保百年身(미귀삼척토 난보백년신)
已歸三尺土 難保百年墳(이귀삼척토 난보백년분)

【참고 설명】 정신만이 오래 간다

사람의 삶에는 정신적 삶과 육체적 삶이 있다. 정신이 육체의 주재자(主宰者)다. 그러나 사람의 삶의 결과나 공적은 육체적 기능이나 업적으로 나타나게 마련이다. 고로 착하고 바른 정신이 주재해야 한다. 육체는 오래 간직할 수 없다. 그러나 인간의 고결한 정신이나 빛나는 업적은 영원하다.

[15-1] 나무를 기르면 뿌리가 굳고 가지 잎

이 무성해지고, 또 기둥이나 대들보가 된다.

木有所養 則根本固(목유소양 즉근본고)
而枝葉茂 棟樑之材成(이지엽무 동량지재성)

[15-2] 물줄기도 잘 다스리면 샘의 수원이 세차게 솟아나고, 물줄기가 멀리 흐르고 또 흩어져서 관개의 이로움이 클 것이다.

水有所養 則泉源壯(수유소양 즉천원장)
而流派長 灌漑之利博(이류파장 관개지리박)

[15-3] 사람을 잘 키우면 뜻과 기상이 크고, 식견이 밝아져서 충성과 대의를 지키는 선비가 되어 출세할 것이다.

그러니 어찌 잘 키우지 않겠는가.

人有所養 則志氣大(인유소양 즉지기대)
而識見明 忠義之士出(이식견명 충의지사출)
可不養哉(가불양재)

【참고 설명】 나무와 물 및 학문

(1) 나무를 잘 키우면 뿌리가 굳고 또 가지와 잎이 무성하고 나중에는 좋은 재목이 된다.

(2) 물은 모든 생물의 생명의 근원이다. 물이 고갈되거나 오염되면 사람은 물론 식물 동물도 사멸한다.

(3) 사람도 잘 교육해야 훌륭한 인재가 된다. 지조가 굳고 식견이 높고 기상이 고매한 군자가 되어야 한다.

[16] 내가 남을 믿으면 남도 역시 나를 믿으므로 오(吳)와 월(越)도 형제가 될 수 있다. 내가 남을 의심하면 남도 역시 나를 의심하므로, 내 몸 이외의 모든 사람이 적이 되고 만다.

自信者人亦信之(자신자인역신지)
吳越皆兄弟(오월개형제)
自疑者人亦疑之(자의자인역의시)
身外皆敵國(신외개적국)

【참고 설명】 믿음과 의심

인간관계는 상대적이다. 내가 먼저 남을 사랑하고 믿고 잘 대해야 한다. 즉 추기급인(推己及人)이 인(仁)이다. 적극적 사랑이 충(忠), 용서하는 것이 서(恕)다.

[17] 남을 의심하면 쓰지 말고, 남을 쓰면 의심하지 마라.

疑人莫用 用人勿疑(의인막용 용인물의)

【참고 설명】 믿고 써라

서로 믿고 도우면 동지가 된다. 서로 의심하고 배신하면 모두가 원수가 된다. 서로 믿고 힘을 합해서 함께 잘사는 공동체를 건설해야 한다. 그것이 인도(仁道)다.

[18] 물 밑에는 물고기가 있고 하늘가에는 기

러기가 있다. 높은 새는 활로 쏘고 물속의 고기는 낚을 수 있다. 그러나 사람의 마음은 가까이 있어도 남의 마음을 헤아릴 수가 없다.

水底魚 天邊雁(수저어 천변안)
高可射兮 低可釣(고가사혜 저가조)
惟有人心 咫尺間(유유인심 지척간)
咫尺人心 不可料(지척인심 불가료)

【참고 설명】 마음을 알 수 없다

하늘의 새는 활로 쏘고 물속의 고기는 낚을 수 있다. 그러나 지척 앞에 있는 남의 마음은 알 수 없다. 즉 도를 따르는 마음이 아니다. 욕심의 마음을 알 수 없는 것이다.

[19] 호랑이를 그릴 때 가죽은 그리되 뼈는 그리기 어렵다. 사람을 알 때도 얼굴은 알되 마음을 알기 어렵다.

畵虎 畵皮 難畵骨(화호 화피 난화골)
知人 知面 不知心(지인 지면 부지심)

【참고 설명】 속마음은 알기 어렵다

호랑이의 겉모양은 그릴 수 있지만 속에 있는 뼈는 그릴 수 없다. 그러나 골격은 겉모양에 나타나 있다. 그와 마찬가지로 사람의 마음을 알기 어렵지만 행동으로 나타난다.

[20] 얼굴을 맞대고 이야기를 해도 서로의

마음은 천 개의 산만큼 격해 있다.
對面共話 心隔千山(대면공화 심격천산)

【참고 설명】 마음이 서로 다르다
(1) 얼굴을 맞대고 대화를 해도, 서로의 마음은 다르다.
(2) 심한 경우에는 가면을 쓰고 거짓된 마음으로 대화를 하는 수도 있다.

[21] 바다는 물이 마르면 바닥이 보이지만, 사람은 죽어도 그의 속마음을 알지 못한다.
海枯終見底 人死不知心(해고종견저 인사부지심)

【참고 설명】 죽어도 마음을 모른다
(1) 사람의 마음은 크게 둘로 나눌 수 있다. 서로 사랑하고 함께 잘살려는 정신적 도덕성이 있다. 반대로 남을 속이고, 남의 재물을 탈취하고, 나 혼자만 잘살려는 이기적 욕심이 있다.
(2) 그러나 사람은 현실적으로는 동물적 · 육체적 삶을 산다. 그러므로 대부분의 속인들은 「이기적 욕심」을 바탕으로 육체적 삶을 산다. 그러면서 「착하고 좋은 정신적 · 도덕적 마음」에 비하면 「이기적 욕심」이 바람직하지 못하다는 것을 안다. 그래서 마음을 숨긴다. 특히 간교한 사람은 철저하게 숨긴다.

[22] 사람의 힘으로는 운세를 내다볼 수 없고,

바다의 물을 말로 되질하고 헤아릴 수 없다.

凡人不可逆相(범인불가역상)
海水不可斗量(해수불가두량)

【참고 설명】 천기를 헤아리기 어렵다

(1) 범인(凡人)은 천기(天機)를 알기 어렵다. 천기는 하늘의 메커니즘이다. 하늘은 공간과 시간을 통합하고 만물을 생육화성(生育化成)하는 절대이다.

(2) 그 하늘의 도리와 기능을 합해서 천기라고 한다. 그와 같은 오묘한 도리와 조화를 평범한 사람들은 알지 못한다. 성현들만이 부분적으로 알고 말을 통해 표현할 뿐이다. 바다의 물을 말로써 측량할 수 없듯이 우주의 모든 현상을 미미한 인간의 좁은 식견이나 생각으로는 바르게 알 수 없다. 인간의 운세도 크게는 우주 천지의 운행과 관련이 있다. 그러므로 나라의 운세, 혹은 개인의 운명도 우주적 차원에서 헤아려 보아야 한다.

(3) 그러나 속인은 속 다르고 겉 다르기 때문에 알기 어렵다. 그러나 행동을 보면 마음의 좋고 나쁨을 알 수 있다. 착하게 행동하는 사람의 마음은 착하고, 나쁜 짓을 하는 사람의 마음은 나쁘다.

[23] 남에게 원한을 맺는 것은 재앙의 씨를 뿌리는 짓이라 하겠다. 선을 버리고 행하지 않음은 스스로를 해치는 짓이라 하겠다.

結怨於人 謂之種禍(결원어인 위지종화)
捨善不爲 謂之自賊(사선불위 위지자적)

【참고 설명】 스스로 화를 자초한다

(1) 남하고 원한을 맺으면 나중에 화를 입는다. 선한 일을 행하지 아니함은 자신을 학대함이다.

(2) 인간을 만물의 영장이라고 높이는 까닭은 숭고한 정신과 지능으로 천도를 깨닫고 윤리 도덕적으로 바르게 살고, 또 남을 사랑하고 역사 문화 발전에 선가치적(善價値的)으로 기여하기 때문이다.

[24] 만약에 한쪽 말만 듣는다면 친한 사이라도 갈라지게 된다.

若聽一面說 便見相離別(약청일면설 변견상리별)

【참고 설명】 한쪽에 치우치면 안 된다

한쪽 말만 듣고 남을 오해하면 안 된다. 특히 정치 사회에서는 공명정대(公明正大)해야 한다.

[25] 속세에서 배부르고 따뜻하게 살면 음욕이 생기기 쉽다. 굶주리고 추워야 도심이 생기게 마련이다.

飽煖思淫慾 饑寒發道心(포난사음욕 기한발도심)

【참고 설명】 부를 누리면 타락하기 쉽다

속세에서는 부유하게 살면 타락하기 쉽다. 반대로 가난

해도 실망하지 말고 도리어 분발하고 도를 따라 세상을 바르게 잡고 모든 사람을 구제해 주어야 한다.

[26] 현인은 재물이 많으면 지조가 손상된다. 우매한 자는 재물이 많으면 과실이 많아진다.

賢人多財 則損其志(현인다재 즉손기지)
愚人多財 則益其過(우인다재 즉익기과)

【참고 설명】 재물 선용

재물을 선용해야 한다. 재물 때문에 타락하면 안 된다. 외형적인 재물보다도 내면적인 정신가치를 높이고 윤리도덕 및 대의명분을 앞세우고 도(道)를 따르고 실천해야 한다. 금전만능주의에 빠지거나 무력을 바탕으로 권력이나 재물을 쟁탈하면 안 된다. 맹자(孟子)가 말했다. 「포식하고 따뜻하게 입고 편하게 살되, 교육이 없으면 금수와 같은 존재가 된다.(飽食暖衣 逸居而無敎 近於禽獸)」

[27] 사람은 가난하면 지혜도 짧게 된다. 복받고 잘살면 마음도 영특해진다.

人貧知短 福至心靈(인빈지단 복지심령)

【참고 설명】 잘살아야 한다

사람은 경제적으로 잘살아야 한다. 심하게 가난하면 정신도 위축된다. 경제적으로 잘살면 마음도 영특하게 된다.

그렇다고 악하게 재물을 모으면 안 된다.

[28] 일을 직접 경험하지 않으면 그 일에 대한 지식이 늘지 않는다.

不經一事 不長一智(불경일사 부장일지)

[29] 속세에서 하루종일 시비가 있어도 내가 듣지 않으면 저절로 없는 것과 같다.

是非終日有 不聽自然無(시비종일유 불청자연무)

【참고 설명】 시비에 관여하지 말라

혼자는 싸움을 할 수 없다. 상대방이 덤벼도 내가 상대를 안하면 싸움이 되지 않는다. 세상이 시끄러워도 내가 관여하지 않으면 조용하게 살 수 있다.

[30] 앞에 와서 옳다 그르다 하는 자가 바로 시비꾼이다.

來說是非者 便是是非人(내설시비자 변시시비인)

【참고 설명】 말 많은 사람

시시콜콜 시비 잘하는 사람, 수다스럽게 말 퍼뜨리기 좋아하는 사람도 있다. 그런 자가 곧 시비꾼이다. 그러나 사람은 잘하는 사람도 칭찬할 줄 안다.

[31] 평생을 두고 눈썹 찡그릴 일을 하지 않으면 나에게 이를 갈 사람이 없다. 어찌 비석

에 크게 이름을 새겨서 세울 필요가 있겠는가. 길을 오가는 행인들 평하는 말이 비석보다 좋을 것이다.

平生不作皺眉事(평생부작추미사)
應無切齒人(응무절치인)
大名豈有鐫頑石(대명기유전완석)
路上行人口勝碑勝碑(노상행인구승비승비)

【참고 설명】 평하는 말이 더 중하다

(1) 살아 있을 때 모든 사람에게 덕을 베풀어야 한다. 평생을 두고 인덕(仁德)을 베풀면 죽은 다음에 비석을 안 세워도 모든 사람이 오가면서 칭찬을 할 것이다.

(2) 반대로 살아서 악덕한 짓을 한 자가, 죽은 다음에 큰 비석을 세우는 수가 있다. 그러나 사람들은 길을 오가면서 도리어 욕을 할 것이다. 그러므로 막대한 돈을 들여, 거짓된 송덕비를 세우는 것은 어리석은 짓이다.

[32] 몸에 사향을 품으면 저절로 향기를 풍긴다. 어찌 꼭 바람을 타고 풍겨야 하겠느냐.

有麝自然香 何必當風立(유사자연향 하필당풍립)

【참고 설명】 향내와 덕풍

향내가 스스로 바람을 타고 퍼져 나가듯이 덕이 높은 사람은 스스로 알려지게 마련이다. 스스로 과장하고 광고할 필요가 없다.

[33] 복이 있어도 다 누리지 마라. 복이 다하면 빈궁하게 된다. 권세가 있어도 함부로 쓰지 마라. 권세가 다하면 원수와 만나게 된다. 유복하게 살 때에 항상 스스로 아끼고, 권세가 있을 때에 항상 남에게 공손하게 해라. 인생에서 교만하고 사치하면 처음은 좋으나 나중에는 좋지 못하다.

有福莫享盡 福盡身貧窮(유복막향진 복진신빈궁)
有勢莫使盡 勢盡寃相逢(유세막사진 세진원상봉)
福兮常自惜 勢兮常自恭(복혜상자석 세혜상자공)
人生驕與侈 有始多無終(인생교여치 유시다무종)

【참고 설명】 교만하면 안 된다

(1) 오늘의 부귀나 영화에 도취하면 안 된다. 오늘 잘 산다고 사치하면 안 된다. 스스로 조심하고 뒷날을 위해 절약하고 남에게 겸손하고 또 덕을 베풀어야 한다.

(2) 인생무상(人生無常)이다. 오늘 부유하게 살아도 나중에는 가난하게 되는 수가 있다. 권세를 함부로 휘두르고 남을 해치면 안 된다. 장차 원한을 품은 사람을 만나게 될 것이다.

(3) 부귀를 누리고 잘살 때에도 남에게 겸손해야 한다. 교만하고 사치하면 세상 사람에게 미움을 받고 장차는 세도를 잃고 재물을 날리게 된다. 권좌에 올라 부귀를 누

릴 때 더욱 겸손하고 신중한 태도로 윤리 도덕을 실천해야 한다.

[34] 여유를 두고 재주를 다 쓰지 말고 남겨 두었다가, 재주를 준 조물주에게 되돌려 주어라. 여유를 두고 녹을 다 쓰지 말고 남겨 두었다가, 녹을 내려준 조정에게 되돌려 주어라. 여유를 두고 재물을 다 쓰지 말고 남겨 두었다가, 재물을 생산한 백성에게 되돌려 주어라. 여유를 두고 복락을 다 누리지 말고 남겨 두었다가, 뒤를 이을 자손들에게 넘겨 주어라.

留有餘不盡之巧 以還造物(유유여부진지교 이환조물)
留有餘不盡之祿 以還朝庭(유유여부진지록 이환조정)
留有餘不盡之財 以還百姓(유유여부진지재 이환백성)
留有餘不盡之福 以還子孫(유유여부진지복 이환자손)

【참고 설명】 보복반시(報復返始)

(1) 지능을 악용하지 말고 착하게 쓰고 하늘에게 감사하라. 벼슬에 올라 녹을 받아도 절약하고 감사한 마음으로 남겨 두었다가 조정에 되돌려 주라. 재물을 아끼고 남겨 두었다가 재물을 생산한 백성에게 되돌려 주어라. 그것이 백성사랑과 나라보답이다.

(2) 여유를 두고 복락을 다 누리지 말고 남겨 두었다가

뒤를 이을 자손들에게 넘겨주어라. 그래야 역사과 문화가 제대로 발전한다.

[35] 황금 천량이 귀한 것이 아니다. 남의 좋은 말 한마디 듣는 것이 천금보다 좋다.

黃金千兩未爲貴(황금천량미위귀)
得人一語勝千金(득인일어승천금)

【참고 설명】 돈보다 학덕을 높여라

물질보다 정신을 높여야 한다. 성현(聖賢)이나 스승의 「좋은 말」을 듣고 따르면 개인적으로는 인격이 향상된다. 국가적으로는 윤리 도덕이 높아진다. 그래야 인류 위기를 해탈할 수 있다. 특히 금전 만능주의에 빠진 동물적 존재인 현대인을 깨우쳐 주는 바가 크다.

[36] 재주있는 사람은 재주없는 사람을 위해 〈깨우치고 가르쳐야 한다.〉 오늘의 고생은 내일의 즐거움의 바탕이다. 〈뒤진 사람도 노력하고 애써야 한다.〉

巧者拙之奴 苦者樂之母(교자졸지노 고자락지모)

【참고 설명】 배우고 노력해야 한다

재주있는 사람은 곧 학문과 덕이 높은 군자를 말한다. 모든 사람은 곧 백성들이다. 비도덕적(非道德的) 속세(俗世)에서 고생을 하는 평민도 성현의 가르침을 따라 깨닫고 착하게 살아야 희망이 있고 또 즐거움을 얻을 수 있다. 악덕한 기술을 배우고 악덕하게 쓰라는 뜻이 아니다.

[37] 작은 배는 무거운 짐을 감당하기 어렵고, 깊고 으슥한 길은 혼자 걷기 좋지 않다.

小船難堪重載(소선난감중재)
深逕不宜獨行(심경불의독행)

【참고 설명】 공명정대(公明正大)한 도(道)

(1) 이 글은 상징적인 글이다. 소선(小船)은 식견(識見)이 좁고 또 공명정대한 도를 모르는 사람이나 임금을 말한다. 대인(大人)의 마음은 하늘같이 크다. 소인(小人)의 마음은 바늘구멍같이 작다.

(2) 심경(深逕)은 우매하고 욕심에 엉킨 사람을 말한다. 대도(大道)를 따라야 도덕정치(道德政治)를 할 수 있다. 음흉한 수작으로는 공명정대한 다스림을 할 수 없다. 개인적으로도 좁은 마음으로 간악한 삶을 살면 안 된다.

[38] 황금이 귀한 것이 아니다. 정신적 안락이 값이 더 크다.

黃金未是貴 安樂値錢多(황금미시귀 안락치전다)

【참고 설명】 돈보다 도를 따라야 한다

절대선(絶對善)의 천도(天道)를 따르고 살아야 정신적으로 편하고 즐겁다. 돈만 알면 서로 다투고 싸우게 마련이다.

[39] 내 집에서 빈객을 대접할 줄 모르면 밖에 나갔을 때, 비로소 남들이 나를 빈객으로 맞이할 사람이 없음을 알 것이다.

在家不會邀賓客(재가불회요빈객)
出外方知少主人(출외방지소주인)

【참고 설명】 주인과 빈객

내가 손님 대접을 잘해야, 남도 나를 잘 대접한다. 주인 노릇을 잘한다는 것은 곧 손님 대접을 잘함이다. 내가 주인 노릇을 잘해야 내가 남의 집에 갔을 때, 좋은 주인을 만나게 된다. 내가 남을 푸대접하면 남도 나를 푸대접한다.

[40] 가난하면 번화한 시장에서도 아는 사람이 없다. 부자면 산속에 살아도 먼 데서 찾아오는 친척이나 친구가 있다.

貧居 鬧市無相識(빈거 요시무상식)
富住 深山有遠親(부주 심산유원친)

【참고 설명】 속세의 인정

속세에 사는 평범한 사람이나 인정을 말한 것이다. 속인들은 돈을 좋아한다. 그래서 가난하게 살면 시장에 가도 아는 척하는 사람이 적다. 반대로 부자가 되어 깊은 산속에 들어가 숨어살아도 찾아오는 사람이 많게 마련이다.

[41] 속인들의 의리는 결국 빈곤하게 되면 끊어진다. 세속적 정은 돈 있는 집으로 쏠리게 마련이다.

人義盡從貧處斷(인의진종빈처단)
世情便向有錢家(세정변향유전가)

【참고 설명】 속인의 의리나 인정

(1) 속인들의 의리나 인정은 돈에 따라 오락가락한다.

(2) 그러나 학덕(學德)이 높은 군자나 인격자는 돈에 좌우되지 않는다. 돈보다 정신적 · 도덕적 가치를 높인다.

[42] 밑 빠진 항아리는 막을 수 있다. 그러나 코 밑에 가로 째진 입은 막기 어렵다.

寧塞無底缸 難塞鼻下橫(영색무저항 난색비하횡)

【참고 설명】 속인들의 입

(1) 사람의 입을 막기는 어렵다. 말조심해야 한다. 특히 치우친 감정을 누르는 수양부터 해야 한다. 그래야 함부로 말을 하지 않게 된다. 깊은 도를 알고 자신을 수양해야 한다. 그래야 허튼 소리를 하지 않게 된다.

(2) 째진 입 막기가 어려운 것이 아니다. 도를 기준으로 욕심이나 감정을 조절하고 억제하기가 어려운 것이다.

[43] 속인들의 인정은 모두 궁핍하게 되면

서로 소원하게 된다.

人情皆爲窘中疏(인정개위군중소)

【참고 설명】 궁핍을 면하자

(1) 너무 궁핍하면 남에게 정을 나눌 여유조차 없게 된다. 부지런히 노력하고 일을 해서 궁핍에서 벗어나야 한다.

(2) 안빈낙도(安貧樂道)는 궁핍하게 살라는 뜻이 아니다. 속인들이 쉽게 따를 경지가 아니다.

[44] 하늘과 종묘에 제사 올릴 때 술이 아니면 흠향하지 않는다. 임금과 신하 및 친구간에도 술이 아니면 의가 두텁지 않게 된다. 서로 싸운 다음에 화해할 때에도 술이 아니면 권하기 어렵게 된다. 그러므로 술이 있어야 성패를 가릴 수 있다. 그렇다고 술을 함부로 마시면 안 된다.

郊天禮廟 非酒不享(교천례묘 비주불향)
君臣朋友 非酒不義(군신붕우 비주불의)
鬪爭相和 非酒不勸(투쟁상화 비주불권)
故有酒成敗 而不可汎飮之(고유주성패 이불가범음지)

【참고 설명】 예(禮)와 주(酒)

(1) 제례(祭禮)를 지낼 때 술을 바친다. 하늘이나 신령은 술을 흠향(歆饗)한다. 도의(道義)나 정의(情義)를 높이기 위해서도 술을 적당히 마신다.

(2) 그러나 폭음하면 타락하고 음란에 빠진다. 술을 적당히 마시면 약주가 되지만 과도하게 마시면 독주가 된다. 술을 잘 제어(制御)할 수 있는 사람만이 음주를 해도 된다. 그렇지 못한 사람은 음주를 삼가야 한다.

[45] 선비가 도에 뜻을 두고 있으면서 나쁜 옷과 나쁜 음식을 부끄럽게 여긴다면, 함께 도를 논의할 자격이 없다.

士志於道(사지어도)
而恥惡衣惡食者(이치악의악식자)
未足與議也(미족여의야)

【참고 설명】 군자고궁(君子固窮)

(1) 선비의 사명은 천도를 따라 국가나 사회를 바로잡고 백성들을 행복하게 해주는 것이다.

(2) 그러나 도가 쇠퇴한 나라나 세상에서는 선비들이 가난을 면치 못한다. 그래서 공자가 논어에서 말했다. 「군자는 당연히 궁색하다. 궁할 때 절개를 지키지 못하면 함께 도를 논할 자격이 없다.」

(3) 세상이 어렵고 궁핍할수록 군자가 나서서 도를 따라 나라를 바르게 다스리고 백성을 잘살게 해주어야 한다.

[46] 선비에게 다른 벗을 투기하는 자가 있으면, 어진 사람과 친근하게 사귈 수 없다.

임금에게 다른 신하를 투기하는 자가 있으면, 어진 신하가 찾아오지 않는다.

士有妬友 則賢交不親(사유투우 즉현교불친)
君有妬臣 則賢人不至(군유투신 즉현인부지)

【참고 설명】 질투(嫉妬)와 투기(妬忌)

「투신(妬臣)」은 곧 「나라를 바르게 다스리려는 임금에게 현명하고 착한 신하를 미워하고 험담하는 간악한 신하다.」 도를 따르는 군자는 절대로 질투하거나 투기하지 않는다. 간악하고 음흉한 자가 간신이 된다.

[47] 하늘은 녹없는 사람을 태어나게 하지 않고, 땅은 명분없는 풀을 자라게 하지 않는다.

天不生無祿之人(천불생무록지인)
地不長無名之草(지부장무명지초)

【참고 설명】 천지의 도

식물 동물 등 자연 만물은 하늘의 도를 따라 스스로 자라고 번창한다. 사람도 하늘의 덕택으로 삶을 누린다. 동시에 저마다 하늘로부터 주어진 사명이 있다. 이를 의식하고 성심껏 일을 하면 하늘은 녹을 내려줄 것이다.

[48] 큰 부자는 하늘에 달려 있다. 그러나 작은 부자는 근면하면 된다.

大富由天 小富由勤(대부유천 소부유근)

【참고 설명】 대부(大富)와 소부(小富)

(1) 큰 부귀는 하늘이 내린다. 도를 따라 인정덕치(仁政德治)를 하는 성군(聖君)이 큰 부자다. 모든 사람은 부지런히 일하면 저마다 잘살 수 있다.

(2) 그러나 타락하고 악덕한 나라나 사회에서는 악덕으로 권력과 재물을 독점한다. 이는 「큰 부자」가 아니다. 범죄다.

[49] 집을 일으킬 자식은 인분도 황금처럼 아낀다. 집을 망칠 자식은 황금을 인분처럼 써버린다.

成家之兒惜糞如金(성가지아석분여금)
敗家之兒用金如糞(패가지아용금여분)

【참고 설명】 잘되는 집의 아들

집안이 흥성하느냐 쇠망하는가는 사람에게 달렸다. 특히 잘되는 집안의 자손과 망하는 집안의 자손은 돈 씀씀이에서 다르다. 재물을 가치있게 써야 한다. 돈이 있다고 물같이 쓰고 술 마시고 놀기만 하면 그 집안은 망하게 마련이다. 그래서 부모의 엄한 교육이 있어야 한다.

[50] 당장 잘산다고 거리낄 게 없다는 소리를 함부로 하지 마라. 그런 말을 하는 즉시 거리낄 일이 생기게 된다. 음식이 입에 좋아도 많

이 먹지 마라. 그렇지 않으면 병이 난다.

마음에 즐거운 일이라도 과하면 반드시 재앙이 따른다. 병이 난 다음에 약을 든다 해도 병나기 전에 먼저 예방할 수 있어야 더 좋다.

閑居愼勿說無妨(한거신물설무방)
纔說無妨便有妨(재설무방변유방)
爽口勿多能作疾(상구물다능작질)
快心事過必有殃(쾌심사과필유앙)
與其病後能服藥(여기병후능복약)
不若病前能自防(불약병전능자방)

【참고 설명】 신중해야 한다

신중한 생활태도를 지녀야 한다. 당장에 안락하다고 안하무인격으로 큰소리치거나 사치하고 또 향락하면 안 된다. 무절제한 생활을 하면 우선 내 몸을 망치고 병이 난다. 병이 난 다음에 약을 복용해도 사전에 예방하는 것만 못하다. 병나기 전에 예방해야 한다. 안 그러면 작게는 집안을 망치고 크게는 나라를 어지럽게 만든다.

[51] 신묘한 약이라도 원한으로 생긴 병은 고치기 어렵다. 횡재로 운수가 가난한 사람을 부자로 만들 수는 없다.

일을 저지르고 나서 일이 생겼다고 원망하지 말라. 남을 해치고 나서 남이 나를 해친다

고 성내지 마라.

하늘과 땅 사이의 모든 일에는 다 갚음이 있다. 갚음은 멀게는 자손에게, 가까이는 자신에게 온다.

妙藥難醫寃債病(묘약난의원채병)
橫財不富命窮人(횡재불부명궁인)
生事事生君莫怨(생사사생군막원)
害人人害汝休嗔(해인인해여휴진)
天地自然皆有報(천지자연개유보)
遠在兒孫近在身(원재아손근재신)

【참고 설명】 인과응보(因果應報)

(1) 원인이 있으면 결과가 있다. 원인과 결과는 가까이는 내 몸에 나타나고 멀게는 자손에게 나타나기도 한다.

(2) 특히 불교에서는 인과응보(因果應報)를 강조한다. 과거의 선악의 인연에 따라서 뒷날에 길흉화복(吉凶禍福)을 받게 된다. 그러므로 한평생 남에게 자비를 베풀어야 한다.

(3) 그러면 나 자신이나 혹은 후손에게까지 길복(吉福)의 보답을 받게 된다.

(4) 반대로 남에게 원한을 맺게 하거나 악덕한 짓을 하면 후손에게까지 재앙이 미칠 것이다. 좌전(左傳)에 다음과 같은 말이 있다.「재화나 길복은 문이 따로 없다. 오직 사람이 부르는 대로 온다.(禍福無門 唯人所召)」

[52] 꽃은 졌다가 다시 피고, 피었다가 다시 진다. 비단옷도 베옷으로 바꿔 입게 된다.

부자라고 항상 부를 누릴 수 있는 것이 아니다. 가난한 집이라고 언제까지나 적막한 것도 아니다.

사람을 부축해서 푸른 하늘에 올려놓을 수 없다. 사람을 밀어서 깊은 골짜기를 메울 수 없다.

그대에게 권하노니 만사에 있어 하늘을 원망하지 마라. 하늘의 뜻은 모든 사람에게 후하고 박함이 없다.

花落花開開又落(화락화개개우락)
錦衣布衣更換着(금의포의갱환착)
豪家未必常富貴(호가미필상부귀)
貧家未必長寂寞(빈가미필장적막)
扶人未必上靑霄(부인미필상청소)
推人未必塡溝壑(추인미필전구학)
勸君凡事莫怨天(권군범사막원천)
天意於人無厚薄(천의어인무후박)

【참고 설명】 하늘은 만인에게 고르다

(1) 인간 세상에는 흥망성쇠가 있다. 부귀를 누리다가 몰락할 수도 있고, 빈천한 사람이 부귀를 누릴 수도 있다.

(2) 지금 내가 불우하다고 하늘을 원망하면 안 된다.

(3) 하늘은 공평무사하다. 착한 사람에게는 복을 주고 악한 사람에게는 벌을 준다. 그것이 하늘의 뜻이고 도리이다. 그러므로 모든 사람이 다같이 착하게 살아야 한다. 단 악한 사람이 많은 난세에서는 원칙대로 되지 않는다. 도리어 악덕한 자가 날뛰고 잘사는 수도 있다. 그것은 정상이 아니다. 또 오래 가지 않는다. 악덕한 난세를 기준으로 하면 안 된다.

[53] 매우 한탄할 노릇이다. 뱀같이 독한 마음을 지니고 있지만 하늘의 눈이 수레처럼 돌면서 감시하고 있음을 아무도 모른다.

지난해에 동쪽 이웃에서 허튼 수작으로 재물을 취했으나, 오늘에는 북쪽 집 사람에게 다시 되돌려 주게 되었구나.

불의로 얻은 재물은 마치 끓는 물에 뿌려진 눈과 같다. 뜻밖에 생긴 전답이나 땅은 물에 밀려온 모래 같다.

만약에 교활한 속임수를 가지고 생계로 삼는다면, 흡사 아침에 피었다가 저녁에 지는 꽃과 같으니라.

堪歎人心毒似蛇(감탄인심독사사)
誰知天眼轉如車(수지천안전여거)
去年妄取東隣物(거년망취동린물)

今日還歸北舍家(금일환귀북사가)
無義錢財湯潑雪(무의전재탕발설)
儻來田地水推沙(당래전지수추사)
若將狡譎爲生計(약장교휼위생계)
恰似朝雲暮落花(흡사조운모락화)

【참고 설명】 오래 가지 않는다

(1) 사람은 마음을 악하게 쓰고 악한 짓을 하면 안 된다. 언제나 어디에서나 하늘의 눈이 두루 감시하고 있음을 알아야 한다. 악덕과 불의로써 얻은 재물은 허무하게 없어지게 마련이다. 남을 속이고 교활한 수단으로 재물을 사취하는 사람은 천벌을 받을 것이다. 더욱이 인간의 삶의 가치는 역사나 문화 발전에 선가치적으로 기여함에 있다.

(2) 사람의 생존과 생활은 더없이 존엄하다. 절대로 하루살이 인생이 되어서는 안 된다.

(3) 「하늘의 눈이 수레처럼 돌면서 감시하고 있다.(天眼轉如車)」 하늘은 보고 듣고 감시한다. 이때의 하늘은 절대선(絶對善)인 인격신(人格神)의 뜻도 있으나 「모든 백성」이란 뜻도 있다. 하늘은 백성을 통해서 선악을 가린다.

[54] 어떠한 약으로도 경상(卿相)의 수명을 연장할 수 없다. 돈이 있어도 자손의 현명함은 사기 어렵다.

無藥可醫卿相壽(무약가의경상수)
有錢難買子孫賢(유전난매자손현)

【참고 설명】 약이나 돈으로는 안 된다

(1) 높은 벼슬에 오른 경(卿)이나 상(相)도 약(藥)만으로 수명(壽命)을 연장시킬 수 없다.

(2) 수명은 하늘이 내려준 것이다. 옛날의 임금 중에는 신선(神仙)의 도(道)를 따라 불로불사(不老不死)하려고 애를 쓴 사람도 많았다.

(3) 보약을 먹거나 신선 도술로 장수하려는 사람은 참으로 현명한 사람이 아니다.

(4) 돈이 많다고 자손이 반드시 현명하지 않다. 현명하기 위해서는 부지런히 배우고 또 효도 윤리 도덕을 몸소 실천해야 한다. 공자가 논어(論語) 첫머리에서 말했다. 「학이시습지(學而時習之) 불역열호(不亦說乎)」

[55] 하루라도 마음을 맑고 한가하게 가지면 그날만큼은 신선이라 하겠다.

一日淸閑 一日仙(일일청한 일일선)

【참고 설명】 청한(淸閑) 신선(神仙)

탁하고 더러운 욕심을 바탕으로 서로 다투는 이 세상이 바로 지옥이다. 단 하루라도 맑고 한가한 마음을 갖는다면 그날만큼은 신선이 된 거나 다를 바가 없다.

【참고 설명】 위기극복(危機克服)의 길

(1) 여기서 우리는 깊이 생각해야 한다. 오늘의 세계 인류는 심각한 위기에 빠졌다. 그 근본 원인은 개인이나 국가가 혹심한 탐욕을 채우기 위해 무자비하게 무력을 휘두르고 있기 때문이다. 이러한 풍조는 서양의 외형적 물질문화 및 무력주의만을 높이고 동양의 내면적 정신문화 및 윤리 도덕을 망각하거나 소홀히 하는 데서 비롯된 것이다.

(2) 인간은 물질이나 무력의 노예가 될 수 없다. 어디까지나 숭고한 정신을 바탕으로 하고 물질이나 무력을 활용해야 한다. 그러나 특히 제2차 세계대전을 전후해서 오늘의 인류는 무력과 재물 일변도로 기울고, 인간의 정신가치나 윤리 도덕을 거의 완전히 망각하고 있다.

(3) 숭고한 내면적 정신문화를 되살리고 위기에 처한 인류를 구제해야 한다. 서양의 과학 기술을 배우고 외형적 물질생활을 풍부하게 발전시키는 것은 좋다.

(4) 그러나 기계나 물질에 의해서 인간의 숭고한 정신을 상실하거나 또 윤리 도덕을 망각하면 안 된다. 과학 기술이 발전하면 할수록 정신 및 윤리 도덕도 높아져야 한다.

[56-1] 위험할 것을 미리 알고 조심하면 평생토록 법망에 걸리거나 옥문에 들어가는 일이 없다.

착하고 현명한 사람을 천거해 쓰면 자연히

임금이나 백성이 편한 길을 가게 될 것이다.

知危識險 終無羅網之門(지위식험 종무라망지문)
擧善薦賢 自有安身之路(거선천현 자유안신지로)

【참고 설명】 진종황제(眞宗皇帝)의 말

「진종황제」는 북송(北宋)의 제3대 황제다. 위험하다는 것을 미리 알고 조심하면 평생 법망에 걸리지 않을 것이다. 착하고 현명한 사람을 등용해 써야 선정(善政)을 펼 수 있다.

[56-2] 인애를 베풀고 인덕을 세워야 집안이 대대로 영화롭고 번창할 것이다.

시기하는 마음을 품고 한풀이를 하면 자손들까지 근심을 하게 된다.

남에게 손해를 끼치고 나를 이롭게 하면 끝내는 자손들이 현달하지 못하게 된다.

여러 사람을 해치고 내 집을 일으킨들 부귀가 오래 가겠는가.

施仁布德 乃世代之榮昌(시인포덕 내세대지영창)
懷妬報寃 與子孫之爲患(회투보원 여자손지위환)
損人利己 終無顯達雲仍(손인리기 종무현달운잉)
害衆成家 豈有長久富貴(해중성가 기유장구부귀)

[56-3] 이름을 바꾸고 변장을 하는 까닭은 애당초 간교한 말로 남을 속였기 때문이다.

재앙이 일어나고 몸까지 상하게 됨은 모두가 어질지 못함으로써 자초한 일이다.

改名異體 皆因巧語而生(개명이체 개인교어이생)
禍起傷身 皆是不仁之召(화기상신 개시불인지소)

【참고 설명】 불인(不仁)과 상신(傷身)

(1) 내가 남에게 인애(仁愛)를 베풀고 인덕(仁德)을 세우면 집안이 세세대대로 번창한다. 내가 남을 욕하고 남에게 한을 품게 하면 자손들도 걱정스럽게 살아야 한다. 내가 남에게 손해를 끼치고 이득을 보면 자손들이 현달(顯達)하지 못한다. 많은 사람에게 해를 끼치고 나의 집안을 일으킨들 어찌 부귀가 오래 가겠는가.

(2) 내가 남을 해치고 나서, 변명(變名) 변신(變身)을 하거나 혹은 간교한 말로 속여도 나에게는 재앙이 오게 마련이다.

(3) 부모가 선(善)을 행하면 자자손손 그 집안이 흥성하고, 반대로 악(惡)을 행하면 자손들까지 해를 받고 사회적으로도 출세하지 못하게 된다.

(4) 남에게 어질지 않고 악독하게 하면 종국에는 재앙에 휩싸이고, 심하면 몸마저 해치게 될 것이다. 하늘은 선(善)에는 복(福)을 주고, 악(惡)에는 화(禍)를 내린다.

[57-1] 도에 어긋난 재물을 멀리하고, 과도한 음주를 삼가라.

반드시 이웃을 가려서 거처를 정하고, 친구를 가려서 사귀어라.

마음속에 투기심을 갖지 말고, 입밖으로 중상하는 참언을 하지 마라.

遠非道之財 戒過度之酒(원비도지재 계과도지주)
居必擇隣 交必擇友(거필택린 교필택우)
嫉妬勿起於心(질투물기어심)
讒言勿宣於口(참언물선어구)

[57-2] 동기나 일가친척 중에 가난한 사람이 있으면 홀대하지 마라. 남이 부자라도 도에 지나치게 후대하지 마라. 자신을 이김에 있어서는 근면과 절약을 앞세워라. 대중을 사랑함에 있어서는 겸손과 화목을 으뜸으로 해라.

骨肉貧者莫疎(골육빈자막소)
他人富者莫厚(타인부자막후)
克己以勤儉爲先(극기이근검위선)
愛衆以謙和爲首(애중이겸화위수)

[57-3] 항상 과거의 잘못을 생각하고 언제나 앞으로의 허물을 염려하라. 만약 짐이 한 말을 잘 따르면 국가를 오래 잘 다스리게 된다.

常思已往之非(상사이왕지비)
每念未來之咎(매념미래지구)

若依朕之斯言(약의짐지사언)
治國家而可久(치국가이가구)

【참고 설명】 신종황제(神宗皇帝)의 말

(1) 사악한 재물은 멀리하라. 과도하게 술을 마시지 마라. 환경을 가려서 거처를 정하고 친구도 가려서 사귀어야 한다. 질투심을 스스로 억제하고 남에 대한 참언을 하지 마라.

(2) 한집안은 물론 친척간에도 화목해야 한다. 특히 일가 중에 가난한 사람이 있으면 도와주어야 한다. 다른 부자에게 아첨하고 아부하는 추악한 짓을 하지 마라.

(3) 탐욕을 억제하고 사치 낭비하면 안 된다. 허망한 욕심을 극복하고 근검절약하라. 남들을 사랑하고 정성으로 도와주어야 한다. 남에게 사랑을 베풀되 겸양과 화목한 자세를 지녀야 한다. 진정한 사랑을 베푸는 사람은 남에게 거만하지 않다.

(4) 과거의 잘못을 뉘우치고 앞으로 다시는 허물없기를 기해라. 그렇게 하면 국가를 오래 잘 다스릴 수 있다. 「신종황제」가 세자(世子)에게 가르친 말일 것이다.

[58-1] 한 점의 불씨가 능히 만 경 들판의 숲을 태울 수 있다. 반마디 잘못한 말이 평생의 덕을 손상시킬 수 있다.

一星之火 能燒萬頃之薪(일성지화 능소만경지신)

半句非言 誤損平生之德(반구비언 오손평생지덕)

[58-2] 몸에 한 올의 누더기를 걸쳐도 항상 피륙을 짜는 여인의 수고로움을 생각해야 한다. 세 끼의 밥을 들 때마다 농부의 노고를 생각해야 한다.

身被一縷 常思織女之勞(신피일루 상사직녀지로)
日食三飧 每念農夫之苦(일식삼손 매념농부지고)

[58-3] 가령 탐욕과 투기심으로 남에게 손해를 끼쳤다면, 끝내 10년 간을 두고 평온하고 안락하지 못할 것이다.

남에게 덕을 쌓고 인애를 베풀면 반드시 후손에게도 영화가 미칠 것이다.

복된 인연과 좋은 경사는 많은 선행을 쌓은 다음에 얻어지는 것이다.

범속을 초월하고 성인의 경지에 들어감은 오직 진실된 삶으로 얻어진다.

苟貪妬損 終無十載安康(구탐투손 종무십재안강)
積善存仁 必有榮華後裔(적선존인 필유영화후예)
福緣善慶 多因積行而生(복연선경 다인적행이생)
入聖超凡 盡是眞實而得(입성초범 진시진실이득)

【참고 설명】 고종황제(高宗皇帝)의 말

(1) 「고종황제」는 남송(南宋)의 제1대 임금이다.

(2) 한 점의 작은 불씨가 크게 번져 만 경 평야를 몽땅 태우듯이, 잘못한 말 한마디가 평생의 덕을 손상되게 하거나 혹은 재화를 초래할 수 있다.

(3) 감사할 줄 알아야 한다. 우리가 먹고 입는 음식이나 옷을 비롯해서 모든 기물들도 남들이 애써 만든 것들이다. 감사하는 마음으로 절약해야 한다. 낭비하면 가정적으로나 국가적으로 파탄나게 된다.

(4) 남에게 손해를 끼치면서 나만의 욕심을 채우면 안 된다. 마음이 편치 않고 또 양심의 가책을 받게 된다.

(5) 모든 사람을 사랑하는 인심(仁心)을 바탕으로 모든 사람에게 인덕(仁德)을 베풀어야 한다. 그러면 나와 모든 사람이 하나가 되어 잘살게 된다. 뿐만이 아니다. 우리의 후손들도 번창하고 부귀영화를 누리게 될 것이다.

(6) 적선(積善)하면 복이 온다. 가정적으로나 국가적으로나 사랑이 넘치고 또 경사가 많이 나타날 것이다. 뿐만이 아니다. 역사 문화적으로도 발전할 것이다.

[59] 임금을 알려면 먼저 신하를 보아라. 사람됨을 알려면 먼저 그의 벗을 보아라. 그의 아버지를 알려면 먼저 그 아들을 보아라. 임금이 거룩하면 신하도 충성되고, 아버지가 인자하면 그 아들도 효도한다.

欲知其君 先視其臣(욕지기군 선시기신)

欲知其人 先視其友(욕지기인 선시기우)
欲知其父 先視其子(욕지기부 선시기자)
君聖臣忠 父慈子孝(군성신충 부자자효)

【참고 설명】 부자군신(父子君臣)

(1) 나라를 다스리는 임금이 밝고 성스러우면 자연히 현명하고 충성된 신하들을 뽑아서 등용한다. 반대로 임금이 우둔하고 포악하면 간악한 신하들이 득세할 것이며 따라서 나라가 문란해질 것이다.

(2) 그와 마찬가지로 가정에서 아버지가 인자하고 성실하면 그 자식도 효도하고 착할 것이다.

(3) 나라에서는 임금이 만민의 통제자이고, 신하는 협력자로 만민을 잘살게 해주어야 한다. 충신은 도를 따라야지 악덕한 임금에게 굴종하면 안 된다. 가정에서는 아버지가 먼저이고 아들은 후계자이다. 같이 발전의 도를 따라야 한다.

[60] 물이 지극히 맑으면 고기가 없고, 사람이 지극히 살피면 친구가 없다.

水至淸則無魚(수지청즉무어)
人至察則無徒(인지찰즉무도)

【참고 설명】 지청(至淸)의 뜻

(1) 공기도 맑고 물도 맑아야 한다. 그래야 공기나 물을 마시고 살 수 있다. 반대로 공기나 물이 혼탁하면 안 된다.

(2) 여기서 말하는 지청(至淸)은 상징적인 표현이다. 다른 사람을 배척하고 혼자만을 내세운다는 뜻이다. 남의 부족이나 실수를 절대 용서하지 않는다는 뜻이다. 환언하면 철저한 이기주의(利己主義), 협소한 독선(獨善)을 말한 것이다. 완전무결한 사람은 없다. 서로 이해하고 관용해야 한다. 그래야 서로 어울리고 벗할 수 있다. 설사 잘못해도 관대하게 용서해야 서로 어울릴 수 있다. 좁은 식견이나 편견으로 남을 혹독하게 탓하고 배척하면 안 된다.

[61] 봄비가 땅을 기름지게 하지만 행인들은 그 진창을 싫어하기도 한다. 가을달이 휘영청 밝지만 도둑은 그 밝음을 증오할 것이다.

春雨如膏 行人惡其泥濘(춘우여고 행인오기니녕)
秋月揚輝 盜者憎其照鑑(추월양휘 도자증기조감)

【참고 설명】 식견이 좁은 사람

(1) 사람은 우주의 영원한 시간과 무한한 공간 속에 살고 있는 극히 미미한 존재다. 그러므로 식견이 좁은 사람은 하늘의 도를 모르고 좁은 울타리 속만을 안다.

(2) 그러나 모든 사람은 우주와 하나가 되어야 한다. 그래야 소아(小我)가 아닌 대아(大我)의 삶을 살 수 있다.

(3) 한편 모든 사람은 저마다 우주의 중심적 존재로 가장 귀중한 존재다. 그러므로 사람은 저마다 자기를 중심하고 자연을 해석하기도 한다. 단 편견으로 보거나 비판하면

안 된다.

[62] 대장부는 밝게 선(善)을 보니까 명분과 절개를 태산보다 중하게 여긴다. 마음을 정성되게 하니깐 생사를 새털보다 가볍게 여긴다.

大丈夫(대장부)
見善明 故重名節於泰山(견선명 고중명절어태산)
用心精 故輕生死於鴻毛(용심정 고경생사어홍모)

【참고 설명】 견선명(見善明)

천도(天道)는 절대선(絶對善)의 하늘의 도리다. 선을 밝게 봄은 결국 천도를 깨닫고 행함이다. 천도 천리를 따르고 지키려는 마음이 곧 정성된 마음이다. 마음이 하늘과 하나가 되면 육신의 생사(生死)를 초월할 수 있다.

[63] 남의 불행을 민망히 여기고, 남이 잘됨을 함께 기뻐하라. 남이 긴박할 때에는 도와주고, 남이 위태로울 때에는 구해 주어라.

悶人之凶 樂人之善(민인지흉 낙인지선)
濟人之急 救人之危(제인지급 구인지위)

【참고 설명】 동고동락(同苦同樂)

「동고동락」해야 한다. 남의 불행을 보면 동정하고 가능한 대로 도와주어야 한다. 동시에 남의 잘됨을 기뻐하고 축하해 주어라. 그것이 서로 사랑하고 협동하는 「인(仁)」

이다.

[64] 눈으로 본 일도 다 진실이 아닐까 두렵다. 그러니 뒤로 하는 말을 어찌 깊이 믿겠는가.

經目之事 恐皆未眞(경목지사 공개미진)
背後之言 豈足深信(배후지언 기족심신)

【참고 설명】 뒷말은 못 믿는다

(1) 타락한 속세에서 실지로 있었던 일은 눈으로 보고 안다. 그러나 많은 일들이 도리에서 벗어난 잘못된 일이다.

(2) 하물며 등 뒤에서 애매하게 하는 말은 더욱 그 진실성이 의심스럽다.

(3) 오늘의 세상에서는 신문과 TV를 통해 거짓을 진실같이 꾸미고, 또 사람들을 혼란하게 하고 있다.

[65] 우리집 두레박 줄 짧음을 탓하지 않고, 남의 집 옛 우물이 깊다고 투정을 한다.

不恨自家汲繩短(불한자가급승단)
只恨他家古井深(지한타가고정심)

【참고 설명】 내 탓을 해야 한다

(1) 사람들은 흔히 일이 잘못되면 남의 탓으로 돌린다. 스스로의 잘못을 반성해야 한다.

(2) 속세에 사는 우매한 사람들은 수심(獸心)을 바탕으로 남을 치고, 남의 재물을 탈취하는 것이 근본적으로 잘못

되었음을 모른다. 도리어 남을 치지 못함을 뉘우친다.

[66] 뇌물을 받고 부정을 저지른 사람이 천하에 가득하지만, 죄에 걸려 구속되는 사람은 박복한 사람뿐이다.

贓濫滿天下 罪拘薄福人(장람만천하 죄구박복인)

【참고 설명】 박복한 사람

옛날이나 지금이나 정치사회는 도(道)를 따르고 지키는 경우가 거의 없다. 권모술수나 무력을 가지고 권력을 독차지하고, 자기네들이 만든 법을 가지고 남을 처벌하고 구속한다.

[67] 하늘은 평상과 다르게 되면 폭풍이 불거나 폭우가 쏟아진다. 사람은 상도를 이탈하면 병들지 않으면 죽는다.

天若改常 不風卽雨(천약개상 불풍즉우)
人若改常 不病卽死(인약개상 불병즉사)

【참고 설명】 도를 어기면

하늘이 노하면 거센 폭풍우를 내린다. 특히 인간들이 잘못하면 하늘이 천벌을 내린다고 믿었다. 사람들이 따르고 지킬 상도(常道)는 하늘의 도리다. 하늘이 평상과 다르게 폭풍우를 내리는 것을 하늘의 노여움이라고 해석했던 것이다.

[68] 나라가 바르면 하늘의 마음도 따른다. 관청이 맑으면 백성들이 스스로 안락하게 된다. 아내가 현명하면 남편에게 화가 적어진다. 아들이 효도하면 아비의 마음이 너그럽게 된다.

國正天心順 官淸民自安(국정천심순 관청민자안)
妻賢夫禍少 子孝父心寬(처현부화소 자효부심관)

【참고 설명】 하늘의 마음

하늘의 마음이 편하면 「풍조우순(風調雨順)」하고, 만민의 마음이 순탄하게 되면 「국태민안(國泰民安)」하게 된다. 아내가 현명하면 남편도 편하게 된다. 아들이 효도하면 아버지의 마음도 관대하게 된다.

[69] 나무는 먹줄을 받으면 곧아지고, 사람은 간언을 받으면 성인이 된다.

木從繩則直 人受諫則聖(목종승즉직 인수간즉성)

【참고 설명】 간언(諫言)과 성군(聖君)

간언은 천도를 기준으로 한다. 남의 충고나 간언을 넓은 마음으로 잘 받아들여야 한다. 자기를 반성하고 잘못을 거듭하지 않고 정진하면 훌륭한 사람이 된다. 간언은 함부로 하는 것이 아니다. 평소에 서로 사랑하고 서로 믿을 수 있는 사이에서만 간언을 할 수 있다. 섣부르게 간언을 하면 도리어 오해를 받게 된다.

[70] 한 줄기로 뻗은 밭이 청산을 끼고 그 경치가 그윽하다. 저 밭은 전 사람이 가꾸던 전답을 뒷사람이 차지한 땅이다. 그러나 뒷사람이 땅을 차지했다고 기뻐하고 좋아하지 마라. 그 땅을 차지할 또 다른 사람이 뒤에 있게 마련이다.

一派靑山景色幽(일파청산경색유)
前人田土後人收(전인전토후인수)
後人收得莫歡喜(후인수득막환희)
更有收人在後頭(갱유수인재후두)

【참고 설명】 천하무상(天下無常)

(1) 지금 내가 소유하고 있는 땅도 전에 다른 사람이 차지했던 것이다. 또 지금의 내 땅도 오래지 않아서 다른 사람이 차지하게 될 것이다.

(2) 재물에 대한 집착은 미망(迷妄)이다. 인간의 삶의 가치는 재물을 소유함에 있지 않다. 재물을 활용하여 역사와 문화를 새롭게 창조해야 한다.

[71] 까닭없이 천금을 얻음은 큰 복이 아니다. 장차 큰 화가 있을 징조이다.

無故而得千金(무고이득천금)

不有大福(불유대복)
必有大禍(필유대화)

【참고 설명】 복(福)과 화(禍)

도를 따르고 노력한 대가로 잘사는 것은 좋다. 금전이나 재물도 정직하게 일한 대가로 얻어야 떳떳하고 정당하다. 그러므로 부정하게 권력이나 재물을 탈취하면 안 된다. 그런 자들은 반드시 하늘의 심판이 내리고 역사적으로 지탄을 받는다. 아울러 요행이나 공돈을 바라지 마라. 뜻밖의 횡재는 예기치 않던 재앙이 따르게 마련이다.

[72] 〈소강절 선생의 말〉 어떤 사람이 점을 치러 와서 『어떤 것이 화가 되고, 어떤 것이 복이 되나요』하고 묻기에 내가 대답했다. 『남을 해치면 화가 오고, 남이 나를 해치면 복이 온다.』

有人來問卜 如何是禍福(유인래문복 여하시화복)
我虧人是禍 人虧我是福(아휴인시화 인휴아시복)

【참고 설명】 점도 도를 따라야 한다

「소강절(邵康節)」은 북송(北宋)의 유학자로, 성이 소(邵), 강절(康節)은 자(字)다. 마음이 좁은 인간은 물질의 다과(多寡)를 기준으로 화나 복을 헤아린다. 따라서 남에게 해를 끼치면서 자신의 욕심을 채우기도 한다. 그러나 하늘의 눈으로 보면 그와 같은 악덕은 재화의 근원이다.

한편 악한 사람에게 해를 당해도 하늘의 견지에서는 도리어 복을 받을 수도 있다. 동물적·이기적 욕심을 바탕으로 행동하지 말고, 선본성(善本性)인 인심(仁心)을 바탕으로 행동하고 살아야 한다.

[73] 천 간의 큰 집에 살아도 밤에 눕는 자리는 여덟 자뿐이다. 만 이랑의 좋은 밭이 있어도 하루에 먹는 양은 두 되뿐이다.

大厦千間 夜臥八尺(대하천간 야와팔척)
良田萬頃 日食二升(양전만경 일식이승)

【참고 설명】 욕심내지 마라

가족이 알맞게 먹고 안락하게 살기 위한 재물과 집이 있으면 족하다. 재물을 위해 비리를 저지르거나 무도한 짓을 하면 안 된다.

[74] 남의 집에 가서 오래 묵으면 사람이 천해진다. 빈번히 찾아가면 친해도 푸대접을 받게 된다. 4일 간을 함께 지내도 점차 시들하게 된다.

久住令人賤 頻來親也疎(구주령인천 빈래친야소)
但看三五日 相見不如初(단간삼오일 상견불여초)

【참고 설명】 시들해진다

친척이나 친구를 자주 찾고 서로 만나면 좋다. 그러나 상대방에게 지나치게 부담을 주거나, 상대방으로부터 과도한 대접이나 신세를 지면 안 된다. 조촐하게 인사를 차려야 한다. 3~5일 보면 시들해진다. 보고 반겨도 며칠 지나면 처음 같지 않다.

[75] 목이 마를 때에 마시는 물 한 방울은 단 이슬과 같다. 술 취한 후에 잔을 더함은 안 드는 것만 못하다.

渴時一滴 如甘露(갈시일적 여감로)
醉後添盃 不如無(취후첨배 불여무)

【참고 설명】 취하면 더 마시지 마라

술은 적당히 마시면 약주가 되지만 과음하면 독주가 된다. 취한 다음 거듭 마시면 안 된다. 스스로 자제할 줄 알아야 한다. 술이 술을 마시게 하는 사람은 마실 자격이 없다.

[76] 술이 사람을 취하게 하는 것이 아니다. 사람이 스스로 술에 취하는 것이다. 색이 사람을 미혹시키는 것이 아니다. 스스로 미혹되는 것이다.

酒不醉人 人自醉(주불취인 인자취)
色不迷人 人自迷(색불미인 인자미)

【참고 설명】 자취(自醉)

(1) 주체성이 확립되어 있으면 술이나 색에 빠지고 미혹

되지 않는다. 또 술과 여색 때문에 패가망신하지도 않는다.

(2) 과도한 음주를 삼가고 여색에 미혹되지 않게 자신의 마음을 단속해야 한다.

[77] 공덕심을 이기심만큼 지닌다면 무슨 일인들 못 가리겠는가. 도를 지키려는 마음이 정념만큼 있다면 오래 전에 부처가 되었을 것이다.

公心若比私心 何事不辨(공심약비사심 하사불변)
道念若同情念 成佛多時(도념약동정념 성불다시)

【참고 설명】 정념(情念)

(1) 「정념(情念)」은 「감정적 집념」이다. 사람은 「이기적 욕심, 육체적 정념」 때문에 「도심(道心)」을 흐리게 한다.

(2) 사람은 이기심 때문에 사리를 공평하게 분별하지 못하고, 또 세속적인 정욕에 빠져서 진여(眞如)의 세계와 모든 실상(實相)을 보지 못한다.

(3) 만약에 공덕심(公德心)과 도심을 굳게 지니고, 이기적 욕심이나 감정적 정념을 이길 수 있다면 훌륭한 인격자가 될 것이다. 공덕심과 도심은 곧 하늘의 도리를 따르고 실천하는 마음이다. 동물적·본능적 욕구나 감정적 탐욕을 극복해야 한다. 도심이 강하면 악덕을 극복할 수 있다.

[78] 간교한 자는 간사하게 말을 잘하지만,

소박하고 우직한 사람은 말이 없다. 간교한 자는 수다스럽지만, 우직한 사람은 태연하다. 간교한 자는 도둑질을 하지만, 우직한 사람은 덕을 베푼다. 간교한 자는 남에게 음흉한 짓을 하지만, 우직한 사람은 남에게 복을 안겨준다.

아아! 천하가 우직하면 정치나 법도가 잘 다스려지고 상하가 안락하며, 기풍도 맑고 또 악폐도 근절될 것이다.

巧者言 拙者默(교자언 졸자묵)
巧者勞 拙者逸(교자로 졸자일)
巧者賊 拙者德(교자적 졸자덕)
巧者兇 拙者吉(교자흉 졸자길)
嗚呼 天下拙 刑政徹(오호 천하졸 형정철)
上安下順 風淸弊絶(상안하순 풍청폐절)

【참고 설명】 소박한 사람의 뜻

(1) 간교(奸巧)한 소인(小人)은 권모술수(權謀術數)를 농하고 탐욕을 채우고 권세와 이득을 얻는다.

(2) 소인배들이 정치에 참여하면 국민을 기만하고 국가의 재물을 도둑질한다. 그 결과 국가나 백성에게 재앙을 안겨준다.

(3) 이와는 반대로 소박하고 우직하게 무위자연(無爲自然)의 도를 따르고 행하는 대인(大人)은 만물을 흥성

케 한다.

(4) 「무위자연」의 도는 곧 만물을 스스로 자라고 번성케 하는 자연의 도리, 즉 천도(天道)다. 천도는 광명정대(光明正大)하고, 공평무사(公平無私)하고, 또 영구불변(永久不變)하는 진리다. 천도를 소박하고 우직하게 지키고 행하는 사람이 대인이다. 여기서는 졸자(拙者)라 했다.

[79] 덕이 부족한데 자리가 높거나, 지략이 적은데 도모하는 바가 크면 화를 입지 않을 수 없다.

德微而位尊 智小而謀大(덕미이위존 지소이모대)
無禍者鮮矣(무화자선의)

【참고 설명】 학덕(學德)이 부족한 소인

학문과 인덕(仁德)을 갖춘 대인(大人)이라야 높은 자리에 오르고 남을 다스릴 수 있다. 학덕(學德)이 부족한 소인(小人)은 남을 다스리면 안 된다. 세속적 욕심만으로 자리와 권력을 취하면 화(禍)를 초래한다.

[80] 관리의 게으름은 벼슬이 높아졌을 때에 비롯된다. 병의 악화는 조금 좋아졌다고 안도하는 데서 비롯된다.

재앙의 발생은 긴장을 풀고 게으름 피우는 데서 비롯된다. 효성의 흐려짐은 처자식에게

기울기 때문이다.

이상의 네 가지를 잘 살펴서 끝까지 변함 없이 신중하게 해야 한다.

官怠於宦成 病加於小愈(관태어환성 병가어소유)
禍生於懈怠 孝衰於妻子(화생어해태 효쇠어처자)
察此四者 愼終如始(찰차사자 신종여시)

【참고 설명】 시종여일(始終如一)

(1) 도(道)를 따라 시종여일(始終如一)해야 한다. 원칙을 따라 처음부터 끝까지 정성(精誠)을 드려야 한다. 즉 항상 긴장된 마음으로 정성을 다해서 일을 해야 한다.

(2) 벼슬에 올랐다고 거만하면 벼슬을 잃는다. 심하게 앓던 병세에 약간 차도가 있다고 안도하면 도리어 병이 악화된다. 장가를 들고 처자식만을 편애하면 부모에 대한 효도를 소홀히 할 염려가 있다. 해의(懈意)하거나 태만(怠慢)하지 마라.

[81] 그릇은 차면 넘치고, 사람도 재물을 많이 가지면 잃게 된다.

器滿則溢 人滿則喪(기만즉일 인만즉상)

【참고 설명】 만즉휴(滿則虧)

달도 차면 진다. 만즉휴(滿則虧)라. 파도도 높이 올랐다가 아래로 내려오게 마련이다. 그렇거늘 끝없는 욕심으로 끝없이 가지려고 하면 안 된다. 개인적 차원이나 국가적 차원만이 아니다. 우주적으로 내다보자. 역사도 발전하게 마련이다.

[82] 크기가 1척(尺) 되는 옥돌이라도 진짜 보물이 아니다. 〈귀중한 존재는 사람이다.〉 그러므로 사람은 시간을 아껴 〈착한 일을 해야 한다.〉

尺璧非寶 寸陰是競(척벽비보 촌음시경)

【참고 설명】 촌음을 아껴 일해라

(1) 우주천지 만물 중에 사람보다 더 귀중한 것이 없다. 그런데 인생은 짧다. 시간을 귀중히 여겨야 한다. 주어진 시간을 최대한 활용하여 공부하고 착한 일을 해야 한다.

(2) 하늘이 사람에게 귀중한 생명을 준 깊은 뜻을 알아야 한다. 수심(獸心)을 바탕으로 싸우면 안 된다. 무가치하게 마시고 놀기만 하면 안 된다.

[83] 양고기 국이 비록 맛이 좋아도 여러 사람의 입맛을 맞추기는 어렵다.

羊羹雖美 衆口難調(양갱수미 중구난조)

【참고 설명】 중구남방(衆口難防)

(1) 한결같은 도(道)를 따르면 모든 사람이 하나가 될 수 있다. 도를 안 따르고 이기적 욕심이나 감정을 따르기 때문에 저마다 다르고 서로 다투는 것이다.

(2) 오늘의 세계 정치가 바로 중구난방이다. 강대국이나 약소국이나 저마다 이기적 욕심(利己的 慾心)을 바탕으로 돈과 무력만을 독점하려고 한다.

(3) 그래서 사람들도 타락하고 있는 것이다. <그러면서도 도를 모른다.>

[84] 흰 구슬을 진흙 속에 던져도 그 흰빛을 더럽게 할 수 없다.

군자는 혼탁한 곳에서 살아도 마음을 흐리고 흩뜨리게 할 수 없다.

고로 소나무와 잣나무는 눈과 서리를 이겨내고, 밝은 지혜는 위급한 난국을 잘 넘기게 할 수 있는 것이다.

白玉投於泥塗(백옥투어니도)
不能汚穢其色(불능오예기색)
君子行於濁地(군자행어탁지)
不能染亂其心(불능염란기심)
故松栢可以耐雪霜(고송백가이내설상)
明智可以涉危難(명지가이섭위난)

【참고 설명】 항상불변(恒常不變)

(1) 군자(君子)는 절대선(絶對善)의 천도(天道)를 구현(具現)하려는 고결한 뜻을 지니고 있는 사람이다. 그러므로 혼탁한 속세에서도 타락하지 않는다. 군자의 절개는

엄동설한(嚴冬雪寒)에도 굽히지 않는 송백(松柏)과 같다.

(2) 논어에 있다. 「겨울 날씨가 혹독하게 추우면 소나무나 잣나무가 다른 나무보다 늦게 시듦을 알 수 있다.(歲寒然後 知松柏之後凋也)」 사기(史記)에 있다. 「세상이 혼탁해지면 비로소 맑은 선비가 누군지 알 수 있다.(擧世混濁纔見淸士)」<伯夷傳> 또 후한서(後漢書)에 있다. 「모진 바람이 불 때에 비로소 넘어지지 않는 억센 풀을 알 수 있고, 혹독한 서리철에 굳은 나무를 식별할 수 있다.(疾風知勁草嚴霜識貞木)」

[85] 산에 들어가 호랑이를 잡기는 쉬워도, 입으로 말 잘하기는 어렵다.

入山擒虎易 開口告人難(입산금호이 개구고인난)

【참고 설명】 잘하는 착한 말

(1) 악덕한 사람은 간교한 말로 남을 속이고 남의 재물을 탈취한다. 속세에서는 그런 말을 잘하는 말이라고 오해한다. 그러나 그런 말은 잘하는 말이 아니다. 하늘로부터 벌을 받고 또 일찍 죽게 되는 악한 말이다.

(2) 잘하는 착한 말은 바로 성현(聖賢)의 가르침이다. 곧 도를 따라 윤리 도덕을 실천하게 가르치고 깨우치는 말이다.

[86] 먼 곳의 물로는 가까운 불을 끄지 못한다. 먼 곳의 친척은 가까운 이웃만 못하다.

遠水不救近火(원수불구근화)
遠親不如近隣(원친불여근린)

【참고 설명】 먼 친척

(1) 사람은 하늘로부터 착한 본성을 내려받고 있다. 그러므로 착한 본성을 바탕으로 도를 따라 살아야 한다.

(2) 윤리 도덕적인 면에서는 가정에서는 부자(父子), 형제(兄弟)가 서로 사랑하고 협동해야 한다. 같은 조상(祖上)에서 갈라진 친척도 서로 사랑하고 돌봐주어야 한다.

[87] 해나 달이 밝아도 엎어 놓은 동이 밑까지는 비치지 않는다.

칼날이 날카로워도 죄 없는 사람을 베지 못한다.

그릇된 재앙이나 빗나간 화도 신중한 집안에는 들지 못한다.

日月雖明 不照覆盆之下(일월수명 부조복분지하)
刀刃雖快 不斬無罪之人(도인수쾌 불참무죄지인)
非災橫禍 不入愼家之門(비재횡화 불입신가지문)

【참고 설명】 복분(覆盆)의 깊은 뜻

(1) 「분(盆)」은 「동이나 그릇」이다. 「복분(覆盆)」은 「뚜껑을 덮어 놓거나 뒤집어 놓은 그릇」이라는 뜻이다. 이는 상징적 표현이다. 사람이 하늘로부터 받은 본성(本性)은 「착하고 빛이 난다.」 그것을 「엎어 놓거나 가로막았다」는

것은 곧 「수심」이나 「욕심」으로 「빛나는 본심을 가로막았다」는 뜻이다.

(2) 몸가짐이나 나라 다스리기를 도를 따라 신중(愼重)하고 성실(誠實)하게 하면 횡액(橫厄)이나 빗나간 재난(災難)을 당하지 않을 것이다. 죄를 짓지 않으면 형벌이 없다. <* 知危識險 終無羅網之門 : [56-1] 참고>

[88] 좋은 밭 만 이랑도 작은 재주를 몸에 지닌 것만 못하다.

良田萬頃(양전만경)
不如薄藝隨身(불여박예수신)

【참고 설명】 스스로 알아야 한다

(1) 사람은 누구나 다 저마다의 기능(技能)을 발휘하고 제 손으로 일해서 먹고살아야 한다.

(2) 당장 부귀(富貴)를 누린다고 아무 일도 하지 않거나 반대로 놀기만 하면 안 된다. 무위도식(無爲徒食)은 죄악이다. 천벌을 받는다.

[89] 대상이 되는 사람이나 사물에 접할 때 〈요는 다른 것이 아니다.〉 내가 원치 않는 것을 남에게 강요하지 말고, 또 행하고도 좋은 성과가 없으면 그 잘못된 원인을 자신에게서 구해야 한다.

接物之要(접물지요)
己所不欲 勿施於人(기소불욕 물시어인)
行有不得 反求諸己(행유부득 반구제기)

【참고 설명】 기소불욕 물시어인

(1) 「내가 원하지 않는 것을 남에게 강요하지 마라.」

(2) 「일이 잘못된 경우에는 그 원인을 자신에게서 찾아야 한다.」「군자는 자기에게서 구하고, 소인은 남에게서 구한다.(君子求諸己 小人求諸人)」

[90] 음주, 여색, 재물, 혈기의 네 가지 벽에 막혀 있다.

어질거나 어리석거나 많은 사람들이 곁채에 갇혀 있다.

만약에 세상 사람이면서 그 울타리를 넘고 나올 수 있다면, 그것이 바로 신선이 되고 죽지 않는 방도이다.

酒色財氣四堵墻(주색재기사도장)
多少賢愚在內廂(다소현우재내상)
若有世人跳得出(약유세인도득출)
便是神仙不死方(변시신선불사방)

【참고 설명】 울타리를 넘어야 한다

(1) 인간이 타락하는 악덕의 근본은 나쁜 욕구에 있다. 그 중에도 음주, 여색, 재물, 혈기의 네 가지가 가장 사람을

망치게 한다.

(2) 그들 네 개의 울타리를 뛰어넘을 수 있다면 누구나 신선이 될 수 있다. 다음 같은 격언도 있다.

(3) 「나 자신을 수양하고 남을 책망하지 않으면 재난을 면할 수 있다.(修己而不責人 則免於難)」<左傳>

(4) 「천하에서 가장 얻기 어려운 것은 형제의 인연이다. 토지나 전답은 쉽게 구할 수 있는 것이다.(天下難得者兄弟易求者田地)」<北齊書> 이때의 형제는 인(仁)을 중심하고 형제가 된다는 뜻이다. 즉 정신적・도덕적 형제가 된다는 뜻이다.

第6장 입교(立敎) 치정(治政)의 명언 명구

[설명] 옛날 통행본에 있는 「제13 입교편(立敎篇), 제14 치정편(治政篇), 제15 치가편(治家篇)」을 통합했다.

【참고 설명】 입교(立敎)의 중요한 내용

(1) 대체로 「바른 가르침〔敎〕과 배움〔學〕의 중요성」 및 「몸 가꾸기〔修身〕 집안 일으키기〔成家〕 및 나라 다스리기〔治國〕」 등에 관한 기본 도리를 말했다. 이는 곧 「삼강(三綱) 오륜(五倫)」을 비롯한 유교의 기본덕목을 말한 것이다. 다음 같은 내용이 있다.

(2) 일생은 어릴 때에 달렸고, 1년의 계획은 봄에 달려 있고, 하루의 계획은 새벽에 달려 있다. 그와 같이 수신(修身)과 보신(保身)의 기본은 효도와 도의(道義)의 실천이다. 성가(成家)의 기본은 독서(讀書)이다. 생재(生財)의 기본은 근검과 절약이다. 치국(治國)의 근본은 공평(公平)과 청렴(淸廉)이다.

(3) 장사숙(張思叔)의 좌우명(座右銘)에는 약 「14개 조항의 행동 지침」이 있다.

범익겸(范益謙)의 좌우명에는 「7개의 말하면 안 될 사항」과 「7개의 행하면 안 될 사항」이 있다.

강태공(姜太公)은 「부자가 못 되는 사유」를 여러 가지 열거했다. 즉 「십도(十盜) 삼모(三耗)」라고 했다.

[1] 사회에 나가서 지킬 도의(道義)의 기본은 곧 효도(孝道) 효행(孝行)이다.

상례와 제사에 지킬 예절이 있으니 진심으로 애통함을 근본으로 삼아야 한다.

전쟁에서 진(陣)을 칠 때에는 용맹을 근본으로 해야 한다.

정치의 기본 도리는 농민들과 농업 생산을 근본으로 삼고 세워야 한다.

나라를 맡아 다스리고 자리를 지킬 임금의 기본 도리는 오래 나라를 이어가고 발전되게 함을 근본 도리로 삼아야 한다.

재물 생산에도 때가 있다. 그러므로 때에 맞게 노력함을 근본으로 삼아야 한다.

〈* 한문 원문은 생략〉

【참고 설명】 항목별 요점

(1) 모두 여섯 개의 항목이다. 그 요점을 추리면 다음 같다.

① 입신유의(立身有義)의 근본은 효(孝)다.

② 상사유례(喪祀有禮)의 근본은 애(哀)다.

③ 전진유열(戰陣有列)의 근본은 용(勇)이다.

④ 정치유리(政治有理)의 근본은 농(農)이다.

⑤ 거국유도(居國有道)의 근본은 사(嗣)다.

⑥ 생재유시(生財有時)의 근본은 역(力)이다.

(2) 집안에서 효도하는 사람은 국가에도 충성하며 따라서 입신출세한다. 부모의 장례나 선조에 대한 제사는 경건하고 애도하는 마음으로 올려야 한다. 싸움터에서는 용맹을 으뜸으로 앞세운다. 정치는 생산과 경제를 중시해야 한다. 국가를 잘 지키고 대대로 물려 영원히 발전시켜야 한다. 때를 놓치지 말고 힘들여 생산하고 재물을 축적해야 한다. 이상은 오늘에도 귀중한 가르침이 될 것이다.

[2] 정치의 요체는 공정과 청렴이고, 집안을 일으키는 길은 검약과 근면이다.

爲政之要 曰公與淸(위정지요 왈공여청)
成家之道 曰儉與勤(성가지도 왈검여근)

【참고 설명】 위정(爲政)과 성가(成家)

정치는 공평무사(公平無私), 청렴결백(淸廉潔白)하게 해야 한다. 부지런히 일해서 벌고 알뜰히 절약해서 저축하면 집안이나 나라 살림이 풍요롭고 또 흥성하게 된다. 특히 국가 정치를 담당하는 위정자들은 절대선(絶對善)의 하늘의 도리를 따르고 실천해야 한다. 사사로운 욕심을 채우기 위해 나라의 재물을 축내면 안 된다.

[3] 독서는 집안을 일으키는 근본이다. 도를 따름은 집안을 보존하는 근본이다. 근검은 집안을 다스리는 근본이다. 온화 순종은 집안을

화목하게 하는 근본이다.

讀書起家之本(독서기가지본)
循理保家之本(순리보가지본)
勤儉治家之本(근검치가지본)
和順齊家之本(화순제가지본)

【참고 설명】 독서와 근검

바르고 착한 정치는 인정덕치(仁政德治)다. 그런 경우에는 글공부를 잘해야 입신출세할 수 있다. 법도 및 도리를 잘 따라야 벼슬이나 신분이 보장되고 따라서 가문도 잘 보존할 수가 있다. 가족이 서로 화목하고 온순해야 가정이 평화롭게 된다. 역경(易經)에 있다. 「집안이 바로잡혀야 천하가 안정된다.(正家而天下定)」

[4-1] 일생의 계획은 어릴 때에 세워야 한다. 1년의 계획은 봄에 세워야 한다. 하루의 계획은 새벽에 세워야 한다.

一生之計在於幼(일생지계재어유)
一年之計在於春(일년지계재어춘)
一日之計在於寅(일일지계재어인)

【참고 설명】 생(生) 연(年) 및 일(日)의 계획

(1) 세 가지 계획, 즉 하루의 계획, 1년의 계획, 일생의 계획을 말한다.

(2) 어려서 공부를 잘하고 수양을 잘해야 훌륭한 사람이

될 수 있다. 봄에 때를 놓치지 않고 농사를 잘해야 가을에 추수하고 겨울 양식을 저장할 수 있다. 새벽부터 일찍 일어나 부지런히 일을 해야 하루를 유효하게 쓸 수 있다.

[4-2] 어려서 배우지 않으면 늙어서 아는 것이 없게 된다. 봄에 밭을 갈지 않으면 가을에 소망할 것이 없게 된다. 새벽에 일어나지 않으면 종일 할 일이 없게 된다.

幼而不學 老無所知(유이불학 노무소지)
春若不耕 秋無所望(춘약불경 추무소망)
寅若不起 日無所辦(인약불기 일무소판)

【참고 설명】 출발점

배움에는 때가 있다. 어려서 잘 배워야 학식있는 사람이 된다. 어려서 글을 배우지 않으면 평생을 두고 후회하게 된다. 경작에도 때가 있다. 봄에 경작을 잘해야 가을에 수확할 수 있다. 새벽에 일어나 맑은 정신으로 글을 읽거나 부지런히 일을 해야 그날 하루를 알차게 쓸 수 있다.

[5] 다섯 가지 가르침이 있다. 아버지와 자식은 친애해야 한다. 임금과 신하는 의를 지켜야 한다. 남편과 아내 사이에는 분별이 있어야 한다. 연상자와 연하자는 질서가 있어야 한다. 벗과 친구 사이에는 믿음이 있어야 한다.

五敎之目(오교지목)
父子有親 君臣有義(부자유친 군신유의)
夫婦有別 長幼有序(부부유별 장유유서)
朋友有信(붕우유신)

【참고 설명】 다섯 가지 기본 윤리

(1) 윤리(倫理)는 사람들이 함께 어울려서 사는 도리이다. 인간과 인간이 서로 지킬 질서와 화목의 도리이다. 서로 사랑하고 협력하고 함께 잘사는 도리이다.

(2) 기본적 인간관계는 다섯이다. 그래서 오륜(五倫)이라고 한다. 윤리 도덕을 서로 지켜야 한다. 오륜을 잘 지켜야 인간 사회가 안정된다. 오륜은 동서고금을 통해 누구나 다 지켜야 할 기본 윤리의 핵심이다.

[6] 삼강은 세 개의 기본 강령을 말한다. 임금은 신하의 중심적 기준이 되어야 한다. 아버지는 자식의 중심적 기준이 되어야 한다. 남편은 아내의 중심적 기준이 되어야 한다.

三綱 君爲臣綱(삼강 군위신강)
父爲子綱 夫爲婦綱(부위자강 부위부강)

【참고 설명】 모범적 중심〔綱〕

(1) 중심적 존재는 모범이 되고 주체적 기준이 된다는 뜻이다. 도에서 벗어나 제멋대로 하면 중심적 존재가 될 수 없다. 삼강(三綱)은 오늘에도 적용되는 기본 윤리이다.

(2) 삼강이나 오륜(五倫)은 동양의 성현(聖賢)이 역사적 경험을 바탕으로 세운 귀중한 가르침이다.

[7] 충신은 두 임금을 섬기지 않는다. 열녀는 두 지아비를 섬기지 않는다.

忠臣不事二君(충신불사이군)
烈女不更二夫(열녀불갱이부)

【참고 설명】 충신과 열녀

주일무적(主一無適)이란 말이 있다. 하늘은 하나〔一〕다. 천도(天道)는 「일대지도(一大之道)」라고도 한다. 충신은 충절(忠節)을, 열녀는 정절(貞節)을 지킨다. 그러므로 「하나인 도」를 굳게 지킨다. 타락한 속세에서는 절조(節操)보다 물질적 이득을 얻으려고 한다.

[8] 관을 다스리는 선비는 공평하게 해야 한다. 재물 앞에서는 청렴하게 해야 한다.

治官莫若平 臨財莫若廉(치관막약평 임재막약렴)

【참고 설명】 공평과 청렴

국가 정치나 관공서에서 다스리는 공무는 모든 사람을 위해 공평무사하게 처리해야 한다. 또 현재만 보지 말고 미래의 발전도 염두에 두어야 한다.

[9-1] 말은 충성되고 믿음직하게 해야 한다.

행동은 반드시 독실하고 경건하게 해야 한다. 음식은 반드시 신중히 절도있게 취해야 한다. 글은 네모지게 바르게 쓰고, 용모를 단정하고 정중하게, 의관은 잘 갖추고 점잖게 차려야 한다.

凡語必忠信(범어필충신)
凡行必篤敬(범행필독경)
飮食必愼節(음식필신절)
字畫必楷正(자획필해정)
容貌必端莊(용모필단장)
衣冠必整肅(의관필정숙)

[9-2] 걸음은 반드시 침착하고 조용하게 걸어야 한다. 몸가짐은 반드시 단정하고 정숙하게 해야 한다. 일을 할 때에는 반드시 시작부터 신중하게 해야 한다. 말할 때에는 반드시 실행할 수 있을까를 생각해야 한다. 인륜도덕을 굳게 지키고 실천해야 한다. 승낙하는 대답은 반드시 신중하게 해야 한다. 남의 선행을 보면 자신이 한 듯이 기뻐하고, 남의 잘못을 보면 자신이 한 듯이 아프게 여긴다.

步履必安詳(보리필안상)
居處必正靜(거처필정정)

作事必謀始(작사필모시)
出言必顧行(출언필고행)
常德必固持(상덕필고지)
然諾必重應(연락필중응)
見善如己出(견선여기출)
見惡如己病(견악여기병)

[9-3] 무릇 이상의 열네 개의 조목은 나 자신도 아직 깊이 살피고 실행하지 못한 바이다. 그러므로 이 글을 써서 오른편에 붙이고 조석으로 보며 경계하노라.

凡此十四者 皆我未深省(범차십사자 개아미심성)
書此當座右 朝夕視爲警(서차당좌우 조석시위경)

【참고 설명】 좌우명(座右銘)

북송(北宋)의 학자, 장사숙(張思叔)의 좌우명이다. 오늘의 우리도 잘 지키고 실천해야 할 14개의 계명(戒銘)이다. 즉 언어 행동을 경건하게 해야 한다. 용모나 의관을 단정하게 해야 한다. 주거 환경을 안정되게 하고 식생활을 간소하게 해야 한다. 처음부터 일을 신중하게 꾸미고 실천 불가능한 말이나 대답을 하지 말아야 한다. 걸음걸이나 글씨를 반듯하게 해라. 항상 어진 덕을 지니고 선행(善行)에 힘써야 한다.

[10-1] 범익겸(范益謙)의 좌우명에 있다. 선비는 다음 일곱 가지에 관한 말을 하지 마라.

① 조정의 이해와 변방의 정보와 인사에 대한 말을 하지 마라. ② 주현을 다스리는 관원들의 장단과 득실에 대한 말을 하지 마라. ③ 여러 사람들이 저지른 과실이나 악한 죄과에 대한 말을 하지 마라. ④ 관직을 얻고 때를 타고 세력에 아부하려는 생각에 대한 말을 하지 마라. ⑤ 재물의 다소와 가난을 피해 부자가 되려는 생각에 대한 말을 하지 마라. ⑥ 음탕하고 난잡하게 여색을 들추어내는 말을 하지 마라. ⑦ 남의 물건을 탐내고 음식을 얻어먹으려는 속셈을 보이는 말을 하지 마라. 이상에 관한 말들을 일체 하지 말아야 한다.
〈* 한문 원문 생략〉

[10-2] 또 남이 부탁한 편지를 뜯어보거나 지체하면 안 된다. 남의 곁에 앉아 있을 때 남의 사사로운 서류를 엿보면 안 된다. 남의 집에 들어갔을 때 남이 쓴 문장을 훑어보면 안 된다. 남에게 빌린 물건을 파손하거나 안 돌려주면 안 된다. 음식을 먹을 때 이것저것을 가리고 골라서 집어먹으면 안 된다. 남과 한자리에 있을 때 자기 혼자만 편하고자 하면 안 된다. 다른 사람의 부귀를 지나치게 선

망하거나 욕하면 안 된다.

〈* 한문 원문 생략〉

[10-3] 이상에 열거한 사항들을 범하는 사람이 있으면 그것으로 그의 마음씨가 바르지 못함을 알 수 있다. 따라서 마음을 바로잡고 몸을 닦음에 크게 해가 될 것이다. 그러므로 이상을 적어서 〈좌우명으로 삼고 자주 보면서〉 스스로 경계해야 한다.

〈* 한문 원문은 난삽하다. 고로 생략했다.〉

【참고 설명】 경계해야 할 일

(1) 말을 삼가야 할 7개 항

① 조정의 이해관계나 국경지대의 사정 및 인사 기밀에 관한 말을 하지 마라.

② 지방의 정치 담당자들의 장단 득실을 비판하지 마라.

③ 대중의 허물이나 과실을 매도하지 마라.

④ 장차 관직을 얻기 위하여 세도에 아부한다는 따위의 말을 하지 마라.

⑤ 재물이나 부귀를 탐내고 가난을 싫어한다는 따위의 말을 하지 마라.

⑥ 음란한 언동을 삼가라.

⑦ 천덕스럽게 남의 재물을 탐내거나 음식을 얻어먹

으려 하지 마라.

(2) 해서는 안 될 7개 항

① 남이 부탁한 편지를 뜯어보거나 지체하면 안 된다.

② 남과 같이 있을 때, 남의 문서를 엿보지 마라.

③ 남의 집에 있을 때 글을 함부로 보면 안 된다.

④ 남에게 빌린 물건을 파손하지 말고 즉시 돌려주어야 한다.

⑤ 음식을 먹을 때 이것저것 골라먹지 마라.

⑥ 여러 사람과 함께 있으면서 자신의 편리만을 취하지 마라.

⑦ 남의 부귀를 지나치게 부러워하거나, 반대로 지나치게 헐뜯고 욕하지 마라.

(3) 자신의 주체성을 확립하고, 자기의 본분을 지키고, 자기 일을 성실하게 해야 한다. 그렇지 못하기 때문에 남에 대한 쓸데없는 간섭을 하게 되는 것이다.

(4) 인격을 완성하기 위해 적극적으로 착한 일을 하는 것도 중요하다. 그러나 소극적 선행도 중요하다. 즉 위에 적힌 14개가 다 「하면 안 될 사항」들이다. 이상은 오늘에도 잘 지켜야 할 일들이다.

[11-1] 주(周)나라 무왕(武王)이 태공(太公)에게 「빈부귀천(貧富貴賤)」이 같지 않은 이유를 질문하자 태공이 다음같이 말했다.

〈* 한문 원문 생략〉

[11-2] 〈태공이 말했다.〉「저마다 누리는 부귀도 성인(聖人)의 덕(德)같이 천명(天命)으로 주어지는 것입니다.」

「부를 누리는 사람은 모든 것을 절도있게 한 사람입니다.」

「부귀를 누리지 못하는 사람은 열 가지 면에서 도를 따르지 않는 도적(盜賊)같이 나쁜 짓을 한 자들입니다.」

〈* 한문 원문 생략〉

[11-3] 무왕이 물었다.「무엇을 십도(十盜)라고 합니까.」

[11-4] 태공이 말했다.「곡식이 제때에 익었는데 때맞춰 거둬들이지 않는 것이 첫째 도적입니다. 거두어들여도 창고에 잘 쌓지 않는 것이 둘째 도적입니다. 일없이 등불을 켜 놓고 자는 것이 셋째 도적입니다. 게을러서 밭갈이하지 않는 것이 넷째 도적입니다. 공력(功力)을 남에게 베풀지 않는 것이 다섯째 도적입니다. 항상 간교하고 해로운 짓만 하는 것이 여섯째 도적입니다. 딸을 너무 많이 낳아서 키우는 것이 일곱째 도적입니다. 아

침에 늦게 일어나고 낮잠 자는 것이 여덟째 도적입니다. 술을 탐하고 환락에 빠지는 것이 아홉째 도적입니다. 남을 시기하는 자가 열째 도적입니다.」

〈* 한문 원문 생략〉

【참고 설명】 도적(盜賊)의 뜻

(1) 도를 따라 근검절약하거나, 부지런하게 일하고 생산하거나, 예의범절을 지키지 않는 부도덕한 사람을 도적이라고 한 것이다.

(2) 더 심하게 술 마시고 싸우거나, 남을 속이고 남의 재물을 탈취하는 악덕한 사람을 도적이라 한 것이다.

[11-5] 무왕(武王)이 「집에 십도가 없는데도 부자가 되지 못함은 어째서입니까.」하고 묻자, 태공(太公)이 말했다. 「그런 집안에는 반드시 세 가지의 손실을 방치하고 있을 겁니다.」 무왕이 「세 가지의 손실이란 무엇을 말합니까.」하고 묻자 태공이 대답했다. 「창고가 헐고 비가 새는 데도 수리하지 않고 쥐나 새들이 곡식을 마구 먹게 내버려두는 것이 첫 번째 손실입니다. 거두어들이고 씨 뿌릴 때를 놓쳐 농사를 망치는 것이 두 번째 손실

입니다. 쌀이나 곡식을 더러운 땅바닥에 흩뜨려 뿌리는 것이 세 번째 손실입니다.」

[11-6] 무왕이 물었다.「집안에 세 가지의 손실이 없는데도 부자가 되지 못함은 어찌해서입니까.」 태공이 말했다.「그런 사람 집안에는 반드시 다음의 열 가지 잘못이 있습니다. 1은 그르침, 2는 잘못, 3은 치졸함, 4는 실수, 5는 거역, 6은 흉측함, 7은 종놈 행세, 8은 천민 행세, 9는 우둔함, 10은 뻔뻔스러움입니다. 고로 화를 자초하는 것이지 절대로 하늘이 재앙을 내리는 것이 아닙니다.」

……太公曰 人家必有(태공왈 인가필유)
一錯(일착) 二誤(이오) 三痴(삼치)
四失(사실) 五逆(오역) 六不祥(육불상)
七奴(칠노) 八賤(팔천) 九愚(구우) 十强(십강)
自招其禍(자초기화) 非天降殃(비천강앙)

[11-7] 무왕이「자세히 듣고 싶습니다.」하자, 태공이 말했다.「아들을 기르되 교육 훈도를 않음이 1의 그르침이고, 어린이를 잘 훈도하지 않음이 2의 잘못이고, 신부를 처음 맞아 엄히 훈도하지 않음이 3의 치졸이고, 말하기

전에 먼저 웃는 것이 4의 실수이고, 부모를 양육하지 않음이 5의 거역입니다.」

……養男不敎訓爲一錯(양남불교훈위일착)
嬰孩不訓爲二誤(영해불훈위이오)
初迎新婦 不行嚴訓爲三痴(초영신부 불행엄훈위삼치)
未語先笑爲四失(미어선소위사실)
不養父母爲五逆(불양부모위오역)

[11-8]「밤에 알몸으로 일어나 나가는 것이 6의 흉측함이고, 남의 활 당기기를 좋아하는 것이 7의 종놈 행세이고, 남의 말 타기를 좋아하는 것이 8의 천민 행세이고, 남의 술을 마시며 다른 사람에게 권하는 것이 9의 우둔함이고, 남의 밥을 얻어먹으면서 친구에게 먹으라고 함이 10의 뻔뻔스러움입니다.」 무왕이 말했다.「참으로 좋고 옳은 말이로다.」

夜起赤身爲六不祥(야기적신위륙불상)
好挽他弓爲七奴(호만타궁위칠노)
愛騎他馬爲八賤(애기타마위팔천)
喫他酒勸他人爲九愚(끽타주권타인위구우)
喫他飯命朋友爲十强(끽타반명붕우위십강)
武王曰 甚美誠哉是言也(무왕왈 심미성재시언야)

【참고 설명】 여러 가지 일

(1) 주(周) 무왕과 강태공의 문답 속에는 여러 가지 교

훈이 담겨 있다. 부귀를 누리는 것은 천명에 의한다. 그러나 자신이 노력하고 잘못하지 않으면 작은 부자로 살 수 있다. 특히 집안에서 재물을 축내는 열 가지 항목, 즉 십도(十盜)와 삼모(三耗)를 피해야 한다.

(2) 그래도 부자가 못되는 것은 열 가지 잘못이 있기 때문이다. 결국 불행이나 재앙은 사람이 잘못하여 자초하는 것이다. 이상은 오늘의 우리들도 명심할 사항들이다.

【참고 설명】 치정(治政)의 내용

(1) 주로 벼슬을 사는 관리들의 마음가짐과 몸가짐에 대한 가르침이다. 요점을 다음과 같이 추릴 수 있다. 우선 백성을 위해 일을 하는 관리들은 청렴(淸廉)하고 신중(愼重)하고 근면(勤勉)해야 한다. 관리들이 받는 봉록은 백성이 바친 재물임을 잘 알고 고맙게 여겨야 한다.

(2) 관리들은 절대로 노여움을 터뜨리지 말아야 한다. 폭노(暴怒)하면 자신이 먼저 다친다. 공직사회에서는 성실(誠實)과 겸양(謙讓)으로써 상하(上下)가 서로 화목해야 한다. 아울러 허물은 자기에게 돌리고 공적은 남에게 밀어주는 미덕을 지녀야 한다. 그러나 정의(正義)를 위해서는 충간(忠諫)도 서슴치 말고 올려야 한다.

(3) 다음과 같은 태도로 벼슬을 살아라. 「임금 섬기기를 어버이 섬기듯이 하고, 장관 받들기를 형님 모시듯이 하고, 동료들과 어울리기를 가족같이 하고, 아전들 대하기를 자기 집의 노복같이 하고, 백성들 사랑하기를 처자식같이 하

고, 관청일 처리를 집안일 처리하듯이 해야 한다.」

(4) 그래야 정성을 다했다고 말할 수 있다. 「나를 바르게 하면 모든 것이 바르게 잡힌다.(正己以格物)」

[12] 일단 명을 받고 부임한 관리가 진실로 자기의 직책과 일을 소중히 여기는 마음을 지닌다면, 자기가 다스리는 사람들을 잘 제도할 수 있을 것이다.

一命之士(일명지사)
苟有存心於愛物(구유존심어애물)
於人必有所濟(어인필유소제)

【참고 설명】 백성을 사랑하는 마음

(1) 「애물(愛物)의 물(物)」은 「넓은 뜻으로 대상(對象)」이다. 즉 「자기가 다스리는 백성과 처리할 일」이란 뜻을 다 포함한다. 그 중에도 백성이 가장 귀중한 대상이다.

(2) 관리는 자기가 다스릴 백성을 마음으로 진정 사랑해야 한다. 그래야 모든 사물 처리도 신중하고 착하게 된다.

[13] 위에는 임금이 명령하고, 중간에는 관리가 다스리고, 아래에는 백성들이 따른다. 백성들의 폐백으로 옷을 입고, 창고의 곡식으로 밥을 먹으니, 그대들의 봉급이나 녹미

가 모두 백성들의 살과 기름이다. 백성을 학대하기는 쉬워도 푸른 하늘은 못 속인다.

上有麾之(상유휘지)
中有乘之(중유승지) 下有附之(하유부지)
幣帛衣之(폐백의지) 倉廩食之(창름식지)
爾俸爾祿(이봉이록) 民膏民脂(민고민지)
下民易虐(하민이학) 上蒼難欺(상창난기)

【참고 설명】 하늘은 못 속인다

「상창난기(上蒼難欺)」는 「위에서 굽어보고 있는 푸른 하늘을 속이기는 어렵다」는 뜻이다. 관리들은 백성들의 땀과 노력의 대가로 녹봉을 받아먹고 산다. 그러므로 백성들에게 잘해야 한다. 백성을 학대하면 하늘이 노한다.

[14] 관직을 지키는 법은 오직 셋이다. 청렴하고 신중하고 근면함이다. 셋을 잘 알고 실천하는 것이 곧 신분을 유지하는 바탕임을 알아야 한다.

當官之法 唯有三事(당관지법 유유삼사)
曰淸 曰愼 曰勤(왈청 왈신 왈근)
知此三者 知所以持身矣(지차삼자 지소이지신의)

【참고 설명】 청렴, 신중, 근면

관리가 되어 나랏일을 다스리면 청렴결백해야 한다. 그리고 처신에 있어서나 공무 처리에 있어서나 신중해야 한다. 아울러 항상 근면하고 성실하게 직책을 수행해야 한다. 그래야 관리의 도리도 다하고 신분도 보장될 수 있을 것이다.

[15] 관직을 맡은 사람은 심하게 화를 내는 일이 없도록 경계해야 한다. 일처리에 있어 혹 잘못이 있으면 마땅히 자상하게 대처하면 합당하게 될 것이다. 만약에 관리가 먼저 심하게 화를 내면 자신을 다치게 할 뿐, 남을 해칠 수 있는 것이 아니다.

當官者 必以暴怒爲戒(당관자 필이폭노위계)
事有不可 當詳處之(사유불가 당상처지)
必無不中(필무부중)
若先暴怒 只能自害(약선폭노 지능자해)
豈能害人(기능해인)

【참고 설명】 심하게 화를 내면 안 된다

(1) 관리는 감정을 억제하고 냉철히 일을 처리해야 한다. 혹 일이 잘 안 되어도 침착하게 세밀히 처리하면 잘 될 것이다.

(2) 함부로 화를 내면 자신의 인격에 손상을 준다. 백성이 생산하는 재물을 녹봉으로 받는 관리들은 백성에게 감사하며 바르게 봉사해야 한다. 함부로 화를 내면 더욱 일도 안 되고 민심도 멀어진다.

[16] 임금 섬기기를 어버이 섬기듯이 하고, 윗사람 받들기를 형님 모시듯 하라. 동료들과 어울리기를 가족같이 하고, 아전들 대하기를 자기 집의 노복같이 하라. 백성들 사랑하기를 처자식같이 하고, 관청일 처리를 집안일 처리하듯이 하라. 그래야 나의 정성을 다했다고 말할 수 있다. 만약에 털끝만큼이라도 이르지 못한 점이 있다면, 모두가 나의 정성에 미진함이 있기 때문이다.

事君如事親(사군여사친)
事長官如事兄(사장관여사형)
與同僚如家人(여동료여가인)
待群吏如奴僕(대군리여노복)
愛百姓如妻子(애백성여처자)
處官事如家事(처관사여가사)
然後能盡吾之心(연후능진오지심)
如有毫末不至(여유호말부지)
皆吾心有所未盡也(개오심유소미진야)

【참고 설명】 모든 사람을 사랑해라

모든 사람을 사랑하는 마음이 인심(仁心)이다. 인심을 상하좌우(上下左右)에 확대해야 공동체에 사랑이 넘치고 흥성하고 또 발전한다. 그 주체는 바로 나〔我〕다.

[17] 어떤 사람이 물었다. 「주부는 수령을

보좌하는 직책인데, 주부가 하고자 하는 일을 수령이 혹 반대하고 허락하지 않으면 어찌 해야 합니까.」

이천선생이 말했다. 「마땅히 서로 정성스런 마음으로써 움직이게 해야 한다. 가령 지금 수령과 주부가 서로 화합하지 못하고 있다면 그것은 사사로운 의견 차이에서 비롯된 다툼이다. 수령은 고을의 장관이니 만약에 주부가 아버지나 형을 섬기는 도리로 수령을 섬기고, 잘못은 자기에게 돌리고 잘된 일의 공적이 혹시라도 수령에게 돌아가지 않으면 어쩔까 하고 걱정하는 정성스런 마음을 거듭 쌓아 올리면 어찌 서로를 감동시키지 못하겠느냐.」

〈* 한문 원문 생략〉

【참고 설명】 성의(誠意)

(1) 이천선생(伊川先生)은 북송(北宋)의 대학자로 정호(程顥)를 말한다. 형은 정이(程頤)로 다음에 나오는 명도선생(明道先生)이다.

(2) 내가 성의(誠意)를 기울이면 상대가 감동한다. 상급자와 하급자는 서로 화목하고 화합해서 공무를 수행해야 한다. 기준을 도리에 두고 서로 정성을 다해야 한다.

[18] 유안례가 물었다. 「어떻게 백성에게 대해야 합니까.」 명도선생이 말했다. 「각자의 뜻을 펴게 해주어라.」 또 「관리들을 어떻게 다루면 됩니까.」하고 묻자 대답했다. 「자신을 바르게 함으로써 남도 바르게 하라.」

劉安禮問 臨民(유안례문 임민)
明道先生曰 使民各得輸其情(명도선생왈 사민각득수기정)
問御吏 正己以格物(문어리 정기이격물)

【참고 설명】 정기(正己)

(1) 백성들의 바른 뜻과 욕구를 적절히 충족시켜 주는 정치를 펴야 한다. 백성을 억압하고 착취하는 학정(虐政)을 펴면 안 된다.

(2) 지도자가 몸가짐을 바르게 하면 그 아래의 부하들이나 그가 다스리는 일들도 바르게 될 것이다. 그래야 나라도 바르게 다스려질 것이다.

[19] 도끼 형벌을 받아도 바르게 간하고, 가마솥에 죽더라도 바른 말을 다하면 그를 충신이라 할 것이다.

迎斧鉞而正諫(영부월이정간)
據鼎鑊而盡言(거정확이진언)
此謂忠臣也(차위충신야)

【참고 설명】 종합 설명

(1) 임금이 도에서 벗어나 잘못하면 충신은 생명을 걸고라도 바르게 간언을 올려야 한다. 윗사람의 잘못을 알면서 아부하거나 겁을 내고 모른 척하면 국가와 백성들이 피해를 입는다.

(2) 정다산(丁茶山)의 목민심서(牧民心書)에는 관리들이 따르고 지켜야 할 말이 있다. 「예를 지킴에 공손하고, 의를 따름에 청렴해야 한다. 예와 의를 다 온전하게 지키고, 또 남들과 화목하고 도에 맞게 해야 그를 비로소 군자라고 말할 수 있다.(禮不可不恭 義不可不潔 禮義兩全 雍容中道 斯之謂君子也)」 이때의 군자는 도를 따라 임금을 받들고 백성을 다스리는 선비의 뜻이다.

(3) 「법은 임금의 명령이다. 법을 안 지킴은 곧 임금의 명령을 어김이다.(法者 君命也 不守法 是不遵君命者也)」 「법을 굳게 지키고 절대로 굽히면 안 된다. 그렇게 하면 곧 사사로운 욕심을 물리치고 하늘의 말을 듣게 되고, 따라서 오직 천리의 흐름을 따라 나가게 된다.(確然持守 不撓不奪 便是人欲退 聽天理之流行)」 즉 하늘의 도리가 천지에 펴져 흐르고 만물을 낳고 키우고 번성케 한다는 뜻이다.

[20] 가정에서 아랫사람들이 일의 크고 작음을 막론하고 독단으로 처리하면 안 된다. 반드시 가장의 뜻을 알아본 다음에 뜻에 따라

야 한다.

凡諸卑幼 事無大小(범제비유 사무대소)
毋得專行 必咨稟於家長(무득전행 필자품어가장)

【참고 설명】 가장의 뜻을 따라야 한다

(1) 가정은 사회의 기본 단위가 되는 하나의 공동체이다. 그 공동체의 중심적 존재가 가장이다.

(2) 가족의 모든 성원들이 효도 및 도덕의 도리를 따르고 실천해야 한다. 그러면 자연히 가장을 중심하고 통일된 행동을 취하게 된다. 그래야 가족이 단합하고 가정이 번성한다.

[21] 손님 접대는 풍족하게 하고, 집안 살림은 검소하게 해야 한다.

待客不得不豊(대객부득불풍)
治家不得不儉(치가부득불검)

【참고 설명】 손님대접을 잘해라

집안 살림은 알뜰하게 하되 손님 접대는 후하게 해야 한다. 자신은 낭비하면서 남에게 인색하면 안 된다.

[22] 어리석은 사람은 아내를 두려워하고, 현명한 여자는 남편을 공경한다.

痴人畏婦 賢女敬夫(치인외부 현녀경부)

【참고 설명】 부부의 도리

부부가 서로 사랑하고 공경해야 가정이 화락(和樂)하고 자녀를 잘 양육할 수 있다. 그러기 위해서는 남편과 아내가 저마다 부부의 도리와 본분을 잘 지키고 성실하게 해야 한다.

[23] 종을 부릴 때에는 먼저 그들의 춥고 굶주림을 염려해야 한다.

凡使奴僕 先念飢寒(범사노복 선념기한)

【참고 설명】 사랑으로 부려 쓴다

종이나 노비도 같은 사람이다. 인간애(人間愛)를 가지고 그들을 부려야 한다. 그들로부터 도움을 받는다는 생각으로 그들을 따뜻하게 대해 주고, 또 흡족하게 보수를 주어야 한다. 그러나 더 높은 단계는 하늘의 사랑과 하늘의 도리를 따라 인애를 베풀어야 한다.

[24] 자식이 효도하면 어버이가 즐겁다. 집안이 화목하면 만사가 잘된다.

子孝雙親樂 家和萬事成(자효쌍친락 가화만사성)

【참고 설명】 가화만사성(家和萬事成)

자식이 부모에게 감사하고 진정으로 효도를 해야 사랑의 꽃이 만발하고 집안이 화목하고 번창한다.

[25] 항상 불나지 않게 미리 조심하고 밤마다 도적이 들어오지 못하게 방비하라.

時時防火發 夜夜備賊來(시시방화발 야야비적래)

[26] 아침에 일찍 일어나 일하고, 또 저녁에 늦게까지 일하는 모양을 보면 그 집안의 흥하고 망할 것을 점칠 수 있다.

觀朝夕之早晏(관조석지조안)
可以卜人家之興替(가이복인가지흥체)

【참고 설명】 조석지조안(朝夕之早晏)

온 집안 식구가 아침 일찍이 일어나 밤늦게까지 부지런히 일하고 근검절약하면 그 집안은 흥하고, 반대로 게으르고 사치 낭비하면 가세가 기울고 결국에는 망한다.

[27] 결혼에 재물을 논하는 것은 오랑캐들이 하는 방식이다.

婚娶而論財 夷虜之道也(혼취이론재 이로지도야)

【참고 설명】 결혼과 재물

(1) 결혼은 신성하고 중대한 예식이다. 남녀간의 사랑과 인격을 앞세워야 한다. 재물의 다소를 결혼의 조건으로 삼는 것은 오랑캐들이 취하는 방식이다.

(2) 기타 참고 될 말 : 「언어를 신중하게 함으로써 자신의 덕을 닦고, 음식을 절도있게 취함으로써 자기의 몸울

보양한다.(愼言語以養其德 節飮食以養其體)」<近思錄> 효(孝)는 「계지술사(繼志述事)」다. 부모의 뜻과 이상을 계승하고 집안의 일을 더욱 발전시킴이다.

【참고 설명】 치가(治家)의 요점

(1) 가족들은 가장(家長)을 받들고 따라야 한다. 가족들이 저마다 자기만을 내세우고 제멋대로 행동하면 가정의 통일이 이루어지지 않는다.

(2) 집안 살림은 검소하게 하되, 손님 대접은 후하고 후덕하게 해야 한다. 이와 반대로 자기 집안에서는 사치와 낭비를 하면서 남에게는 인색하게 하면 인심(人心)을 잃어 결국에는 사회적으로 고립된다.

(3) 어리석은 남자는 아내를 겁낸다. 현명한 아내는 남편을 공경한다. 남편이 아내를 사랑하는 것과 겁내는 것은 다르다.

(4) 노비(奴婢)를 부릴 때에는 그들의 배고픔과 헐벗음을 염려해 주어야 한다. 남을 사랑하고 남의 간고한 사정을 동정하는 인심(仁心)이 있어야 한다.

(5) 자식이 부모에게 효도해야 한다. 그래야 양친이 즐겁게 산다. 또 모든 가족들이 서로 화목해야 가정일도 잘 처리할 수 있다. 특히 불조심하고 또 도둑을 방비해야 한다. 새벽 일찍 일어나 부지런히 일을 해야 집안이 흥성한다.

(6) 결혼에 재물을 논함은 오랑캐의 짓이다. 지나친 금전만능주의에 빠지면 안 된다.

제7장 안의(安義) 언어(言語)의 명언 명구

[설명] 옛 책 「제16 안의편(安義篇), 제17 준례편(遵禮篇), 제18 언어편(言語篇), 제19 교우편(交友篇)」을 통합한 것이다. 옛 책 「제16 안의편」에는 3개의 어구가 있을 뿐이다.

[1] 사람이 있은 다음에 부부가 있다. 부부가 있은 다음에 부자가 있다. 부자가 있은 다음에 형제가 있다. 일가에서 가장 친근한 혈육은 이상의 셋이다. 이 삼친(三親)이 구족(九族)으로 확대되므로 〈일가친척 모든 사람이〉 삼친을 바탕으로 한다. 그러므로 삼친은 인륜에 있어 가장 중요하다. 고로 서로 돈독히 사랑하고 협동해야 한다.

夫有人民 而後有夫婦(부유인민 이후유부부)
有夫婦 而後有父子(유부부 이후유부자)
有父子 而後有兄弟(유부자 이후유형제)
一家之親 此三者而已矣(일가지친 차삼자이이의)
自玆以往至于九族(개자이왕지우구족)
皆本於三親焉(개본어삼친언)
故於人倫爲重也 不可不篤(고어인륜위중야 불가부독)

【참고 설명】 삼친(三親)

(1) 북제(北齊)의 안지추(顔之推)가 지은 안씨가훈(顔

氏家訓)에 있는 말이다.

(2) 윤리의 핵심은 「삼친(三親)」이다. 즉 「부부, 부자, 형제」다. 이들로부터 확대된 것이 일가친척이다. 그러므로 가정에서 먼저 「삼친」이 돈독히 사랑하고 서로 협동해야 한다.

(3) 남녀가 결혼하여 가정을 꾸밈으로써 아들딸을 낳고 부모 자식 및 형제자매가 형성된다. 그러므로 남편은 아내를 부드럽게 사랑하고, 아내는 남편을 공경하고 내조해야 한다. 부모는 자애로써 자식들을 양육하고 또 잘 훈육해서 훌륭한 사람으로 키워야 한다. 자식들은 지극한 효도로써 부모를 섬기고, 아울러 성실하게 공부하고 수양해서 사회의 일꾼이 되어야 한다. 형제자매는 각자가 부모에게 효순(孝順)해야 한다. 그래야 모든 사람이 가업을 계승하고 더욱 발전케 할 수 있을 것이다. 「삼친」이 바르게 서야 일가도 번창한다.

[2] 형제는 손발과 같고, 부부는 옷과 같다. 옷이 떨어지면 새것으로 바꿀 수도 있다. 그러나 손발이 잘린 경우에는 새로 잇기 어렵다.

兄弟爲手足(형제위수족)
夫婦爲衣服(부부위의복)
衣服破時更得新(의복파시갱득신)
手足斷處難可續(수족단처난가속)

【참고 설명】 장자(莊子)의 말

형제는 남남이 아니다. 한부모에서 태어난 같은 동기이다. 한몸에 있는 손발처럼 가문의 흥성 발전을 위해 서로 사랑하고 협동해야 한다. 부부 사이를 옷에 비유하여 떨어지면 바꿀 수 있다고 한 말은 야박하지만 사실이다. 그러나 부부가 있은 다음에 부모와 자식도 있고 또 형제자매도 있다. 그러므로 부부도 한마음 한몸이 되어야 한다. 그래야 사랑의 가정을 꾸밀 수 있다.

[3] 부자에게 유별나게 친한 척 하지도 않고, 가난한 사람을 멸시하고 멀리하지도 않는 그런 사람이 바로 사내대장부다. 상대가 부자면 가까이 접근하고, 상대가 가난하면 뒤로 물러나는 그런 사람은 참으로 졸장부이다.

富不親兮貧不疎(부불친혜빈불소)
此是人間大丈夫(차시인간대장부)
富則進兮貧則退(부즉진혜빈즉퇴)
此是人間眞小輩(차시인간진소배)

【참고 설명】 대장부와 소인배

부해도 교만하지 않고 가난해도 비굴하지 않아야 대장부다. 「가난하면서도 천도를 따라 즐겁게 살고, 부자이면서도 예절 지키기를 좋아해야 한다.(貧而好樂 富而好禮)」 <論語>

【참고 설명】 예(禮)와 진선미(眞善美)

(1) 예(禮)는 영장(靈長)인 사람만이 알고 또 행한다. 예는 천리(天理)를 따른 생활미(生活美)이다. 「예」는 「진(眞)·선(善)·미(美)」를 통합한 예술미(藝術美)이기도 하다.

(2) 「진(眞)」은 「진리(眞理)=천리(天理)」다. 사람만이 탁월한 지성(知性)과 지혜(智慧)로 「진리=천리」임을 알 수 있다. 단 배워야 깨닫고 안다. 깨닫고 안다는 것을 익혀야 한다. 그래서 공자가 논어(論語)에서 「학이시습지 불역열호(學而時習之 不亦說乎)」라고 했다.

(3) 「선(善)」은 바르고 착하다는 뜻이다. 기준은 「하늘의 도리」다. 하늘은 만물을 생육화성(生育化成)한다. 하늘의 도리는 광명정대(光明正大)하고 공평무사(公平無私)하고, 또 영원불변(永遠不變)한다. 그러므로 모든 사람이 함께 다 잘살고, 또 역사적으로 문화를 계승 발전하는 것이 선(善)이다.

(4) 「미(美)」도 「천리를 따른 아름다움」이다. 특히 사람의 경우는 「안과 밖이 하나가 되어야 한다.」 즉 「안의 정신적 도덕성을 바탕으로 외형적으로 참되게 아름다워야 한다.」

(5) 주색잡기(酒色雜技)로 사람을 홀리는 음녀(淫女)가 겉으로 화장하고 비단옷을 입고 흔들거리는 품은 미(美)가 아니다. 과장된 선전을 하는 TV 광고는 예술이 아

니다.

(6) 들에 핀 작은 꽃송이는 더없이 아름답다. 푸른 하늘을 나는 흰 갈매기도 아름답다. 인간도 천도를 따라 속에 있는 착한 마음을 바탕으로 꽃을 피워야 참으로 아름답게 된다.

【참고 설명】 예(禮)와 윤리(倫理) 도덕(道德)

(1) 문화인은 음식을 먹을 때에도 예절을 가린다. 동물을 잡는 사냥에서도 지킬 한계가 있다. 심지어 생사를 건 전쟁을 해도 예를 지키고 인도주의(人道主義)를 벗어나지 않아야 한다. 수심(獸心)을 바탕으로 남을 죽이고 남의 재물을 탈취하는 것은 절대로 사람이 할 일이 아니다.

(2) 예는 「이치 리(理)」와 「밟을 리(履)」의 두 뜻을 합친 글자다. 「하늘의 도리를 따르고 실천한다는 깊은 뜻을 지니고 있다.」 하늘의 도리는 자연과 사람이 조화를 이루고 함께 공생(共生)·공존(共存)·공영(共榮)·공진화(共進化)하는 진리다. 예는 「효도(孝道)·윤리(倫理)·도덕(道德)」에 직결된다.

[4] 가정에 예절이 있으므로 어른과 아이를 분별한다. 안방에 예절이 있으므로 삼족이 서로 화목한다. 조정에 예절이 있으므로 위계질서가 선다. 사냥에도 예가 있어야 무력 동원이 잦지 않게 된다. 전쟁에도 예가 있어

야 무공을 세울 수가 있다.

居家有禮 故長幼辨(거가유례 고장유변)
閨門有禮 故三族和(규문유례 고삼족화)
朝廷有禮 故官爵序(조정유례 고관작서)
田獵有禮 故戎事閑(전렵유례 고융사한)
軍旅有禮 故武功成(군려유례 고무공성)

【참고 설명】 싸움터에도 예가 있다

예절(禮節)은 하늘의 도리를 실천하고 과도한 짓을 억제함이다. 절(節)은 절도있게 한다는 뜻이다. 물질이나 재물을 절약한다는 뜻도 있다. 예절이 없으면 사람들이 저마다 동물적 본능이나 끝없는 탐욕을 채우려고 할 것이며, 결국 서로 싸우고 심하게 쟁탈을 하게 될 것이다. 전쟁도 대의명분을 가리는 정의의 전쟁을 해야 한다. 비굴하게 싸워 이기는 것은 무공으로 치지 않는다. 침략적 전쟁이나 적을 무자비하게 도살하면 안 된다.

[5] 군자이면서 용기만 있고 예절이 없으면 난동을 일으킨다. 소인이 용기만 있고 예절이 없으면 도둑질을 하게 된다.

君子有勇 而無禮 爲亂(군자유용 이무례 위란)
小人有勇 而無禮 爲盜(소인유용 이무례 위도)

【참고 설명】 예가 없으면

(1) 군자(君子)는 「지(知)·인(仁)·용(勇)」을 갖추

어야 한다. 「지(知)」는 학문이나 지식이다. 그 속에는 바른 세계관·역사관이 포함된다. 「인(仁)」은 인간애(人間愛)·인류애(人類愛)이다. 「용(勇)」은 정의(正義)에 대한 과감한 실천력이다.

(2) 슬기와 사랑을 실천하는 것이 용기이다. 만용을 부리면 국가를 어지럽힌다. 소인(小人)은 물질적·현세적으로 잘살기에 급급한 이기주의자(利己主義者)다.

[6] 조정에서는 작위를 중하게 여기고, 향리에서는 나이 많은 사람을 높이고, 나라와 백성 다스림에는 덕을 높인다.

朝廷莫如爵(조정막여작)
鄕黨莫如齒(향당막여치)
輔世長民莫如德(보세장민막여덕)

【참고 설명】 덕(德)을 높여라

(1) 하나를 중심하고 모든 사람이 뭉치고 협동해야 공동체가 발전한다. 가정 사회 및 국가적 차원에서 하나의 중심이 있어야 전체가 하나로 뭉친다. 저마다 뿔뿔이 흩어지면 공동체가 성립되지 않는다. 그것이 하늘의 도리다.

(2) 조정에서 나라를 다스리는 모든 선비는 인도(仁道)를 따라 인덕(仁德)을 세워야 한다.

[7] 늙은이와 젊은이, 어른과 아이의 질서는 하늘에 의해 주어진 것이다. 이치를 어기고

도를 상하면 안 된다.

老少長幼 天分秩序(노소장유 천분질서)
不可悖理 而傷道也(불가패리 이상도야)

[8] 대문 밖에 나갈 때는 귀빈을 본 듯이 신중하게 해라. 방안에 들어갈 때는 다른 사람이 있는 것처럼 조심해라.

出門如見大賓(출문여견대빈)
入室如有人(입실여유인)

【참고 설명】 천륜(天倫)

(1) 먼저 태어나고 나중에 태어나는 것은 하늘이 정해준다. 그러므로 할아버지-아버지-자기-아들-손자의 순차는 하늘이 정해준 절대적 질서이다. 이것을 천륜(天倫)이라고 한다.

(2) 밖에서나 안에서나 몸가짐과 행동거지를 신중하게 해야 한다. 항상 하늘 앞에 떳떳할 수 있게 행동해야 한다. 그것이 군자의 도리이다. 대빈(大賓)은 학덕(學德)을 겸(兼)한 「대인적(大人的) 귀빈(貴賓)」이다. 「대인」은 성현(聖賢) 다음가는 높은 사람이다.

[9] 만약 남이 나를 존중해 주기를 바란다면, 내가 남을 존중해 주는 것이 가장 좋다.

若要人重我 無過我重人(약요인중아 무과아중인)

[10] 아버지는 자기 자식의 덕을 자랑하지 말고, 자식은 아버지의 허물을 남에게 말하지 마라.

父不言子之德(부불언자지덕)
子不談父之過(자부담부지과)

【참고 설명】 아버지의 허물을 말하지 마라

(1) 내가 먼저 남을 높이면 상대도 나를 높인다.

(2) 자식 자랑은 팔불출에 속한다. 아버지의 허물을 남에게 말하는 것은 불효이자 동시에 일종의 반역이다. 아버지와 자식은 천륜으로 맺어진 한몸, 한 생명체다.

【참고 설명】 도(道)와 언어(言語)

(1) 옛 판본 「제18 언어편」에 말을 신중히 하라는 가르침이 추려져 있다. 언어는 인간의 행동 중에서 큰 비중을 차지한다. 말은 서로 주고받는다. 내가 하는 말이 부드러우면 상대방에게 부드럽게 전달된다. 반대로 나의 입에서 나오는 말이 격하면 상대방의 귀에 격하게 전달되고, 따라서 상대방의 마음을 격하게 만든다. 그러므로 말을 바르고 부드럽게 해야 한다.

(2) 소리로 표출된 말 속에는 내면적 사상이나 감정이 반영되게 마련이다. 그러므로 일차적으로는 속에 품은 생각이 바르고 감정이 부드러워야 한다. 그래야 밖으로 표출되는 말도 바르고 부드럽다.

(3) 속마음이 도(道)를 따르고 착하게 하려고 하면 겉으로 나오는 말도 도에 맞고 착하게 된다. 악덕(惡德)한 사람이나 정치가(政治家)는 「거짓말」을 예사로 한다. 논어에 있다. 「교언영색 선의인(巧言令色 鮮矣仁)」

(4) 오늘의 세계에서는 말을 지나치게 악용한다. 대부분의 사람이나 나라는 도(道)를 모르거나 안 따른다. 반대로 「나 혼자만 잘살면 된다는 욕심」을 바탕으로 말을 하거나 행동한다. 그래서 심하게 거짓말을 하는 것이다. 상업방송(商業放送)은 더 심하다.

(5) 「인(仁)」을 바탕으로 「서로 사랑하고 서로 협동하는 선세계(善世界)」를 실현하기 위해서는 「거짓말」을 하면 안 된다. 예(禮)에도 어긋난다.

[11] 도리에 맞지 않는 말을 할 바에는 차라리 말을 하지 마라.

言不中理 不如不言(언부중리 불여불언)

[12] 한마디 말도 이치에 맞지 않으면 천마디를 해도 쓸 데가 없다.

一言不中 千語無用(일언부중 천어무용)

[13] 〈잘못 놀리는〉 입과 혀는 재앙과 근심의 문이 되며, 몸을 망치는 도끼와 같게 된다.

口舌者 禍患之門(구설자 화환지문)
滅身之斧也(멸신지부야)

[14] 남을 이롭게 하는 말은 따뜻함이 솜과 같다. 남을 다치게 하는 말은 상처를 줌이 가시와 같다. 일언반구의 말 무게가 천금과 같다. 한마디가 남을 다칠 때의 아픔은 칼로 베는 듯하다.

利人之言煖如綿絮(이인지언난여면서)
傷人之言利如荊棘(상인지언리여형극)
一言半句重値千金(일언반구중치천금)
一語傷人痛如刀割(일어상인통여도할)

[15] 입은 사람을 다치게 하는 도끼요, 말은 혀를 베는 칼이다. 그러므로 입을 막고 혀를 깊이 감추면 어느 곳에서도 내 몸이 안락하리라.

口是傷人斧 言是割舌刀(구시상인부 언시할설도)
閉口深藏舌 安身處處牢(폐구심장설 안신처처뢰)

【참고 설명】 도끼와 칼이 된다

(1) 입을 잘못 놀려 말을 잘못하면 재앙을 초래하고, 심하면 신세를 망치고 형벌의 도끼를 받게 된다.

(2) 사랑이 넘치는 말은 솜같이 포근하다. 반대로 증오에서 나오는 말은 가시나 칼과 같이 남을 아프게 한다.

(3) 말조심해라. 입을 잘못 열고 혀를 잘못 놀리면 형벌을 받는다. 말을 신중하게 하면 어디에서나 안전하다.

[16] 사람을 만나도 3부 정도만 말하고, 자기의 속마음을 다 털면 안 된다. 호랑이에게 세 개의 입이 있는 것을 두려워 말고, 오직 사람의 마음에 두 가닥이 있음을 두려워해야 한다.

逢人且說三分話(봉인차설삼분화)
未可全抛一片心(미가전포일편심)
不怕虎生三個口(불파호생삼개구)
只恐人情兩樣心(지공인정량양심)

[17] 술은 지기를 만나면 천 잔을 마셔도 부족하다. 그러나 뜻이 맞지 않는 사이에서는 한마디의 말도 많다.

酒逢知己千鐘少(주봉지기천종소)
話不投機一句多(화불투기일구다)

【참고 설명】 입이 더 두렵다

(1) 겉과 속이 다른 사람은 호랑이보다 더 두렵다. 간악한 사람을 가까이하지 말고 특히 속을 주면 안 된다. 덕 없는 소인은 남을 속이고 남의 재물을 탈취하려고 한다.

(2) 속을 줄 수 없는 사람에게 한마디 말을 잘못하면 큰 봉변을 당한다. 그러므로 말조심해야 한다.

(3) 「선비는 자기를 알아주는 사람을 위해서 생명을 바치고, 여자는 자기를 사랑해 주는 사람을 위해서 몸치장을

한다.(士爲知己者死 女爲說己者容)」<史記>

(4) 기타 다음 같은 말이 있다. 「말과 행동은 천지를 감동시키는 바탕이다. 그러므로 삼가야 한다.(言行君子之所動天地 可不可愼乎)」<易經> 「화란의 발생은 언어를 계단으로 삼는다.(亂之所生也 則言語以爲階)」<易經> 「여러 사람의 마음은 성을 쌓고, 여러 사람의 입은 쇠도 녹인다.(衆心成城 衆口鑠金)」<國語> 「언어를 신중히 하고 덕성을 함양하고, 음식을 절검하고 몸을 보양하라.(愼言語以養其德 節飮食以養其體)」<近思錄> 「어긋나는 짓을 하려는 자의 말에는 부끄러운 기색이 있고, 음흉한 생각을 품은 자는 말을 꾸미려 한다.(將叛者其辭慙 中心疑者其辭枝)」<易經>

【참고 설명】 교우(交友)의 깊은 도리

(1) 옛 판본 「제19 교우편」에는 「벗을 사귐〔交友〕」에 관한 가르침이 8개 항 있다. 인간의 생활영역은 크게 둘로 나눌 수 있다. 가정생활과 사회생활이다. 사람은 누구나 가정을 바탕으로 출생하고 성장한다. 그러므로 가정에서는 부모에게 효도하고 형제들이 서로 화목해야 한다.

(2) 동시에 사람은 어려서부터 사회적으로 벗과 어울려 놀고, 연장자나 스승으로부터 가르침을 받으면서 성인이 되고, 사회 조직의 일원으로서 위아래의 동직(同職)이나 동료(同僚)와 함께 사회 활동에 참여한다. 그러므로 사회적으로는 스승이나 연장자를 존경하고, 동직이나 동료와

협력하고, 벗들과는 신의를 돈독히 해야 한다.

(3) 이렇듯이 사람은 한평생을 남과 어울려 살고 있다. 따라서 함께 어울리는 남들의 영향이 매우 크다. 천륜(天倫)으로 맺어진 부모형제는 절대적으로 바꾸거나 선택할 수 없다. 그러므로 내가 솔선하여 부모에게 효도하고 형제간의 우애를 돈독히 하고 집안의 평화와 흥성을 도모해야 한다.

(4) 그러나 스승이나 벗은 내가 선택할 수 있다. 좋은 스승을 만나 잘 배우고 착한 친구를 사귀어 서로 절차탁마하며, 서로의 학식과 인격을 높여야 한다. 특히 벗은 어려서부터 죽을 때까지 사귀며 서로 도움을 준다. 그러므로 교우(交友)도 도의(道義)와 인덕(仁德)을 바탕으로 해야 한다. 혹은 어울려 나쁜 짓을 하면 안 된다. 착한 벗을 가려서 사귀고, 서로 신의(信義)를 지키고 좋은 열매를 맺게 해야 한다.

[18-1] 착한 사람과 함께 있으면 마치 영지와 난초가 자란 방에 들어간 듯, 오랫동안 향기를 코에 대고 맡지 않아도 이내 그윽한 향기에 동화된다. 착하지 않은 사람과 함께 있으면 마치 절인 생선 가게에 들어간 듯, 오랫동안 나쁜 냄새를 코에 대고 맡지 않아도 추악한 냄새에 젖게 된다.

與善人居 如入芝蘭之室(여선인거 여입지란지실)
久而不聞其香(구이불문기향)
卽與之化矣(즉여지화의)
與不善人居(여불선인거)
如入鮑魚之肆(여입포어지사)
久而不聞其臭(구이불문기취)
亦與之化矣(역여지화의)

[18-2] 단사(丹砂)를 지니면 붉어지고, 옻을 지니면 검어진다. 군자는 반드시 함께 있을 사람을 신중히 가려야 한다.

丹之所藏者赤(단지소장자적)
漆之所藏者黑(칠지소장자흑)
是以君子(시이군자)
必愼其所與處者焉(필신기소여처자언)

【참고 설명】 근묵필흑(近墨必黑)

「먹을 가까이하면 검어지고, 주홍을 가까이하면 붉어진다.」 인격을 형성함에 있어 교육과 환경이 크게 작용한다. 선인(善人)과 사귀고 배우면 착한 사람이 된다.

[19] 학문을 잘하는 사람과 동행하면 마치 안개 속을 가는 것과 같아서, 비록 옷은 젖지 않아도 점차로 물기가 배어든다. 무식한 사람과 동행하면 마치 뒷간에 앉은 것과 같아

서, 비록 옷이 더럽혀지지 않지만 점차로 악취에 젖는다.

與好學人同行 如霧中行(여호학인동행 여무중행)
雖不濕衣 時時有潤(수불습의 시시유윤)
與無識人同行 如厠中坐(여무식인동행 여측중좌)
雖不汚衣 時時聞臭(수불오의 시시문취)

[20] 공자가 말했다. 「안평중은 사람과 잘 사귀었다. 일단 사귀면 오래도록 상대를 존경했다.」

子曰 晏平仲(자왈 안평중)
善與人交 久而敬之(선여인교 구이경지)

【참고 설명】 존경해야 한다

공자가 춘추시대(春秋時代) 제(齊)나라의 재상인 안영(晏嬰)을 칭찬한 말이다. 좋은 사람과 함께 있으면 좋은 영향을 받는다. 반대로 무식한 사람들과 어울리면 자기도 모르게 악화(惡化)된다.

[21] 서로 아는 사람은 세상에 가득하다. 그러나 마음속을 아는 사람은 몇 명 안 될 것이다.

相識滿天下 知心能幾人(상식만천하 지심능기인)

[22] 술과 음식을 함께 나누어 먹을 형제는

천 명이나 되지만, 위급하고 어려울 때 도와 줄 친구는 한 사람도 없다.

酒食兄弟 千個有(주식형제 천개유)
急難之朋 一個無(급난지붕 일개무)

【참고 설명】 지기지우(知己之友)

마음을 알아주는 친구를 지기지우(知己之友)라고 한다. 겉 친구는 많아도 속을 알만한 참 친구는 드물다.

【참고 설명】 급난지붕(急難之朋)

(1) 먹고 마실 때에는 형제처럼 어울리고 법석댄다. 그러나 위급하고 어려운 때에 도와줄 참다운 벗은 별로 없다.

(2) 사람은 서로 어울려 먹고 마시고 뛰고 놀 수도 있다. 그것은 공부하다가 쉴 때나, 혹은 일을 마치고 잠시 쉴 때 그럴 수도 있다. 그러나 항상 놀기만 해서는 안 된다.

(3) 하늘이 사람에게 귀중한 생명을 준 이유는 영적(靈的)·정신적으로 가치있는 일을 하라고 준 것이다.

[23] 열매를 맺지 않는 꽃은 심지 말고, 의리 없는 친구는 사귀지 마라.

不結子花休要種(불결자화휴요종)
無義之朋不可交(무의지붕불가교)

【참고 설명】 삶의 보람

(1) 겉으로 보기에 아름답고 화려한 꽃나무보다도 열매

를 거둘 수 있는 유실수를 심어야 실속이 있다.

(2) 친구의 사귐도 같다. 서로 어울려 술 마시고 놀기만 하는 벗은 해롭다. 도의(道義)로써 맺어진 친구라야 가치가 높고, 또 그 사귐도 참되고 오래 간다.

(3) 「주식지우(酒食之友)」보다는 서로 학문과 인격을 높이는 「도의지우(道義之友)」를 사귀어야 한다. 그래야 삶의 보람이 있게 마련이다.

[24] 군자의 사귐은 담담하기가 물과 같다. 소인의 사귐은 달콤하기가 단술과 같다.

君子之交 淡如水(군자지교 담여수)
小人之交 甘如醴(소인지교 감여례)

【참고 설명】 도의지교(道義之交)

도의를 바탕으로 하는 사귐을 「도의지교(道義之交)」라 한다. 이런 사귐은 담백하고 오래 지속된다. 반대로 천박한 이득을 얻으려는 소인들의 사귐은 당장은 단술처럼 달다. 그러나 오래 가지 못한다.

[25] 길이 멀어야 말의 힘을 알고, 세월이 오래 지나야 사람의 마음을 알 수 있다.

路遙知馬力 日久見人心(노요지마력 일구견인심)

【참고 설명】 본심을 바탕으로 하라

착한 본심을 바탕으로 해야 한다. 다음 같은 말이 있다.

「벗은 덕을 바탕으로 사귄다.(友也者 友其德也)」 <孟子> 「빈천했을 때 친하게 사귄 벗을 잊으면 안 된다. 조강지처를 안채에서 내보내면 안 된다.(貧賤之交不可忘 糟糠之妻不下堂)」<十八史略> 「두 사람이 마음을 합하면 쇠도 끊는다. 같은 마음에서 나오는 말은 난초와 같이 향기를 풍긴다.(二人同心 其利斷金 同心之言 其臭如蘭)」<易經>

제8장 부행(婦行) 부덕(婦德)의 명언 명구

[설명] 제8장은 「옛 판본 제20 부행편(婦行篇)」이다. 그러나 충분하지 않다. <* 참고 설명으로 보충하기 바란다.>

【참고 설명】 부도(婦道) 부덕(婦德)

(1) 부녀자가 지켜야 할 덕행을 강조했다. 물론 부녀자들도 다른 가르침을 잘 익히고 실천해야 한다. 그래야 심성을 함양하고 인격을 높일 수 있다. 주부의 위치나 책임은 중대하다. 그래서 부녀자의 덕행을 별도로 내세운 것이다.

(2) 남경여직(男耕女織)이란 말이 있다. 남자는 밭에서 밭갈이하고, 여자는 집안에서 길쌈한다. 즉 남자는 밖에서 사회 활동을 하고, 부녀자는 안에서 가정살림을 주재한다.

(3) 역경(易經)에 있다. 「가정이 바로잡혀야 천하가 바르게 된다.(正家而天下定矣)」 가정은 사회의 기본 단위이다. 가정이 안정되고 흥성해야 사회나 국가도 안정되고 흥한다. 따라서 가정살림을 책임지고 주재하는 주부의 책임이 중차대(重且大)하다. 그러므로 동양의 전통사상은 옛날부터 부녀도(婦女道)를 중시했던 것이다.

(4) 이 장에 있는 중요한 말은 다음 같다. 「어진 아내는 남편을 귀하게 만들고, 악한 아내는 남편을 천하게 만든다.」 「집안에 어진 아내가 있으면 남편이 뜻밖의 화를 당하지 않는다.」 「어진 아내는 육친을 화목하게 하고, 간

악한 아내는 육친의 화목을 깨뜨린다.」 특히 「부덕(婦德) 부용(婦容) 부언(婦言) 부공(婦工)」의 사덕(四德)을 높이고 실천해야 한다.

[1] 여자에게는 지녀야 할 네 가지 덕이 있다. 첫째는 부덕 즉 부인다운 덕행이고, 둘째는 부용 즉 부인다운 꾸밈이고, 셋째는 부언 즉 부인다운 말씨이고, 넷째는 부공 즉 부인다운 일솜씨이다.

女有四德之譽(여유사덕지예)
一曰婦德 二曰婦容(일왈부덕 이왈부용)
三曰婦言 四曰婦工也(삼왈부언 사왈부공야)

【참고 설명】 네 가지 부덕

용모를 단정히 하고 말씨를 곱게 해야 한다. 특히 주부는 살림솜씨가 좋아야 한다. 안살림의 주체는 가정주부이다. 모든 식구가 주부가 만든 음식을 먹고, 또 옷을 입는다. 그뿐만이 아니다. 관혼상제(冠婚喪祭) 등 대소사도 주부의 손을 거치게 마련이다. 주부는 슬기롭고 솜씨가 뛰어나야 한다.

[2] 부덕이란 반드시 〈겉으로〉 재능과 명성이 뛰어나야 함이 아니다. 부용은 반드시 〈겉으로〉 안색이 아름답고 고와야 함이 아니다. 부언은 반드시 〈겉으로〉 구변이 좋고 말을

썩 잘함이 아니다. 부공은 반드시 〈겉으로〉 손재주가 남보다 뛰어나야 함이 아니다.

婦德者不必才名絶異(부덕자불필재명절이)
婦容者不必顔色美麗(부용자불필안색미려)
婦言者不必辯口利詞(부언자불필변구리사)
婦工者不必技巧過人也(부공자불필기교과인야)

【참고 설명】 부덕(婦德)

네 가지 부덕이 특이한 것이 아님을 말하고 있다. 즉 「부덕, 부용, 부언, 부공」은 다 외형적으로, 혹은 인위적으로 가식하고 꾸미는 것이 아니고 깊은 정성(精誠)에서 나와야 함을 말한 것이다. 부녀의 네 가지 덕은 기술에 속하기보다는 정성에서 나오고, 또 부지런하게 실행할 수 있는 덕행이다. 유별나게 뛰어난 것이 아니라 누구나 실행할 수 있는 평범한 것들이다.

[3-1] 부덕은 다음과 같이 함을 말한다. 맑고 곧은 마음가짐과 청렴하고 절개있는 몸가짐으로 분수를 지키고, 단정하고 엄숙한 태도를 항상 지녀야 한다. 행동거지에 수줍음이 있고 움직이거나 조용히 있을 때나 항상 법도를 지켜야 한다. 이상과 같이 함을 부인다운 덕행, 즉 부덕이라고 한다.

其婦德者 淸貞廉節(기부덕자 청정렴절)

守分整齊 行止有恥(수분정제 행지유치)
動靜有法 此爲婦德也(동정유법 차위부덕야)

【참고 설명】 마음이 바탕

(1) 도를 따르고 지키려는 정성된 마음이 바탕이 되어야 한다. 법도에 맞고 청렴결백(淸廉潔白)하고 분수와 절개를 지키고, 아울러 항상 단정하고 엄숙한 생활태도를 지니는 것이 곧 부녀자가 지켜야 할 부덕이다.

(2) 특히 후안무치(厚顔無恥)하고 때와 장소를 가리지 않고 나서서 떠벌이는 일이 있어서는 안 된다. 여성상위 시대라고 버릇없이 굴면 못쓴다.

[3-2] 부용은 다음과 같이 함을 말한다. 옷을 세탁하여 먼지와 때를 말끔히 빨아내고, 의복을 산뜻하고 정결하게 가꾸어 차려입으며, 때맞추어 목욕을 말끔히 하고 온몸에 더러움이 없게 한다. 이상과 같이 함을 부인다운 용모 가꾸기, 즉 부용이라고 한다.

婦容者 洗浣塵垢(부용자 세완진구)
衣服鮮潔 沐浴及時(의복선결 목욕급시)
一身無穢 此爲婦容也(일신무예 차위부용야)

【참고 설명】 부용(婦容)

(1) 부용은 용모나 몸 가꾸기를 말한다. 비싼 화장품으로 화장하고 사치스런 옷을 입으라는 것이 아니다. 맑고

밝은 용모와, 정결하고 산뜻한 옷차림이 곧 부덕에 맞는 몸 가꾸기이다.

(2) 아름다움은 밖의 꾸밈에서 나오는 것이 아니고 속에서 풍겨 나오는 것이다. 즉 속의 깊은 덕성과 높은 정신자세와 교양미(敎養美)에서 풍기는 것이다.

[3-3] 부언은 다음과 같이 함이다. 할 말을 골라서 해야 한다. 예의에 벗어난 말을 하지 않으며, 때가 된 후에야 말을 한다. 그래서 남들이 그 말을 싫어하지 않는다. 이상과 같이 함을 부인다운 말, 즉 부언이라고 한다.

婦言者 擇詞而說(부언자 택사이설)
不談非禮 時然後言(부담비례 시연후언)
人不厭其言 此爲婦言也(인불염기언 차위부언야)

【참고 설명】 부언(婦言)

(1) 말을 함부로 하면 안 된다. 예의에 어긋나는 저속한 말을 하지 말아야 한다. 또 아무 때나 불쑥 나서서 말하면 실례가 된다.

(2) 나서서 말해도 될 만한 때가 되었을 때에 적절하게 말을 해야 한다. 위로는 부모님이 계시고 아래로는 자녀들이 있으므로 모든 가족을 사랑하는 마음으로 말을 부드럽게, 동시에 사려 깊게 해야 한다.

[3-4] 부공은 다음과 같이 함을 말한다. 오

로지 길쌈을 부지런히 하고, 술 마시고 취하기를 좋아하지 말며, 맛있는 음식을 고루 마련하여 귀한 손님들을 대접해야 한다. 이상과 같이 함을 부인다운 솜씨, 즉 부공이라고 말한다.

婦工者 專勤紡績(부공자 전근방적)
勿好暈酒 供具甘旨(물호훈주 공구감지)
以奉賓客 此爲婦工也(이봉빈객 차위부공야)

【참고 설명】 부공(婦工)

옛날에는 부녀자의 솜씨는 주로 길쌈과 음식에서 발휘되었다. 이 점에 있어서는 오늘의 가정주부가 할 일과 일치하지 않는다. 오늘에는 가정주부가 길쌈이나 옷 만들기를 거의 안한다. 장 담그기나 김치 담그기도 줄어들고 있다. 그러나 집안 살림에 있어 주부의 위치와 책임은 원칙적으로는 옛날과 같고 그 비중이 크고 높다.

[4] 이상의 네 가지 부덕은 부인들이 소홀히 하면 안 되는 것들이다. 행하기가 아주 쉬우니 바르게 행하도록 힘써야 한다. 네 가지 덕에 따라 행동하는 것이 곧 부인이 따르고 지켜야 할 예절이다.

此四德者(차사덕자)
是婦人之所不可缺者(시부인지소불가결자)

爲之甚易 務之在正(위지심이 무지재정)
依此而行 是爲婦節(의차이행 시위부절)

[5] 부인의 예절은 말을 반드시 조용히 함이다.
婦人之禮 語必細(부인지례 어필세)

[6] 어진 아내는 남편을 귀하게 만들고, 악한 아내는 남편을 천하게 만든다.
賢婦令夫貴 惡婦令夫賤(현부령부귀 악부령부천)

[7] 집안에 현처가 있으면 남편이 뜻밖의 화를 당하지 않는다.
家有賢妻 夫不遭橫禍(가유현처 부부조횡화)

[8] 어진 주부는 육친을 화목하게 하고, 간악한 주부는 육친의 화목을 깨뜨린다.
賢婦和六親 佞婦破六親(현부화륙친 영부파륙친)

【참고 설명】 사부덕(四婦德)

사부덕(四婦德)은 평범한 범절이다. 고전의 가르침의 깊은 뜻과 정신을 오늘의 생활에 활용하는 슬기가 있어야 한다. 고금동서(古今東西)를 막론하고 남자는 학덕(學德)을 겸비해야 하고, 부녀자는 자애롭고 우아하고 정숙해야 한다. 활동을 한다고 후안무치하면 안 된다.

【참고 설명】 현부(賢婦)

현명한 아내는 남편을 존중하고 내조의 공을 세워서 자

기 남편을 출세하게 만든다. 그러나 악한 아내는 남편을 무시하거나 멸시하고 스스로 천한 존재가 되게 한다. 부부는 서로 학식과 인격을 존중하고, 사랑을 바탕으로 협동하고, 동시에 가정과 사회에 기여해야 한다.

【참고 설명】 현처(賢妻)

가정주부는 가정을 잘 다스리고 가족들의 마음을 안락하게 해주어야 한다. 그래야 남편을 위시하여 모든 가족들도 즐겁고 편안하다.

【참고 설명】 주부(主婦)

아내가 잘하면 일가친척이 더욱 화목하고, 잘하지 못하면 화목했던 사이도 파탄난다. 가정주부는 일가친척에게 인심(人心)을 잃으면 안 된다. 사랑과 은혜를 베풀어야 한다. 남자는 남성으로서 지켜야 할 도리와 덕행이 있고, 부녀자는 여성으로서 지켜야 할 도리와 덕행이 있게 마련이다. 그러나 여자도 나만의 이득, 혹은 자기 가정의 이득보다도 사회와 국가 및 인류 역사 문화 발전에 선가치적(善價値的)으로 공헌해야 한다.

〈* 참고 :「유교사상과 도덕정치」 명문당〉

제 7 편 특별 부록

주자가 풀이한 대학과 중용의 깊은 뜻

* 이 책은 한글판이다. 그래서 부록인 대학과 중용의 글도 「순한글」로 풀이했다.

제1장 주자의 대학 풀이

【참고 설명】 주자(朱子)와 대학(大學)

(1) 대학은 본래 예기(禮記) 속에 있는 한 편의 글이다. 이를 정자(程子) 형제가 보충 정리한 것을 정자를 사숙(私淑)한 주자(朱子)가 다시 착간(錯簡)을 바로잡고 결손된 부분을 보충하고 새로 「대학장구(大學章句)」를 저술했다.

(2) 주자의 「대학장구」는 앞에 「경문(經文) 1장」이 있고, 뒤에 「전문(傳文) 10장」이 있다. 아울러 주자가 편찬한 깊은 뜻의 주석이 있다.

(3) 주자는 대학의 글을 무척 중시했으며 으뜸가는 필독서로 꼽았다. 그러므로 그는 「대학장구」에 심혈을 기울여 편찬하고 「논어집주, 맹자집주 및 중용장구」와 함께 「사서(四書)」로 묶어 유교의 기본경전으로 삼았다. 그후 명(明)나라 호광(胡廣) 등이 칙명을 받고 사서에 대한 송유(宋儒)의 설을 집대성하여 「사서대전(四書大全)」을 편찬했다. 그 하나가 「대학장구대전(大學章句大全)」이다.

(4) 이 책에서는 「대학장구대전」의 설은 일체 언급하지 않았다.

【참고 설명】 성학(聖學)의 깊은 뜻

(1) 성학(聖學)의 뜻은 크게 두 가지다. 하나는 「성인이 되기 위한 학문」, 다른 하나는 「내성외왕(內聖外王)」의 학

문이다. 즉 성군(聖君)의 도덕정치를 실현하는 학문이다.

(2) 도덕정치는 천도(天道)를 따르고 실천하는 「도심(道心)」을 바탕으로 이루어진다. 「도심」에 반대되는 것이 「인심(人心)」이다. 「인심」은 「육체적으로 나 혼자 잘살려는 이기적 욕심」이다. 오늘의 세계와 인류가 위기에 빠진 근본요인이 바로 「도심」을 따르지 않고 반대로 「인심 : 이기적 탐욕」을 채우려고 무력을 가지고 서로 싸우고, 서로 재물과 토지를 쟁탈하기 때문이다.

【참고 설명】 주자(朱子)의 대학 중시

(1) 대학(大學)은 「처음 글을 배우는 사람이 덕에 들어가는 입문서(初學入德之門也)」다. 「덕에 들어가는 문」은 곧 「하늘이 사람에게 내려준 덕성(德性)을 계발하고, 더 나가서 모든 사람에게 인덕(仁德)을 베푸는 길에 들어가는 문턱」이라는 뜻이다.

(2) 대학은 「수기치인(修己治人)」, 즉 「인격을 완성하고 도덕정치를 실천하는 기본원리와 단계를 밝힌 글이다.」 그러므로 주자는 대학공부를 중시했다. 사서(四書)에서도 대학(大學)을 먼저 공부하고 체득한 다음에 논어(論語), 맹자(孟子), 중용(中庸)을 공부하라고 가르쳤다.

[대학 경문 제1절 풀이]

대학의 기본 도리는 다음의 세 가지 강령에 있다. 먼저 위정자가 자신의 밝은 덕성을 밝

혀내야 한다. 다음에 만민을 사랑으로 교화해서 저마다 새롭게 혁신케 해야 한다. 마지막으로 위정자와 만민이 함께 지극한 선의 경지에 가서 머물러 있어야 한다.

大學之道 在明明德(대학지도 재명명덕)
在親民 在止於至善(재친민 재지어지선)

【참고 설명】「친(親)」을 「신(新)」으로

정자(程子)는 「친(親)」을 「신(新)」으로 고쳐야 한다고 주장했다. 즉 「참다운 백성 사랑은 백성을 교화해서 새롭게 혁신함이다.」

【참고 설명】 명명덕(明明德)의 깊은 뜻

(1) 「명명덕(明明德)」은 대학의 핵심이며 대학공부의 목적도 「명명덕」을 체휼(體恤)하기 위해서다. 그러므로 「명명덕」의 깊은 뜻을 잘 알고 실천해야 한다.

(2) 「명덕(明德)」의 「기본의의(基本意義)」를 오늘의 말로 다음같이 요약할 수 있다. 「하늘이 사람에게 부여한 밝은 덕성 즉 도덕성」, 「인간의 착한 본성(本性)인 인심(仁心)이며 동시에 덕으로 나타나는 덕성(德性)」, 「천리(天理)를 터득하고 실천하는 순수이성(純粹理性)」이다.

(3) 따라서 「명명덕(明明德)=명덕을 밝게 나타냄」은 곧 「선본성(善本性), 도덕성, 이성을 덕행(德行)으로 실천함」이다. 「천리(天理)를 따르고 실천하여 얻은 좋은 성과」

가 「덕(德)」이다.

【집주 한글 풀이】 대인(大人)과 명덕(明德)

(1) 대학은 큰사람 되게 하는 학문이다. 「명(明)」은 동사로 밝힌다는 뜻이다.(大學者 大人之學也 明明之也)

(2) 「명덕(明德)」은 사람이 하늘로부터 받아서 지니고 있는 덕성이다.(明德者 人之所得於天)

(3) 그 형체나 모양은 공허(空虛)하지만 그 작용이나 기능은 영특하다. <일상생활에 그 밝음이 제대로 발휘되지 않는 수가 있으되 완전히 꺼져> 어둡게 되는 법은 없다.

(4) 그 명덕에 모든 도리가 다 갖추어져 있으며, 아울러 그 명덕은 만사에 적응되고 또 만사를 처리할 수가 있다.(而虛靈不昧 以具衆理 而應萬事者也)

【참고 설명】 대인(大人)과 소인(小人)

(1) 높게는 천도천리(天道天理)를 따라 치국(治國) 평천하(平天下)하는 성천자(聖天子)를 대인이라고 한다. 또는 학덕(學德)을 겸비(兼備)하고 덕치(德治)에 참여하는 고결한 선비나 군자(君子)를 대인이라고 한다. 철학적으로 말하면 대인은 우주적 삶을 사는 폭이 큰 사람이다.

(2) 대인과 반대되는 사람을 소인(小人)이라 한다. 소인은 「동물적 본능과 이기심을 바탕으로 물질적 삶에만 집착

하는 사람이다.」 이러한 의미에서 오늘날 대부분의 사람들은 「소인」이라 하겠다. 정신의 존엄성과 가치를 모르고 또 윤리 도덕을 멀리하고, 오직 육체적・관능적 삶에만 골몰하고 있기 때문이다.

(3) 맹자는 「대인은 자신을 바르게 하고, 대상을 바르게 하는 사람(大人者 正己而物正者也)」이라고 했다. 왕양명(王陽明)은 「대인은 우주 천지만물과 일체를 이룬 사람(大人者 與天地萬物 爲一體者也)」이라고 했다.

【참고 설명】 허령불매(虛靈不昧)의 깊은 뜻

(1) 명덕은 사람의 마음속에 주어진 본연(本然)의 「선본성(善本性)=이(理)」이다. 「사람의 마음」이나 「마음속의 이(理)」는 물체가 아니다. 외형적으로 형체(形體)가 없다. 그러므로 눈으로 보거나 손으로 만질 수 있는 것이 아니다.

(2) 그러므로 「공허(空虛)」라 한다. 그러나 「마음이나 본성」의 작용 기능은 영특하고 영묘(靈妙)하다. 그러므로 「영(靈)」이라고 한다.

(3) 한편 평소에는 대부분의 사람들은 「자기에게 하늘이 준 명덕」이 있는지조차 모르고 따라서 「명덕을 밝히지 못하고」 있다. 그러나 명덕은 완전히 사멸한 것이 아니다. 빛을 발하지 못해도 여전히 살아 있다. 그래서 「완전히 불이 죽고 어둡게 된 것이 아니다(不昧)」라고 말한 것이다.

【참고 설명】 구중리(具衆理)와 응만사(應萬事)

(1) 「구중리(具衆理)」는 마음속에 있는 명덕에 모든 도리가 다 갖추어져 있다. 이는 곧 사람이 명덕으로 자연만물의 도리와 이치를 알고 터득할 수 있다는 뜻이다.

(2) 「응만사(應萬事)」는 만사에 대응하고 처리하고 활용할 수 있다는 뜻이다. 사람만이 천도천리(天道天理)를 깨닫고 따르고 행하는 도덕적 본성을 지니고 있다. 그와 같은 도덕성을 주자가 새롭고 깊게 해석했다.

【참고 설명】 명덕(明德), 심(心), 성(性), 이(理)

(1) 주자는 「마음이 몸의 주체(心者 身之主也)」라고 말했다. 몸의 활동 행위를 지배하는 것이 마음이다. 마음이 착하면 행동이 착하게 나타나고, 마음이 악하면 행동이 악하게 나타난다. 착한 마음은 곧 천리(天理)를 따르고 행하는 도덕성(道德性)이다.

(2) 도덕성은 하늘이 인간에게 내려준 선본성이다. 이를 줄여서 한마디로 「성(性)」이라고 한다. 사람은 「성」이 있으므로 천리를 깨닫고 도덕을 실천한다. 그래서 주자는 「성은 곧 이다(性卽理)」라고 했다. 「이(理)」는 크게는 천리이고, 부분적으로는 「사물의 도리」이다. 「천리를 실천해서 덕을 쌓는 성품」을 특히 「명덕(明德)」이라고 한 것이다.

【참고 설명】 명덕(明德)의 종합적 도표

명덕(明德)	마음	……구중리(具衆理)	……〈체〉(體)	……허(虛)	……〈덕지체 미발〉(德之體 未發)	불매(不昧)
		……응만사(應萬事)	……〈용〉(用)	……영(靈)	……〈덕지대용 이발〉(德之大用 已發)	

【집주 한글 풀이】 유시이혼(有時而昏)

(1) 그러나 선천적으로 타고난 기질에 구속되고, 또 이기적 욕심에 가려서 이따금 어둡고 흐리게 되기도 한다. (但爲氣稟所拘 人欲之所蔽 則有時而昏)

(2) 그러나 그 본체의 밝음은 절대로 꺼지고 없어지는 법이 없다.(然其本體之明 則有未嘗息者)

(3) 그러므로 글공부를 하는 사람은 마땅히 <명덕이> 발현할 수 있는 계기와 단서를 따라 자신의 명덕을 충분히 밝혀내야 하며, 그렇게 함으로써 하늘이 내려준 본연의 처음으로 되돌아가야 한다.(故學者 當因其所發而遂明之 以復其初也)

【참고 설명】 기품(氣稟)과 인욕(人欲)

(1) 사람은 누구나 다 하늘로부터 「명덕」을 받아 가지고 있다. 그러나 두 가지 요인에 의해 가려지고 덮여져 제대로

발현하지 못한다. 그 두 가지 저해 요인을 「기품소구(氣稟所拘)」 「인욕소폐(人欲所蔽)」라고 말했다.

(2) 「기품(氣稟)에 소구(所拘)하고」는 선천적으로 타고난 기질에 의해서 구속되거나 구애를 받는다는 뜻이다. 속되게 말하면 타고난 핏줄기나 기질이 혼탁한 사람은 머리가 우둔하고 사리 분별이 흐리므로 비교적 윤리 도덕을 깨닫고 실천하기 어렵다.

(3) 「인욕(人欲)에 소폐(所蔽)하여」는 후천적으로 「동물적 · 이기적 욕심이나 관능적 쾌락을 취하려는 욕심이나 욕구」에 <본연의 착한 도덕성이> 가려지고 덮여져, 좀처럼 명덕을 발현하지 못한다는 뜻이다.

【참고 설명】 명덕은 항상 살아 있다

(1) 총명한 성현(聖賢)은 명덕을 잘 발현한다. 그러나 기질이 혼탁하고 욕심에 엉킨 범속한 사람들은 일상생활에서 명덕을 잘 발현하지 못한다.

(2) 그러나 하늘이 내려준 명덕이 완전히 죽어 없어진 것이 아니다. 다만 밝게 빛을 내지 못하고 있을 뿐이다. 거울에 때나 먼지가 쌓여서 빛을 발하지 못하는 것과 같다. 때와 먼지를 제거하듯이 「기품(氣稟)의 구속과 인욕(人欲)의 덮임」을 제거하면 모든 사람이 다 명덕을 발현할 수 있다.

(3) 이러한 뜻을 「이따금 명덕이 어둡게 되는 수는 있지만(則有時而昏)」 그렇다고 「하늘이 준 명덕 자체가 완전

히 없어지는 것이 아니다(然其本體之明 則有未嘗息者)」 라고 말한 것이다.

【참고 설명】 명덕을 되찾는 학문공부

(1) 「글공부하는 사람들은 마땅히 명덕을 발현케 할 계기나 단서를 잡고, 명덕의 빛을 밝혀내고 본래의 선본성(善本性)인 명덕으로 되돌아가야 한다.(故學者 當因其所發而遂明之 以復其初也)」

(2) 학문공부는 곧 탁한 기질이나 동물적·이기적 욕심에 덮이고 가려져, 빛을 제대로 발하지 못하고 흐리게 된 명덕을 되찾고 본래의 밝은 빛을 내게 하는 수양이다.

【참고 설명】 이(理), 기(氣)

(1) 초보적인 해설을 하겠다. 우선 사람의 경우만을 들어 말하겠다. 사람은 사람의 형체와 사람의 도리를 통합한 존재다. 사람의 형체는 곧 몸이다. 몸을 형성하고 있는 물질적 세미(細微)한 인소(因素)를 기(氣)라 하고, 기가 응집(凝集)한 것을 질(質)이라 한다. 기를 음양(陰陽)과 오행(五行)의 기로 나눈다. 이들 기가 서로 엉기고 집결하여 형체를 구성할 때의 「기의 운행과 방식」에 따라 저마다 기질과 형체가 다르게 나타난다. 그래서 사람마다 모양이 다르고, 또 기질 성질이 다른 것이다.

(2) 그러나 사람인 이상은 누구나 마음속에 「선본성(善本性)」인 「명덕(明德)」을 하늘로부터 받아 지니고 있다.

단 명덕은 몸을 터로 하고 행동으로 나타나야 한다. 이때에 사람마다 다르게 나타난다. 기가 맑고 욕심이 적은 사람은 잘 나타난다. 반대로 기가 탁하고 욕심이 많은 사람은 나타나기 어렵다.

【참고 설명】 정(情), 욕(欲)

(1) 주자는 중용장구(中庸章句)에서 다음같이 말했다. 「하늘은 음양오행의 변화로 만물을 낳고 살게 하고 있다. 만물의 형체는 기(氣)로써 이루어지며, 동시에 이(理)도 주어져 있다.(天以陰陽五行 化生萬物 氣以成形 理亦賦焉)」

(2) 사람도 같다. 사람은 「이(理)와 기(氣)」의 통합체다. 기에 의해서 형성된 몸은 외부의 사물(事物)에 접하면 영향을 받고 동(動)한다. 그것을 정(情)이라고 한다.

(3) 봄에 피어나는 꽃을 보면 즐겁다. 가을에 시들고 죽는 것을 보면 슬프다. 그것이 정이다.

(4) 육신을 지니고 사는 사람은 동물적・생리적 욕구가 있게 마련이다. 배가 고프다고 느끼는 것은 정이다. 그 정은 음식을 먹고 싶다는 욕구에 연결된다.

(5) 육신을 터로 하고 삶을 누리는 사람은 사실적으로 「기질적 구속과, 사물에 대한 감정과, 생리적 욕구」를 벗어날 수가 없다. 그러므로 순수이성(純粹理性)이라고 할 명덕(明德)도 엄격히 말하면 「인간의 몸, 기질, 감정 및 욕구」 등과 무관할 수 없다. 그래서 수양이 필요하다.

【집주 한글 풀이】 혁신(革新)

(1) 새롭게 함은 낡은 허물을 제거하고 혁신함이다.(新者革其舊之謂也)

(2) 즉 먼저 나 자신의 명덕을 밝히고 더 나아가 마땅히 남에게도 덕을 뻗고 미치게 한다.(言旣自明其明德 又當推及人)

(3) 그로 하여금 역시 과거의 오염된 허물과 때를 제거하게 한다는 뜻이다.(使之 亦有以去 其舊染之汚也)

【참고 설명】 혁신(革新)의 참뜻

(1) 자신에게 하늘이 내려준 숭고한 명덕(明德)이 있는 줄 모르고 오직 동물적 존재로 동물적 삶만을 사는 사람은 가련하다.

(2) 그러므로 위정자가 「그를 사랑으로 품고 교화해서 그로 하여금 자기에게도 명덕이 있다는 것을 알게 하고 <과거의 암담한 동물적 삶을 청산하고> 새로 빛나는 삶을 살게 하는 것」이 곧 「혁신」이다.

(3) 「명덕」을 가리고 덮었던 더러운 때를 제거하고 새롭게 빛을 발하게 하는 것이 「혁신」이다. 동물적 삶을 인간적 삶으로 혁신케 해야 한다.

【참고 설명】 추기급인(推己及人)의 참뜻

(1) 패도(覇道)의 악덕정치는 무력으로 백성을 억압하고 재물을 탈취하여 탐욕을 채운다.

(2) 반대로 「인정덕치(仁政德治)」는 위정자가 백성을 사랑하고 도의(道義)를 높이는 덕의 다스림을 편다.

(3) 덕치의 바탕은 「진정한 사랑을 남에게 뻗는 것」이다. 위정자가 먼저 「자기의 명덕을 밝히고」 백성에게 사랑을 뻗어 그들로 하여금 저마다의 명덕을 밝혀내게 하는 것이 참사랑이다. 곧 「추기급인(推己及人)」이다.

【집주 한글 풀이】 지(止)

(1) 「멈출 지(止)」는 먼저 <좋은> 곳에 가서 머무르고 <다른 곳으로> 옮기지 않는다는 뜻이다.(止者 必至於是而不遷之意)

(2) 「지극한 선〔至善〕」은 사물의 당연한 도리의 극치이다.(至善則事理當然之極也)

【참고 설명】 「지(止)」와 「지선(至善)」

(1) 「머무를 지(止)」와 「갈 지(之)」는 자원(字源)이 같고 뜻도 통한다. 그래서 「지(止)」를 「먼저 가고, 그곳에 머물러 있어야 한다」로 풀이했다.

(2) 먼저 합당한 도리를 알고 난 다음에 사물을 처리해야 한다. 「지선(至善)」은 「천리의 최고선」의 뜻도 있다. 그러나 「모든 사리에 있어 가장 좋고 합당한 극점(事理當然之極)」이라는 뜻도 있다.

(3) 주자의 해석은 현실적이고 실용적인 해석이다. 자식은 부모에게 효도하고, 부모는 자식을 자애롭게 양육하는

것이 지선(至善)이다. 농부는 농사를 「지선」으로 삼고, 군자는 덕치를 「지선」으로 삼아야 한다.

(4) 「사리당연지극(事理當然之極)」은 「천도천리(天道天理)」에 합치됨이다. 한 송이 꽃 속에 우주의 도리가 살아 있다. 인간 만사도 천리를 따라 처리해야 한다.

【집주 한글 풀이】 지어지선(至於至善)

(1) 「명덕을 밝히거나, 백성을 새롭게 하거나, 다 마땅히 지선의 경지에 도달하고 다른 곳으로 옮기지 않아야 한다」는 뜻을 말한 것이다.(言明明德 新民 皆當止於至善之地 而不遷)

(2) <지선의 경지에 머무름이란> 반드시 하늘의 도리의 극치를 다하고, 털끝만큼의 사사로운 욕심이 없는 경지를 말한다.(蓋必其有以盡夫天理之極 而無一毫人欲之私也)

【참고 설명】 태극(太極)과 도리(道理)

(1) 우주 천지 만물의 생성(生成)을 통괄하는 절대의 도리를 태극(太極)이라고 한다. 태극은 극대(極大)에도 있고, 또 극소(極小)에도 있다. 주자는 다음같이 말했다. 「태극은 오직 천지만물의 도리이다. 천지를 말하면 천지 속에 태극이 있고, 만물을 말하면 만물 속에 저마다 태극이 있다.(太極只是天地萬物之理 在天地言 則天地中有太極 在萬物言 則萬物中各有太極)」 <朱子文集>

(2) 이를 「이일분수(理一分殊)」라고도 한다. 「하나의

천리에서 만 가지 사물의 도리가 나타난다」는 뜻이다. 하늘의 도리는 유일무이한 도리다.

【참고 설명】 사욕이 없다(無一毫人欲之私)

(1) 비단 덕치(德治)만이 아니고 모든 사물을 처리할 때에도 같다. 가장 합당한 도리로 사물을 처리해야 한다. 사사로운 욕심이 끼어들면 망치게 된다.

(2) 과학의 세계에서는 엄격하게 자연법칙을 따르고 활용한다. 그래서 과학적 성과를 거둔다. 그러나 정치나 경제는 사리사욕을 바탕으로 하기 때문에 복잡하게 엉킨다.

(3) 주자 시대에는 자연과학이 발달하지 못했다. 따라서 주자의 사상은 윤리 도덕적인 의미에서 「천리나 사리」를 논했을 뿐이다.

【참고 설명】 명덕(明德)과 인욕(人欲)

(1) 「천리를 따르고 실천하려는 명덕(明德)」도 사람의 마음속에 있다. 한편 「나만의 동물적 욕구와 육체적 쾌락을 채우려는 이기심」도 사람의 마음속에 있다. 같은 마음속에 「선(善)과 악(惡)」이 공존하고 있으며, 둘이 서로 상대적으로 소장(消長)하게 마련이다.

(2) 털끝만큼의 사사로운 인욕이 있어도 천리의 극치를 다할 수 없다. 공자(孔子)는 논어(論語)에서 「극기복례(克己復禮)」라고 말했다. 이를 주자는 「나의 사욕을 극복하고 천리에 복귀한다」로 풀이했다.

<* 세 가지가 대학의 강령이다.(此三者 大學之綱領也)>

제2장 대학의 팔조목(八條目) 한글 풀이

(1) 옛날의 명덕을 천하에 밝히고자 한 사람은 먼저 나라를 잘 다스렸다.

(2) 나라를 잘 다스리고자 한 사람은 먼저 자신의 집안을 가지런하게 했다.

(3) 집안을 가지런하게 하고자 한 사람은 먼저 자신의 몸을 닦았다.

(4) 몸을 닦고자 한 사람은 먼저 자신의 마음을 바르게 했다.

(5) 마음을 바르게 하고자 한 사람은 먼저 자신의 뜻을 성실하게 했다.

(6) 뜻을 성실하게 하고자 한 사람은 먼저 〈모든 사물에 대한〉 인식을 바르게 이루었다.

(7) 인식을 바르게 이루는 바탕은 곧 사물을 바탕으로 했다.

(8) 그리고 직접 도리를 파악했다.

古之欲明明德於天下者(고지욕명명덕어천하자)
先治其國(선치기국)
欲治其國者 先齊其家(욕치기국자 선제기가)
欲齊其家者 先修其身(욕제기가자 선수기신)

欲修其身者 先正其心(욕수기신자 선정기심)
欲正其心者 先誠其意(욕정기심자 선성기의)
欲誠其意者 先致其知(욕성기의자 선치기지)
致知在格物(치지재격물)

【참고 설명】 대학의 팔조목(八條目)

(1) 대학에서 강조하는 도덕정치를 구현(具顯)하기 위한 여덟 개의 단계를 「팔조목」이라 한다.

평천하(平天下), 치국(治國), 제가(齊家), 수신(修身), 정심(正心), 성의(誠意), 치지(致知), 격물(格物).

(2) 삼강령(三綱領)과 팔조목의 상호 관계와 깊은 뜻은 나중에 자세히 학습한다. 먼저 「집주」를 보자.

(3) 「명명덕어천하자는 천하 모든 사람들로 하여금 저마다의 명덕을 밝히게 한다」는 뜻이다.(明明德於天下者 使天下之人 皆有以明其明德也)

【참고 설명】 명명덕어천하(明明德於天下)

(1) 도덕정치를 줄여서 덕치(德治)라고 한다. 무력이나 형법으로 백성을 위협하고 그들의 재물을 탈취하는 악덕정치와는 반대가 된다.

(2) 덕치를 펴기 위해서는 우선 임금 자신이 「선본성(善本性)인 명덕(明德)」을 밝혀야 한다. 그러면 자연히 만민을 사랑하고 바르게 교화한다.

(3) 그러면 백성들도 스스로 낡고 악한 것을 버리고 새

롭게 태어나, 저마다의 명덕을 밝히고 저마다 바르고 착하게 살 것이다.

(4) 그때에 진정한 평화세계를 기대할 수 있다. 그러므로 「임금이 자신의 명덕을 밝히는 것」과 「만민으로 하여금 명덕을 밝히게 하는 것」은 일치한다. 그것이 곧 「명명덕어천하자(明明德於天下者)」의 뜻이다.

【집주 한글 풀이】 심(心), 성(誠), 의(意)

(1) 마음〔心〕은 몸의 주체이다. 성(誠)은 참되고 실하다는 뜻이다. 의(意)는 마음의 나타남이다.(心者身之所主也 誠實也 意者心之所發也)

(2) 마음의 나타남을 성실하게 하는 것은 곧 반드시 자신에게 즐겁고 흡족하고 스스로 속이는 바가 없게 함이다.(實其心之所發 欲其必自慊 而無自欺也)

【참고 설명】 마음이 몸의 주체(心者身之主)

(1) 사람은 몸으로 행동한다. 몸을 주재(主宰)하는 것이 마음이다. 그러므로 마음이 착하면 착하게 행동하고, 마음이 악하면 악하게 행동한다.

(2) 유교에서는 착한 마음을 「도를 따르고 행하는 도심(道心)」이라 하고, 악한 마음을 「동물적 욕구를 채우려는 인심(人心)」이라고 말했다.

(3) 서경(書經) 대우모(大禹謨)에 있다. 「사람의 마음은 위태롭다. 도의심은 깊은 곳에 있고 미묘하다. 그러므로

정성껏 한결같이 하늘이 준 중용의 도를 지켜야 한다.(人心惟危 道心惟微 惟精惟一 允執厥中)」

(4) 인심은 「동물적・관능적 욕구를 채우려는 이기심」이다. 「도심」은 오늘의 말로 「천리를 따르고 행하는 도덕성(道德性) 혹은 도의심(道義心)」으로 이해하면 된다. 동물적 이기심을 인심 혹은 수심(獸心)이라고도 한다. 사람은 도의심을 따르고 행해야 한다.

【참고 설명】 심통성정(心統性情)

(1) 사람은 정신과 육체를 통합한 숭고한 존재다. 하늘은 사람에게만 정신적으로 천도천리(天道天理)를 터득하고 행하는 탁월한 성품을 주었다. 그것을 주자는 성(性)이라고 했으며 특히 대학에서는 「명덕(明德)」이라고 했다.

(2) 주자가 말하는 「성이나 명덕」을 철학적으로는 「이성, 도덕성, 순수이성(純粹理性)」, 종교적으로는 「심령(心靈), 신성(神性), 불성(佛性)」 등의 뜻으로 이해해도 크게 잘못되지 않을 것이다.

(3) 한편 사람은 육신을 바탕으로 동물적 삶을 영위한다. 음식을 먹고 개체(個體)를 보전하고 남녀가 어울려 종족(種族)을 번식한다. 이와 같은 「식색(食色)」은 육신을 터로 하고 나타나는 욕구다.

(4) 동시에 사람은 외계의 사물에 접하면 「희노애락(喜怒哀樂)」 및 「공구애호(恐懼愛好)」 등의 여러 가지 감정을 일으킨다. 이 모두가 기(氣)를 바탕으로 한 육신에서

발생한다.

(5) 주자학에서는 이들을 통합하여 「정(情)」이라 한다. 앞에서 말했듯이 「마음이 몸의 주체다.(心者身之主也)」

(6) 그 마음속에 「성(性)과 정(情)」이 함께 있다. 그러므로 한 마음 속에 공존하는 「성과 정」을 잘 조절해야 한다. 「도덕성을 바탕으로 욕구를 조절해야 한다.」 이를 「심통성정(心統性情)」이라고 한다.

(7) 동물적 감정이나 욕구만으로 사는 것은 「숭고한 사람의 삶」이 아니다. 마음속에 지닌 「명덕(明德)이나 도덕성(道德性)」도 몸을 통해 나타나고, 「감정(感情)이나 욕구(欲求)」도 몸을 통해 나타난다.

(8) 단 사람의 육신을 구성하고 있는 기질(氣質)이 저마다 다르기 때문에 「성과 정」의 나타남이 저마다 다르게 된다. 기질이 청명(淸明)한 사람은 혼탁(混濁)한 사람보다 도덕적이게 마련이다. 성인(聖人)의 혈기(血氣)는 맑고, 악한(惡漢)의 혈기는 혼탁하다.

【집주 한글 풀이】 치지(致知)

(1) 치(致)는 끝까지 나간다는 뜻이다. 지(知)는 식(識)과 같은 뜻이다.(致推極也 知猶識也)

(2) 나의 지식을 끝까지 밀고 나가서 자기의 앎에 미진함이 없게 함이다.(推極吾之知識 欲其所知無不盡也)

(3) 격(格)은 도달함이다. 물(物)은 사(事)와 같은 뜻이다. 사물의 도리를 끝까지 구명하고 <앎에 있어> 이르지

못함이 없게 함이다.(格至也 物猶事也 窮至事物之理 欲其極處無不到也)

(4) 이상 여덟 가지가 대학의 팔조목이다.(此八者大學之條目也)

【참고 설명】 궁리(窮理)와 격물(格物)

궁리(窮理)라고 하면 추상적 이론을 궁구(窮究)하는 뜻으로 오해할 수 있다. 그래서 「실체의 사물에 도리를 맞춘다는 뜻」의 「격물(格物)」을 대학의 용어로 썼다.

【참고 설명】 지(知), 도심(道心), 인심(人心)

(1) 바르게 알면 착하게 살고, 그릇되게 알면 악하게 산다. 「앎〔知〕=지각(知覺)」의 바탕은 「마음〔心〕」이다. 마음을 크게 「도심(道心)」과 「인심(人心)」으로 나눈다.

(2) 「천리를 깨닫고 윤리 도덕을 실천하고 남을 사랑하고 인류의 역사와 문화의 창조적 발전에 기여하려는 마음이 도심이다.」

(3) 이와는 반대로 「동물적·육체적·이기주의적 탐욕을 채우기 위해 남을 살상하고 남의 재물을 탈취하고, 나만의 순간적 쾌락을 취하려는 마음이 인심이다.」

(4) 주자(朱子)는 대학(大學)에서 「지(知)」를 강조했다. 즉 「실재하는 사물에 붙어 도리를 철저히 구명하고 도리에 맞게 바르게 처리해야 한다」고 강조했다. 그것을 「즉사궁리(卽事窮理)」라고 했다.

(5) 한편 주자는 「마음은 사람의 신명이며 모든 도리를 갖추고 만사에 대응한다.(心者人之神明 具衆理而應萬事)<大全註疏>」라고 말했다. 이때의 마음은 곧 「명덕(明德)」「도심」과 같은 것이다.

(6) 주자는 「도심을 바탕으로 하여 바르게 알고, 바르게 사물을 처리하고, 바르게 살고, 더 나가서 제가(齊家), 치국(治國), 평천하(平天下)하기를 가르쳤다.」

(7) 그러나 오늘의 무지한 인간이나 타락한 정치는 「인심만을 바탕으로 동물적·이기적 탐욕을 채우기 위해 서로 다투고, 서로 재물을 쟁탈하고, 서로 죽이고 있다.」

【참고 설명】 삼강령 팔조목

대학의 핵심을 「삼강령(三綱領)」이라 하고, 그 삼강령을 바르게 실천하는 단계를 「팔조목(八條目)」이라 한다. 아직은 「팔조목」에 대한 경문이 나오지 않았다. 먼저 「삼강령」과 「팔조목」의 관계를 다음같이 도시할 수 있다.

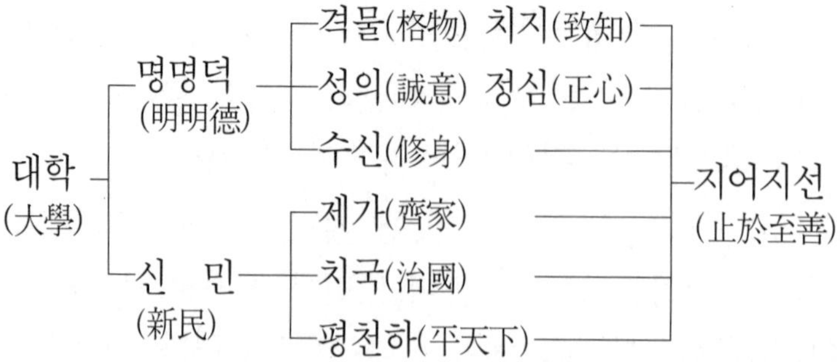

대학(大學)
- 체(體) ── 명명덕(明明德)
- 용(用) ── 신민(新民)
- → 지어지선(止於至善), 체용준칙(體用準則)

제3장 주자의 중용(中庸) 풀이

【참고 설명】 중용 제1장의 내용 설명

중용 제1장은 중용의 핵심이 되는 대강이다. 총 다섯 절이다. 절별로 간단히 설명하겠다.

1절 : 주자학(朱子學)에서는 마음을 중시하고, 「마음이 몸의 주체다(心者身之主也)」라고 한다. 마음이 착하면 말이나 행동이 착하게 되고, 마음이 악하면 말이나 행동이 악하게 된다. 마음은 보이지 않는다. 마음이 무엇이고 어디에 있는지 아무도 모른다. 과학이 발달한 오늘에도 마음의 정체(正體)를 설명하지 못한다. 천년 전의 주자도 마음의 정체를 설명하지 못했다. 그러나 그는 직감으로 마음의 기능이나 작용을 대략 다음같이 설명했다. 「정신적 혹은 육체적으로 지각(知覺)한다. 욕구를 채우려는 목적의식을 갖는다. 수단과 방법을 다각적으로 생각한다. 그리고 결정을 내리고 몸에 행동할 것을 명령한다.」 이것이 마음이다.

주자학에서는 「격물치지(格物致知)」를 중시한다. 실지로 사물에 붙어서 사물의 도리를 바르게 알아야 한다. 사람을 비롯하여 모든 사물에는 저마다의 본성이 있고, 그 본성 속에 천명으로 주어진 저마다의 합당한 도리가 있다. 그러나 실재하는 사람이나 만물은 형체(形體)와 기질(氣質)의 차이가 있다. 그러므로 저마다 적합하게 품절해서 도리를 따르고 실천하게 교육하고 교화해야 한다.

이를 중용에서 「천명으로 주어진 것이 본성(天命之謂性)이고, 본성을 따르는 것이 바른 도리(率性之謂道)이고, 도를 닦는 것을 교화(修道之謂教)」라고 말했다. 그리고 모든 것을 마음을 바탕으로 하므로 중용을 심법(心法)의 가르침이라고 말한 것이다.

2절 : 천도(天道) 천리(天理)를 따라 천지 만물이 생성(生成)하고 변화하고, 번식하고 또 발전한다. 그러므로 사람은 물론 존재하는 만물은 순간도 도리를 떠날 수 없다. 만약에 사람이나 만물이 이탈해도 무관하다면 그것은 참다운 도리가 아니다. 자연법칙도 천도의 일부다. 법칙을 떠나면 과학이 성립되지 않는다. 특히 인간은 함께 어울려 잘사는 사람의 도리, 곧 윤리를 따르고 지켜야 한다. 사람이면서 사람의 도리인 인의예지(仁義禮智)와 충효(忠孝)의 도리를 안 따르고, 반대로 야수의 도리만을 따르므로 오늘의 인류세계가 생지옥으로 전락한 것이다.

그런데도 강대국의 정치지도자는 무력을 가지고 약소국을 유린하고 남의 이권을 탈취하는 것을 당연시한다. 뿐만 아니라 우매한 사람이나, 간악(奸惡)하고 교활(狡猾)한 지식인들은 악덕한 권력에 붙어 명리(名利)를 탐하고 있다. 그래서 세상이 더욱 타락하는 것이다. 즉 천리(天理)를 이탈하고 악덕한 욕심이나 수심(獸心)을 따르면 멸망한다. 그래서 중용은 군자(君子)는 「천리를 간직하고 욕심을 멸하라(存天理滅人欲)」고 강조하고 있다. 그러므로 참다운 지식인, 즉 군자는 남이 보고 듣지 않는 곳에서도 절대로 천도 천리를 이탈하지 말아야 한다. 또 남이 보고 듣지 못하고, 자기만이 알고 있는 자기 마음을 천도 천리와 하나되게 간직해야 한다.

3절 : 천도 천리는 눈에 보이지 않는 형이상(形而上)의 도리다. 그러나 그 천도천리가 우주 천지 자연 만물로 나타난다. 그와 마찬가지로 은미(隱微)한 자기의 속마음이 행동으로 나타나게 마련이다. 좋으면 좋게 나타나고, 악하면 악하게 나타난다. 가리고 숨기려 해도 결국은 만천하에 드러나게 마련이다. 특히 자기 마음속에서 싹튼 악한 생각은 결국 행동으로 나타나서, 모든 사람이 알게 마련이다. 그러므로 숨어서 범죄하지 말고, 악한 생각을 마음속에 품지 말아야 한다.

4절 : 인간의 행동이나 감정표현도 도리와 절도에 맞게 해야 한다. 동물적·원색적으로 행동하거나, 감정을 표출하면 서로 싸우게 마련이다. 인간의 본성 속에는 천명(天命)으로 천리가 주어져 있다. 그러므로 천리에 맞게 행동하고, 천리에 맞게 감정을 표출해야 한다. 그래야 천도와 지덕(地德)이 일치하고, 천지가 화합하고, 또 모든 사람이 화락할 수 있다.

5절 : 도덕적으로 화합하고 정서적으로 화락하는 것을

중화(中和)라고 한다. 사람이 주체가 되어 천지 만물과 조화를 이루면, 「하늘과 땅이 바르게 작용하고 만물이 잘 자라고 번성한다.(天地位焉 萬物育焉)」

「천도를 따르면 천지 만물이 번성하고 발전한다. 그 주체가 사람이다. 사람이 마음으로 천도를 깨닫고 소중히 간직하고 천도를 따르고 행해야 한다.」 이것이 중용의 가르침이다.

[제1장 1절 : 성(性)・도(道)・교(敎)]

하늘이 명령으로 내려준 것이 바로 본성이다. 본성 속에 주어진 이(理)를 따르는 것을 도(道)라고 한다. 도를 닦고 알맞게 조절하는 것을 교(敎)라고 한다.

天命之謂性(천명지위성)
率性之謂道(솔성지위도)
修道之謂敎(수도지위교)

【집주 한글 풀이】 명(命), 성(性)

(1) 명은 곧 절대적 명령이다. 본성은 곧 도리다.(命猶命令也 性則理也)

<* 성즉리(性則理) : 본성은 곧 도리다. 즉 본성 속에 저마다의 도리가 주어져 있다는 뜻. 사람은 사람의 본성이 있으며, 그 본성 속에 사람의 도리가 있다. 동물에게도 주어진 동물의 성질과 동물의 도리가 있게 마련이다.>

(2) 하늘은 음양 오행의 기(氣)를 변화해서 만물을 낳고 살게 하고 있다. 기로써 형체를 꾸몄으며 아울러 <본성 속에 저마다의> 도리도 부여해 주었다. 명령하듯 절대적으로 부여해 준 것이다.(天以陰陽五行 化生萬物 氣以成形 而理亦賦焉 猶命令也)

(3) 그러므로 사람이나 만물은 태어나면서 저마다 하늘로부터 주어진 본성적인 도리를 부여받고 있다. 그래서 양적(陽的)인 강건(强健), 혹은 음적(陰的)인 유순(柔順)과 「인의예지신(仁義禮智信)」의 오상(五常)의 불변의 도덕성을 지니고 있는 것이다. <한편 만물의 경우에는 「목금화수토(木金火水土)의 다섯 가지 질료나 성질을 가지고 있다.> 그와 같이 저마다 하늘로부터 내려받은 특성을 곧 저마다의 본성이라 한다.(於是人物之生 因各得其所賦之理 以爲健順五常之德 所謂性也)

(4) 「솔(率)」은 「따르다」의 뜻이다. 「도(道)」는 도로(道路)와 같은 뜻이다. 사람이나 만물은 하늘로부터 받은 저마다의 본성 속에 내재하고 있는 본연(本然)의 도리를 따른다. 그러므로 일상시에 모든 사물을 대하거나 처리함에 있어서도 당연히 따르고 행해야 할 길과 도리가 있게 마련이다. 그것을 이른바 「도(道) 혹은 도리(道理)」라고 한다.(率循也 道猶路也 人物各循其性之自然 則其日用事物之間 莫不各有當行之路 是則所謂道也)

(5) 「수(修)」는 품격에 맞게 닦고 조절한다는 뜻이다.

<하늘로부터 받은 본성이나 가야 할> 길이나 도리는 비록 같지만, 그러나 타고난 기(氣)의 형질(形質)이 각기 다르므로 <도를 따르고 실천함에 있어> 넘치거나 혹은 못 미치거나 하는 차이가 없을 수 없다.(修品節之也 性道雖同 而氣稟或異 故不能無過不及之差)

<그래서> 성인이 사람이나 만물이 당연히 따라가야 할 도리를 바탕으로 저마다의 품격에 맞게 조절하여 천하의 법도로 삼았으니 그것이 이른바 교육, 교화 및 교령(敎令)이다. 즉 예의 형벌 정치 등속이 다 이에 속하는 것들이다.(聖人因人物之所當行者 而品節之 以爲法於天下 則謂之敎 若禮樂刑政之屬是也)

(6) 무릇 사람은 자기에게 본성이 있는 줄을 알지만, 그것이 하늘에서 나온 것임을 모른다.(蓋人知 己之有性 而不知其出於天)

사람은 모든 사물의 도리가 있는 줄은 알지만, 그것이 <모든 사물의> 특성에서 연유한 것인지는 모른다.(知事之有道 而不知其由於性)

사람은 성인들이 제정한 가르침이 있는 줄은 알지만, 그 가르침이 본래 나에게 <내재하고 있는 본성을> 바탕으로 꾸며진 것인 줄은 모른다.(知聖人之有敎 而不知 其因吾之所固有者 裁之也)

그래서 자사가 먼저 그 뜻을 밝혀낸 것이다.(故子思於此首發明之)

아울러 이는 동중서(董仲舒)가 말한 바, 도의 대원이 하

늘에서 나왔다고 말한 것과도 같다.(而董子所謂道之大原出於天 亦此意也)

【참고 설명】 천명지위성(天命之謂性)

(1) 「천명지위성(天命之謂性), 솔성지위도(率性之謂道), 수도지위교(修道之謂敎)」라고 한 구절이 중용의 「제1장 제1절」이며, 가장 중요한 구절이다. 그러므로 뜻을 잘 파악해야 한다.

(2) 먼저 「천명지위성(天命之謂性)」에 대해서 말하겠다. 이는 사람이나 만물에 공통되는 말이다. 사람은 물론이고, 기타 자연 만물도 다 하늘의 창조물이다. 존재 만물은 눈에 보이는 외형적 형체(形體)를 갖추고 있다. 동시에 눈에 보이지 않는 내면적 저마다의 본성(本性)도 가지고 있다. 더욱 그 본성 속에 저마다의 도리가 깃들어 있다.

(3) 같은 생물(生物)이지만 인간, 식물, 동물의 본성은 서로 다르다. 그러므로 저마다의 삶의 도리도 서로 다르게 마련이다. 주자는 「성즉리(性卽理)」라고 했다. 이와 같은 것은 절대자 하늘이 내려준 것이다. 그러므로 천명(天命)으로 주어진 것이라고 한다. 이때의 이(理)는 크게는 도리다. 그러나 사람에게는 순수이성(純粹理性)으로 풀이할 수도 있다.

【참고 설명】 솔성지위도(率性之謂道)

(1) 이 구절도 인간과 만물을 포괄하는 말이다. 사람은

사람의 본성 속에 주어진 도덕성을 따르고 살아야 한다. 그것이 사람의 길이고 도리이다. 새는 새의 본성을 따라 공중을 날면서 산다. 그것이 새의 도리다. 사람이면서 동물의 본성을 따라 남을 살상하고, 남의 재물을 탈취하는 오늘의 인류세계가 바로 악한 세계다.

(2) 인간은 모든 사물과 관계를 맺고 또 사물을 처리하고 있다. 이때에도 사람은 사람의 도리를 가지고 만물을 대하고 모든 일을 처리해야 한다. 동시에, 모든 사물의 본성 속에 주어진 저마다의 도리를 바탕으로 사물을 대하고 처리해야 한다.

(3) 극단적인 예를 들겠다. 남을 죽이고 남의 돈을 탈취한 살인강도는 호랑이의 성질과 도리를 따르고 행한 것이다. 강대국이 약소국을 무력으로 침공하고 토지와 재물을 약탈하는 것도 천도 천리에 어긋난다.

【참고 설명】 수도지위교(修道之謂教)

(1) 이 구절도 인간과 사물을 포괄한 말이다. 먼저 사람의 경우를 풀이하겠다. 이 구절은 「모든 사람을 저마다의 격에 맞게 교육해서 도를 깨닫고 도를 행하게 한다」는 뜻이다.

(2) 앞에서 「천명지위성(天命之謂性)」이라고 했다. 즉 사람은 누구나 태어나면서 착한 도덕성을 지니고 있다고 했는데, 왜 새삼스럽게 교육을 해야 하는가? 이 점을 잘 알아야 한다. 그래야 「나 자신」도 참다운 사람이 될 수 있다. 사람은 영장(靈長)이다. 그러므로 도덕성을 가지고 도

덕생활을 할 수 있다.

(3) 그러나 사람도 동물이며, 육신을 바탕으로 한 삶을 영위한다. 육신은 저마다의 형상(形狀)과 기질(氣質)이 다르게 마련이다. 억세고 사나운 사람도 있고, 반대로 유순한 사람도 있다. 그러므로 도를 깨닫고 행하는 데도 서로 차이가 나게 마련이다. 호랑이 같은 기질을 가진 사람은 좀처럼 착한 도리, 즉 윤리 도덕을 따르고 행하기 어렵다. 그러므로 「교육, 예절, 법령 및 형벌」 등을 가지고 제도하고 잘 조절해야 한다. 한편 모든 사물을 대하고 처리할 때도 모든 사물을 적절하게 제도해야 한다. 동물의 경우, 말〔馬〕도 잘 훈련하고, 고삐나 안장을 달아야, 능률적으로 타고 달릴 수 있다. 이때에도 말의 특성과 그 이치를 잘 알고 활용해야 한다. 그와 같은 일도 넓은 의미의 「교(敎)」에 포함된다.

【참고 설명】 성즉리(性則理)

(1) 주석을 직역한 것만으로는 무슨 뜻인지 알 수 없다. 「천명(天命)」은 「하늘이 절대적 명령으로 내려준 것」이라는 뜻이다. 「천명으로 준 것」이므로 사람은 싫다고 거절할 수가 없다. 그러므로 사람의 본성은 하늘이 내려준 절대적 · 필연적 본성이고, 그 본성 속에 절대적 · 필연적 도리가 내재하고 있다.

(2) 그 본성은 선본성(善本性)이고, 그 도리는 곧 하늘의 도리이고, 사람에게 있어서는 인륜(人倫)이다. 사람으

로 태어난 이상 천명으로 주어진 본성을 따라 살아야 한다. 그것이 삶의 길이고 바르게 사는 도리다. 그래서 「솔성지위도(率性之謂道)」라고 했다.

(3) 주자는 다음같이 말했다. 「본성이 있으며, 그 속에 여러 가지 도리가 다 갖추어져 있다. 마음에 있는 도리를 성(性)이라 하고, 사물에 있는 도리를 이(理)라 한다.(朱子曰 有是性 便有許多道理總在裏許 在心喚做性 在事喚做理)」 <大全註疏>

또 다음같이 말했다. 「이(理)는 천지간에 있는 사람이나 사물의 공통된 도리이고, 성(性)은 내가 지니고 있는 도리다.(理是泛言天地間人物公共之理 性是在我之理)」 <大全註疏>

【참고 설명】 주자의 천즉리(天卽理)

동서고금(東西古今)을 막론하고, 하늘을 만물의 창조주(創造主) 및 모든 도리의 주재자(主宰者)라고 본다. 기독교에서는 「하늘을 살아 있는 인격신으로 높인다.」 그러나 주자는 「하늘은 곧 이(天卽理)」라고 말했다. 그러므로 「천명지위성(天命之謂性)」을 주자는 「신하가 임금의 명령을 절대로 따르고 행하듯이, 천지간에 있는 사람이나 만물은 하늘로부터 저마다의 본성을 내려받고, 또 그 본성 속에 저마다의 도리를 지니고 있게 마련이다」라고 풀이한다. 공자도 하늘을 경외하되 인격신으로 모시지는 않았다. 주자는 더욱 「하늘은 곧 도리이다」라고 이화(理化)했다.

【참고 설명】 이(理)와 기(氣)

주자는 우주의 본체와 만물을 「이(理)와 기(氣)」, 이원론(二元論)으로 파악했다. 우주 천지 만물은 「기」에 의해서 형성되고 기능한다. 그러나 그 「기」 속에는 「이」가 내재한다. 「기」는 「이」를 따라서 쌓여서 형질이 되고 형상을 갖춘 몸이 되고, 또 기능한다. 존재하는 만물의 「이」와 「기」가 불가분(不可分)이며 하나이다. 식물의 기가 주축을 이룬 식물의 도리는 식물적이고, 동물의 기가 주축을 이룬 동물의 도리는 동물적이다.

이와 같이 서로 다른 특성을 본성이라고 한다. 식물의 본성 속에는 식물의 도리가 내재해 있고, 사람의 본성 속에는 사람의 도리가 내재해 있게 마련이다. 사람의 도리는 곧 인륜(人倫)이다. 인의예지신(仁義禮智信) 및 충효(忠孝)의 도리다. 사람으로 태어났으면 사람의 도리를 따르고 행해야 한다.

【참고 설명】 1절의 성도교(性道敎)

1절은 중용의 강령이며, 그 핵심은 「성(性)·도(道)·교(敎)」 세 글자다. 그 중에서도 「도(道)」가 핵심이다. 「도」는 「천명으로 주어진 본성」에서 나오고, 「교육이나 교화로써 품절해야 한다.」

[제1장 2절 : 도불가리(道不可離)]

도나 도리는 잠시도 떨어질 수 없다. 만약에

떨어질 수 있다면 참다운 도나 도리가 아니다. 그러므로 군자는 보이지 않는 곳이나 〈보이지 않는 자기의 마음을〉 경계하고 신중하게 지녀야 한다. 또 소리를 들을 수 없는 곳이나 〈소리 없는 자기의 마음을〉 겁내고 두렵게 여겨야 한다.

道也者不可須臾離也(도야자불가수유리야)
可離非道也(가리비도야)
是故 君子戒愼乎其所不睹(시고 군자계신호기소부도)
恐懼乎其所不聞(공구호기소불문)

【집주 한글 풀이】 도(道), 덕(德), 학덕(學德)

(1) 도(道)는 사람이 날마다 사물을 대하고 처리할 때에 마땅히 따르고 행해야 할 도리이다. <동시에> 모든 도나 도리는 곧 본성적인 이(理)를 따르고 행해서 좋은 성과(成果), 즉 덕(德)을 얻는 바탕이며, <그와 같은 도와 덕은 다> 마음속에 갖추어져 있다. 모든 사물에는 도리 없는 것이 없다. 또 어느 때인들 그렇지 않은 때도 없다. <즉 언제나 도리가 있고 나타난다.> 그러므로 순간도 도를 이탈할 수 없다. 만약에 이탈할 수 있다면, 어떻게 「본성을 따르는 것이 도」라고 말하겠느냐. <* 원문 생략>

(2) 그러므로 학덕(學德)을 겸비한 군자는 마음속으로 항상 <하늘의 도리를 잘 간직하고 행하도록> 경외(敬畏)해야 한다. 비록 나타나 보이거나 소리로 들리지 않는 <마

음이지만, 도를 간직함에> 역시 감히 소홀하게 하면 안 된다. 그 까닭은 천리의 본연을 보존하고, 또 잠시도 <도에서> 이탈하지 않게 하기 위해서다.

【참고 설명】 도는 이탈하지 않는다

도(道)는 잠시도 이탈할 수 없다. 이탈하면 안 된다. 이 말도 두 가지 뜻으로 해석해야 한다.

① 인도(人道)를 따라 살아야 한다 : 사람은 하늘이 본성 속에 심어 준 사람의 도리를 순간이라도 이탈하면 안 된다. 사람이 사람의 도리를 이탈한다는 것은 곧 「도심(道心)」을 따르지 않고, 「인욕(人欲 : 동물적·이기적 욕심)」을 바탕으로 행동한다는 뜻이다. 오늘의 인류사회가 바로 수심(獸心)을 바탕으로 살육쟁탈(殺戮爭奪)을 거듭하고 있다. 그래서 위기에서 벗어나지 못하는 것이다.

② 도리에 맞게 사물을 활용해야 한다 : 하늘은 모든 사물에 합당한 도리를 주었다. 그러므로 사람은 사물을 대하고 활용하고 또 처리할 때에 저마다의 도리에 맞게 해야 한다. 그것이 바로 중용(中庸)이다. 그러기 위해서는 먼저 사람이 도심(道心)을 바탕으로 하고 사물을 처리해야 한다. 수심(獸心)을 바탕으로 하기 때문에 오늘의 강대국이 재물과 과학 기술을 무기화하고 남을 죽이고, 남의 재물을 탈취하는 데 악용하고 있다. 이는 사물을 활용하는 도리가 아니다.

【참고 설명】 이탈하면 도가 아니다

사람이 도심(道心)을 바탕으로 하면 절대선(絶對善)의 도와 도리를 따라 착한 삶을 살고, 또 사물을 도리에 맞게 처리한다. 그러면 자연히 「선세계(善世界)」가 실현된다. 이러한 세계가 곧 「도(道)와 하나가 된 세계」다.

반대로 「동물적·이기적 욕심인 인욕(人欲)이나 수심(獸心)」을 바탕으로 하면 인간이 아귀(餓鬼) 같은 존재로 전락하고, 이 세상은 생지옥으로 화한다. 그러므로 「도를 떠나면 안되고, 또 떠날 수 없다」고 하는 것이다. 도를 떠난 오늘의 세계는 정상적인 「사람의 세계」가 아니다. 이 세상이 바로 난세(亂世)다.

【참고 설명】 계신(戒愼) 공구(恐懼)

주자는 말했다. 「마음이 몸의 주체다.(心者 身之主也)」 그러므로 마음을 잘 단속해야 한다. 「항상 도심(道心)을 간직하고 도를 지키고 행하게 자신의 마음가짐」을 「경계하고 신중하게〔戒愼〕」 해야 한다. 동시에 「인욕이나 수심」이 끼어들지 못하게 「겁을 내고 두려워〔恐懼〕」 해야 한다. 주자는 집주(集註)에서, 「군자는 마음으로 항상 경외한다(君子之心 常存敬畏)」라 하고 「경(敬)은 계신(戒愼), 외(畏)는 공구(恐懼)」라고 풀이를 했다.

인간의 마음은 하나다. 그 한 마음속에 「도심(道心)과 인욕(人欲)」이 함께 깃들어 있다. 「도심은 본성 속에 내재하고 있는 도덕심」이고, 「인욕은 동물적 본능과 이기적 욕심」이다. 사람은 「숭고한 정신이나 도덕성」을 지니고 있다. 동시에 「동물적·육체적 삶의 바탕인 인욕」도 있다. 뿐만 아니라 「남을 죽이고 나 혼자 잘살려는 수심」도 있다. 공자나 주자는 차마 「수심(獸心)」이라고 말하지 않았다. 그러나 오늘의 사람들은 수심만을 바탕으로 서로 싸우고 있다.

【참고 설명】 안 보고 또 안 듣는 곳

직역하면 「기소부도(其所不睹)」는 「보이지 않는 곳」, 「기소불문(其所不聞)」은 「들을 수 없는 곳」이다. 그래서 고주(古注)는 「남이 보지 않고 듣지 못하는 곳, 즉 나 혼자 있는 곳」의 뜻으로 풀이했다. 그러나 주자는 「남의 눈에 보이지 않고, 남이 귀로 소리를 들을 수 없는 곳」, 즉 「자기만이 아는 자기 마음」으로 풀이했다. 중용(中庸)은 「마음 다스리는 법도를 전수하는 경전이다.」 역시 주자의 풀이가 탁월하다. 이 책에서는 양쪽을 절충했다.

[제1장 3절 : 신기독(愼其獨)]

숨은 것보다 더 잘 드러나는 것이 없고, 미세한 것보다 더 크게 발현하는 것이 없다. 고로 군자는 자기 혼자만 아는 경지나 마음을 더욱 신중하게 한다.

莫見乎隱 莫顯乎微(막현호은 막현호미)
故君子 愼其獨也(고군자 신기독야)

【집주 한글 풀이】 은미(隱微)

(1) 「은(隱)」은 어두운 곳에 숨은 듯이 보이지 않는다는 뜻이다. 「미(微)」는 미세(微細)하고 기미(幾微)한 일이란 뜻이다. 「독(獨)」은 남들은 알지 못하고 자기 혼자만 아는 경지의 뜻이다.

(2) <다음 같은 뜻이다. 자기 혼자만 아는 마음의 기미(幾微)는> 어둠 속에 숨어있는 듯하고, 또 지극히 미세한 것이다. 비록 자국은 아직 나타나지 않아도, 그 기미는 이미 발동했으며, 남은 모르되 자기는 알고 있는 것이다. 그러한즉 천하의 모든 일이 이보다 더 잘 밝게 나타나 보이지 않는 것이 없는 것이다. <자기는 마음속으로 일의 옳고 그름을 미리 잘 알고 있다.>

(3) 그러므로 군자는 이미 항상 계구(戒懼)하지만, 특히 여기에 근신(謹愼)을 가해야 한다. 그렇게 하는 까닭은 인욕(人欲)이 싹트려 하는 것을 막고, 아울러 <그 인욕이> 어둠 속에 숨어서 자라고, 또 은미(隱微)한 속에서 몰래 자라나 도리에서 멀리 이탈하는 지경에 이르지 못하게 하기 위해서이다.

【참고 설명】 어둠 속의 세미한 일

사람은 행동하기 전에 어떻게 하겠다고 마음속으로 생각하고 뜻을 세운다. 그때의 그 생각이나 뜻이 「도심(道心)」을 바탕으로 한 것인지, 「동물적 · 이기적 나쁜 마음, 즉 인욕(人欲)」에서 나온 것인지, 그 기미(幾微)는 남은 모르고 오직 자기만이 안다. 이러한 뜻을 「어둠 속의 미세한 일」이라고 했다.

【참고 설명】 은미한 것

은미하거나, 기미한 것이 나타나 보인다. 사람의 언행은 마음을 바탕으로 나타난다. 그러나 마음속에 싹트는 은미하고 기미한 생각이나 뜻은 남들은 모르고 나 혼자만이 안다. 그러나 그 생각이나 뜻은 반드시 나타나 보이게 마련이다. 그래서 「계구신독(戒懼愼獨)」해야 한다.

【참고 설명】 자신을 삼간다

「자기 홀로 있을 때를 신중하게 한다(愼其獨也)」는 곧 「계구신독(戒懼愼獨)」이다. 「대전(大全)」의 풀이를 바탕으로 다음같이 추릴 수 있다. 「계구(戒懼)는 천리를 보존하고 지킨다(保守天理), 신독(愼獨)은 인욕을 엄하게 막는다.(檢防人欲)」 <蛟峯方氏> 「계구는 도심을 간직하고 함양하는 일이고(存養之事), 신독은 인욕을 성찰하는 일이다.(省察之事)」 <雙峯饒氏> 「계구로 도를 지킨다. 신독으로 사의(私意=人欲)를 막는다.」 <朱子> 「여러 사람과 함께 앉아 있을 때, 자기 마음속에서 발동하는 의념(意念)이 곧 독(獨)의 경지다.」

[제1장 4절 : 희노애락(喜怒哀樂)]

희노애락(喜怒哀樂)의 정(情)이 미처 나타나지 않은 〈마음속의 본연의 성리(性理)를〉

중(中)이라 하고, 정(情)이 나타나되 모두 고르게 절도에 맞게 나타남을 화(和)라고 한다. 중(中)은 천하의 대본(大本)이고, 화(和)는 천하가 도(道)를 달성하는 바탕이다.

喜怒哀樂之未發謂之中(희노애락지미발위지중)
發而皆中節謂之和(발이개중절위지화)
中也者 天下之大本也(중야자 천하지대본야)
和也者 天下之達道也(화야자 천하지달도야)

【집주 한글 풀이】 중(中), 정(情), 성(性)

(1) 기뻐하고 노여워하고 슬퍼하고 즐거워하는 것이 정(情)이다. 그 정이 아직 나타나지 않은 상태가 성(性)이다. 그 성은 편벽되거나 치우치지 않는다. 그러므로 중(中)이라고 말한다.

(2) 정(情)이 나타나되 성리(性理)와 절도에 맞아야 하며, <그것이 곧> 정의 바름이다. <그 정은 성리에> 어긋나거나 거슬리는 바가 없다. 그러므로 화(和)라고 한다.

(3) 「대본(大本)」은 바로 천명으로 주어진 성리이다. 천하의 도리가 모두 그 성리에서 연유하고 나오며, 그것이 도의 본체(本體)이다.

(4) 「달도(達道)」는 <모든 사람이나 사물이> 저마다의 성리를 따르고, 또 천하가 고금을 통해 공통으로 따르고 행하는 바이며, 이는 곧 도(道)의 용(用)이다.

(5) 이 구절은 성(性)과 정(情)의 덕을 말하고, 아울러

도를 이탈하면 안됨을 밝힌 말이다.

【참고 설명】 인정(人情), 사정(事情)

(1) 「성리(性理)」는 사람이나 사물의 본성 속에 주어진 형이상(形而上)의 도리로, 나타나기 전의 성리에는 선악 시비도 없다. 「인정(人情)」은 사람의 감정 정서를 다 포괄한다. 사람이 외부의 사물에 접하면 육신을 터로 하고 발동하는 동물적 · 이기적 욕구나, 정신적 · 도덕적 욕구도 다 인정에 포함된다. 「사정(事情)」은 자연 만물이나 여러 가지 일에 나타나는 실상이나 실정(實情)을 포함한 뜻이다.

(2) 「인정이나 사정」은 도심(道心)을 바탕으로 하면 바르고 착하게 나타나고, 인욕(人欲)을 바탕으로 하면 그릇되고 악하게 나타난다.

【참고 설명】 정신(精神)과 이성(理性)

(1) 사람은 만물의 영장이다. 식물 동물과는 차원이 다른 숭고한 정신(精神)과 이성(理性)이 있다. 이 「정신과 이성」은 사람만이 가지고 있는 「본성적 특성」이다. 이 「본성적 특성」을 주자학에서는 「성리(性理)」라고 요약한다. 사람은 이 「성리」를 바탕으로 형이상(形而上)의 절대선(絶對善)의 천리(天理)를 깨닫고 행할 수도 있고, 동시에 지상세계의 만물과 사물의 도리와 법칙을 알고 활용하기도 한다.

(2) 한편 사람은 동물적 · 육체적 존재로 삶을 영위한다.

그러므로 동물적 욕구, 육체적 감정이 없을 수 없다. 배가 고프면 먹고, 성장하면 결혼하여 자식을 낳고자 한다. 이와 같은 동물적·육체적·생리적 욕구와 감정을 통합하여 크게 「인정(人情)」이라고 한다. 우리가 흔히 말하는 감정(感情)은 작은 「인정」에 속한다. 「성리」나 「인정」이나 천명으로 주어진 것이다. 그러므로 중정(中正)의 천리를 따라야 한다. 편파적 사욕(私欲)을 따르면 안 된다. 이것이 중용의 가르침이다.

【참고 설명】 심통성정(心統性情)

(1) 「중용 제1장 4절」은 주로 인간의 감정표현(感情表現)에 대한 가르침이다. 하늘이 천명(天命)으로 내려준 성품 중에는 이성적 도덕성도 있지만 동시에 칠정(七情)의 감정도 있다. 주자학(朱子學)에서는 「심통성정(心統性情)」이라 한다. 즉 「마음이 이성과 감정을 통솔한다」는 뜻이다. 또 주자학에서는 「성즉리(性卽理)」라고 했다.

(2) 사람은 본성적으로 천리(天理)를 따르게 되어 있다. 그러므로 「희노애락애오욕(喜怒哀樂愛惡欲)」 등의 감정표현도 천리에 맞게 해야 한다. 개인생활에 있어서나 집단생활에 있어서나 감정표현은 매우 중요하다. 서로 사랑하고 협동하면 함께 즐겁고 화락(和樂)하게 된다. 반대로 서로 미워하고 싸우면 함께 고통스럽고 분열(分裂)하게 된다. 전자는 함께 잘살고 번영하는 길이고, 후자는 함께 못살고 함께 망하는 길이다.

(3) 오늘의 인류사회의 모든 비극과 악덕은 도(道)에서 이탈하고, 나만의 욕심을 채우려고 동물적·원색적 감정을 바탕으로 날뛰기 때문이다. 강대국의 침략전쟁도 이기적 욕심과 감정의 야만적 표현이다.

【참고 설명】 칠정(七情)의 심리 분석

유교에서는 「희노애락애오욕(喜怒哀樂愛惡欲)」을 「칠정(七情)」이라고 한다. 한마디로 「정(情)」이라고 하지만 심리적으로 분석하면 서로 다르다. 「희노애락(喜怒哀樂)」은 외부의 자극이나 사물에 대한 반사적 느낌이나 감정이다. 「애(愛 : 사랑하고 좋아함)」와 「오(惡 : 미워하고 기피함=憎)」는 심리적·선택적 작위(作爲)다. 「욕(欲 : 욕구나 소원)」은 목적 달성 욕구(欲求)다. 결국 주자가 말하는 「정(情)」은 「느낌으로서의 감정만이 아니고, 선택적 작위, 목적 욕구」가 다 포함되어 있다. 폭력으로 남을 살상하고 남의 재물을 탈취하여 잘살려는 욕심도 정에 들어간다.

【참고 설명】 미발(未發)이 중(中)

(1) 앞에서 보았듯이 「정(情)」 속에는 애증(愛憎) 같은 인정(人情), 희락(喜樂) 같은 감정, 노애(怒哀) 같은 역정(逆情) 및 모든 욕심 욕구가 다 포함되어 있다. 이와 같은 모든 감정도 마음에서 발동한다. 사람은 영특한 심령(心靈)을 지니고 있다. 그 심령 속에 본성이 있고, 본성 속에 이(理)가 있다. 이때의 「성리(性理)」를 절대선의 천리를 따르고 실천하는 「순수이성」, 혹은 「도덕성」으로 볼

수 있다.

「이(理)」는 기(氣)를 바탕으로 하여 나타나고 기능한다. 인간의 「정(情)」도 「형기(形氣)와 육체」를 바탕으로 나타나고 발동한다. 그러나 나타나기 전의 정은 없는 것과 같이 허정(虛靜)하고 적연부동(寂然不動)하다. 주자학에서는 정도 보이지 않는 마음속에 있다고 보았다. 그래서 「희노애락지미발 위지중(喜怒哀樂之未發 謂之中)」이라고 한 것이다.

(2) 사람의 정은 외부의 사물에 접하고 자극을 받았을 때에, 발동하고 나타난다. 나타나기 전에는 허정(虛靜)하다. 또 나타나는 정에는 성리에 일치하는 정정(正情)도 있고, 반대되는 역정(逆情)도 있다.

【참고 설명】 중절(中節)이 화(和)

(1) 정(情)이 형기(形氣)를 타고 나타날 때에 비로소 좋고 나쁘고, 도리에 맞고 안 맞는 등의 차별이 있게 된다. 그 기준은 성리(性理)다. 본성 속에 주어진 이성이나 도덕성에 맞는 것은 좋고, 동물적·이기적 욕심을 바탕으로 나타난 것은 나쁘다. 동물적·이기적 사사로운 욕심을 채우려는 정은 천리(天理)나 이성(理性)이나 도리(道理)에 어긋난다. 따라서 다른 사람이나 자연 만물과도 화합(和合)할 수 없다. 그래서 절도에 맞게 나타나는 것을 화(和)라고 한 것이다.

(2) 「중절(中節)」은 하늘의 도리, 절도 혹은 예절에 맞

는다는 뜻이다. 예절은 본래 천리를 제도(制度)하고 품절(品節)한 것이다. 「화(和)」의 큰 뜻은 「천도 천리나 본성에 맞고 어울린다」이고, 작은 뜻은 「모든 사람과 조화되고 화합한다」이다. 도를 따라 「희노애락」하고, 천하 만민과 더불어 「희노애락」하는 것이 군자다. 무도한 학정(虐政)으로 동물적 욕심을 채우고 혼자 기뻐하는 자를 악덕한 폭군이라 한다.

【참고 설명】 중(中)이 대본(大本)

(1) 「중(中)」의 큰 의미는 절대선(絶對善)의 천리(天理)다. 그 천리는 우주 천지 자연 만물에 고르게 주어져 있고, 고금에 걸쳐 항상 딱 맞게 기능하고 있다. 그러면서 그 천리는 곧 만물의 본성 속에 주어진 지당한 도리다. 「천리」는 만물 속에 「불편불의(不偏不倚)」하게, 공평무사(公平無私)하게 주어져 있다.

(2) 그래서 「중」이라고 한다. 「중」의 작은 뜻은 곧 「모든 사람의 성리(性理), 즉 본성 속에 주어진 마땅히 지키고 행해야 할 중정(中正)의 도리」라는 뜻이다. 이와 같이 우주 천지 만물 및 인간 속에 내재하는 「중정의 도리」는 곧 만물을 생육(生育)하는 절대선의 도리다. 그래서 「중」을 「천하의 대본(大本)」이라고 한다.

【참고 설명】 화(和)는 달도(達道)

「화(和)」는 곧 「크게는 천리와 하나가 되고, 작게는 욕구나 감정 및 행동 표현을 자연, 만물, 만인과 조화시킨다」

는 뜻이다. 「천하지달도야(天下之達道也)」의 큰 뜻은 「천하 모든 나라, 모든 사람 및 고금을 막론하고 언제나 절대선의 도리에 도달하고 아울러 달성한다」는 뜻이다. 작은 뜻은 「군자의 도리가 천하 만민에게 통하고 달성된다」는 뜻이다. 감정표현이 「화락(和樂)」해야지, 천하의 모든 사람과 모든 사물을 천리와 하나 되게 할 수 있다.

【참고 설명】 성정의 덕(性情之德)

사람의 마음속에는 「성(性)과 정(情)」이 공존하고 있다. 마음이 천리 천도를 따르고 실천되면, 선덕(善德)으로 나타난다. 반대로 동물적·이기적 욕심을 바탕으로 하면 악덕(惡德)으로 나타난다. 정(情)도 같다. 천리 천도를 바탕으로 한 정은 착한 인정(人情=仁情)으로 나타난다. 반대로 동물적·이기적 사심을 바탕으로 한 정은 악하고 잔인한 악덕한 정으로 나타난다. 선한 도리를 따른 정은 「선덕의 정」이 되고, 악한 도리를 따른 정은 「악덕의 정」이 된다. 그래서 군자는 항상 도심(道心)을 간직하고 반대로 사심(私心=邪心), 수심(獸心)이 끼어들지 못하게 경계하고 신중하게 해야 한다.

[제1장 5절 : 치중화(致中和)]

중화를 이루어야, 하늘과 땅이 제자리에 안정되고, 또 만물이 잘살고 자란다.

致中和(치중화)
天地位焉 萬物育焉(천지위언 만물육언)

【집주 한글 풀이】 치중화(致中和)

(1) 「치(致)」는 끝까지 미루어 나간다는 뜻이다. 「위(位)」는 저마다의 자리에 안정된다는 뜻이다. 「육(育)」은 저마다의 삶을 완수함이다.

(2) 스스로 겁내고 두려워하고 또 단속하여서 <성리(性理)가> 지극히 정밀(靜謐)하고 중정(中正)한 경지에 이르고, 또 그 지킴을 잃지 않으면 곧 <그 성리가> 지극히 중정(中正)하게 되고 따라서 하늘과 땅이 제자리에서 안정될 것이다.

(3) 처음에는 홀로 자신을 근신하고 정성으로 <절대선의 천도를> 따르고 지키고, 점차로 모든 사람이나 사물을 대하고 처리함에 있어, 작은 차질이나 오류도 없게 하고 더욱 저마다의 도리대로 되지 않음이 없게 하면, 즉 천하 만물이 조화의 극치를 이루고 다 잘 자라고 번성할 것이다.

(4) 무릇 천지 만물은 본래 나와 한몸이다. 나의 마음이 바르면 천지의 마음도 바르게 되고, 나의 기가 순하면 천지의 기도 순하게 된다.

(5) 고로 효험도 그와 같이 나타난다. 이것이 바로 학문의 지극한 공이며, 성인이 능히 할 수 있는 일이다. 애당초부터 <본성의 도를 따라서 이루는 것이지> 밖의 다른 힘을 빌리는 것이 아니다. <나와 만물을> 품절해서 도에 맞게 하는 교육이나 교화도 그 속에서 이루어지는 것이다.

(6) 이와 같이 저마다 체(體)와 용(用)이 비록 동(動)과

정(靜)의 차이가 있어도, 그러나 반드시 체(體)가 바르게 선 다음에 용(用)이 행해지는 법이다. 그러나 실지로는 서로 다른 둘이 아니다. 고로 자사(子思)가 여기서 합쳐서 말하고 앞의 글의 결론으로 삼은 것이다.

【참고 설명】 만물의 주체는 인간

(1) 주자학에서는 인격신을 인정하지 않는다. 우주 천지 만물의 본체(本體)를 「이(理)」라고 해석한다. 아울러 우주 천지 만물을 인식하고 다루는 주체를 인간이라고 본다. 따라서 그 인간이 천지 만물의 도리를 바르게 알고 바르게 다루면, 천지 만물도 도리대로 존재하고 번식하고 발전하게 된다. 반대로 인간이 비도리(非道理)로 천지 만물을 다루면 사멸하게 된다.

(2) 착한 마음을 바탕으로 하면 천리(天理)를 따르고, 사악한 욕심을 바탕으로 하면 자연 환경을 파괴하고 무자비하게 대량살상을 감행하여, 인류사회를 위기에 빠뜨리고 종국에는 멸망케 한다.

(3) 천도(天道)를 따르고 실천해서 지덕(地德)을 세워야 한다. 사람이 도덕을 실천하면 천지 만물이 번성하고 인류의 경우는 역사 문화가 더욱 발전한다. 그래야 진정한 평화세계도 창건할 수 있다. 성현(聖賢)의 가르침은 오늘에도 살아있다.

【참고 설명】 도덕과 중화(中和)

(1) 우주 천지 만물을 생육(生育)하는 절대선(絶對善)

의 도리를 「도(道)」라 하고, 그 도를 따르고 행해서 얻은 좋은 성과를 「덕(德)」이라 한다.

(2) 도(道)는 체(體)이고, 덕(德)은 용(用)이다. 이를 합해서 도덕(道德)이라고 부른다.

(3) 「중화(中和)」도 같다. 중(中)은 곧 도(道)에 해당하고, 화(和)는 곧 덕(德)에 해당한다. 그러므로 「중화=도덕」이다. 「도」가 만물 속에 고르게 있는 데 초점을 맞춰 특히 「중」이라 하고, 「덕」이 만물을 화합하는 데 초점을 맞춰 「화」라고 한 것이다.

(4) 바꾸어 말하면 「도덕」의 일부를 「중용(中庸)」이니 「중화」라고 말한 것이다. 「도덕」 밖에 「중용」 「중화」가 따로 있는 것이 아니다.

【참고 설명】 천지와 만물

(1) 주역(周易) 계사전(繫辭傳)에 있다. 「천지지대덕왈생(天地之大德曰生)」 「생(生)」은 「생육화성(生育化成)」 「생생불이(生生不已)」를 합한 뜻이다. 하늘은 시간과 공간을 통합적으로 섭리한다. 그리고 시간의 흐름에 따라, 「천지 만물을 끝없이 낳고 자라고 번식하고 발전하게 한다.」

(2) 유교사상에는 「역사적 발전관(歷史的 發展觀)」이 살아 있다. 만물은 땅을 터로 하고 자라고 번식한다. 하늘은 주체적 · 원리적 존재로 높이 있고, 땅은 피동적 · 결과적 존재로 낮게 있다. 하늘이 모든 도리를 주재하고, 땅은 하늘

의 도리를 따르고 실천해서 좋은 성과, 즉 열매를 맺는다.

(3) 이를 「천존지비 건곤정의(天存地卑 乾坤定矣)」라고 한다. 철학적으로 「천도(天道) 지덕(地德)」으로 요약할 수 있다. 이와 같은 하늘과 땅의 위치와 기능의 안정을 「천지위언(天地位焉)」이라고 한다. 천도를 따르고 실천해야 지덕이 세워진다. 만물은 땅을 터로 하고 살고 번성하고, 사람의 경우는 문화의 꽃을 피운다. 우주천지 만물의 주체는 사람이다. 사람이 「천도천리(天道天理)」를 따르고 실천하면 천지 만물도 안정되고 번성한다. 그래서 「천지위언(天地位焉), 만물육언(萬物育焉)」이라고 한다.

【참고 설명】 만물과 나는 일체(一體)

(1) 사람이나 만물이나 다 하늘의 조화로 태어났고, 또 하늘의 도리를 따라 살게 마련이다. 그러므로 우주론적·본체론적 관점에서는 「나와 만물이 하나이다.」

(2) 대인(大人)은 크게 내다보고, 소인(小人)은 작게 본다. 크게 보면 「나와 천지 만물이 하나다.」 작게 보면 「나와 남이나 만물은 서로 다르다.」 그래서 소인은 서로 싸우고 남의 것을 탈취하려고 한다.

【참고 설명】 심법(心法)과 제왕지학(帝王之學)

(1) 우주 천지의 마음과 도리를 바탕으로 천하 만민을 다스리는 덕치(德治)가 곧 「유교의 도통(道統)」이고, 또 그와 같은 가르침이 곧 「제왕학(帝王學)」이다. 중용(中

庸)이 바로 「제왕학의 경전(經典)」이다.

(2) 그래서 말한다. 「임금의 마음이나 행동이 바르면 천지 모든 사람의 마음도 행실도 바르게 되고, 정치 만사도 바른 도리를 따라 바르게 다스려진다.」 이를 가리켜 「오지심정(吾之心正) 즉천지지심역정(則天地之心亦正)」 「오지기순(吾之氣順) 즉천지지기역순(則天地之氣亦順)」이라고 한 것이다. 「마음〔心〕」이 「절대선의 하늘의 도리를 깨닫고 행하게 명령을 내린다.」 그러면 「기(氣)로 형성된 몸〔身〕」이 바르고 착하게 행동할 것이다. 임금이 바르면 백성들도 바르게 된다.

【참고 설명】 학문과 수도(修道)

(1) 오늘의 국제 정치가 왜 「권모술수(權謀術數)와 살육쟁탈(殺戮爭奪)」만을 일삼고 있는가. 한마디로 오늘의 정치지도자가 「유교의 도통사상」을 배우지 않고, 또 모르기 때문이다. 뿐만 아니라, 수심(獸心)으로 남을 잡아먹는 것을 당연시하기 때문이다. 「유교의 경전」을 배워야 한다. 배우지 않으면 야수(野獸)같이 서로 잡아먹게 된다. 배워서 바르게 알고, 자기 수양을 해서 바르게 행동하면, 「인류대동(人類大同)의 진정한 평화세계」를 창건할 수 있다. 그래서, 「학문의 공(學問之功)과 도덕 수양의 가르침」이 중요하다고 말하는 것이다.

(2) 아울러 「학문 수양」을 하면 누구나 「천지 만물과 하나 되는 성인(聖人)」이 될 수 있다고 말하는 것이다. 이것

이 중용의 사상이요 가르침이다. 「중용의 도(中庸之道)」는 본성의 도리를 따르면 된다. 사람이면서 야수의 수심을 따라 살므로, 서로 피곤하고 고생스러운 것이다.

【참고 설명】 체(體)와 용(用)

마음속에 악한 욕심이 넘치면, 살인 강도짓을 하게 된다. 마음으로 착한 도리를 깨닫고 착하게 행하겠다고 생각하면 성인(聖人) 군자(君子) 같은 삶을 살게 마련이다. 살인한 강도는 제 명을 다하지 못하고, 편하게 살지 못한다. 성인 군자는 편한 마음으로 장수할 수 있다. 머리가 좋은 사람은 「중용의 길」을 따라 편히 살고 장수하고, 또 역사와 문화 발전의 공을 세워 만고에 이름을 빛낼 것이다. 무식하고 우둔한 사람이 동물 이하로 산다.

【참고 설명】 중화(中和) 성정(性情)

중용에서 말하는 중화(中和) 속에는 「도(道)와 덕(德)의 통일」과 「성(性)과 정(情)의 통일」이 다 포함되어 있다. 「도와 성」이 체(體)이고, 「덕과 정」이 용(用)이다.

【집주 한글 풀이】 맺는 말

(1) 이상이 중용 제1장이다. 자사가 전수한 바의 뜻을 글로 적은 것이다. 먼저 도의 본원이 하늘에서 나와 영구히 변하지 않으며, 또 그 실체가 나에게 갖추어져 있으므로 떠날 수 없음을 밝혔다. 다음으로 존양과 성찰의 필요를 말했다. 끝으로 성신의 공덕과 조화가 지극함을

말했다.

(2) 모든 학자들이 이 <중용의 도를> 자신에게 돌이켜 구해 스스로 터득하고 나가서 외면적인 이기적 유혹을 제거하고 <자신에게 주어진> 본연의 선을 확충하기를 바란다. 그것이 바로 양시(楊時)가 말하는 바 중용 1편의 요체이다.

【참고 설명】 유교의 도통(道統)사상

「중용 제1장」은 가장 중요하며, 경문에 해당한다. 그래서 이에 대한 종합적인 설명을 다시 가하겠다. 부분적으로는 앞의 설명과 중복되는 곳도 있을 것이다.

평천하(平天下)의 사상 : 옛날의 중국에서 말하는 천하는 관념상으로는 바로 오늘의 세계에 해당한다. 그러므로 평천하(平天下), 즉 「천하를 평화롭게 다스린다」는 뜻은 곧 오늘의 말로는 평화세계를 구현(具現)함과 같은 뜻이라 하겠다. 이에 많은 성현(聖賢)들이 저마다의 사상과 이상을 내걸고 당시의 군주(君主)들을 깨우치고 설득하려 애를 썼다. 특히 춘추(春秋) 전국(戰國)의 난세에는 제자백가(諸子百家)의 많은 학파와 사상가들이 나타나 저마다의 학설과 주장을 고취했다. 그 중에도 가장 높이 나타났고, 또 후세에도 막대한 영향을 끼친 학파가 바로 공자(孔子)를 시조로 한 유가(儒家)였다.

그들은 인의(仁義)와 충효(忠孝)를 최고의 덕목으로 표방하고 윤리 도덕의 실천을 강조했다. 그들은 인본주의(人

本主義), 합리주의(合理主義), 역사주의(歷史主義) 및 문화주의(文化主義)로써 인류애(人類愛)가 넘치는 대동(大同)의 세계를 창건하려고 진력했다.

공자는 논어(論語)에서 말했다. 「정치는 바르게 함이다.(政者 正也)」 「정(正)」은 「하나〔一〕에 가서 멈추다〔止〕」의 뜻이다. 「하나」는 곧 「만물을 고르게 키우고 번성케 하는 절대선(絶對善)의 하늘의 도리」이다.

아울러 유가에서 높이는 예치(禮治)의 예(禮)의 뜻도 깊다. 「예」에는 「하늘에 제사를 올리고, 하늘이 내려준 계시, 즉 하늘의 절대선의 도리를 실천한다」는 뜻이 포함되어 있다. 그러므로 유가의 주장은 「천도 천리(天道天理)를 따라 왕도덕치(王道德治)를 펴고, 대동의 평화세계를 실현하자」는 것이었다. 그러기 위해 정치에 참여할 군자들은 수기치인(修己治人)해야 한다고 가르쳤다.

【참고 설명】 도통(道統)사상의 세분(細分)

일관(一貫)된 도통사상 : 다시 세분하여 설명하겠다.

① 우주는 무궁한 시간과 무한한 공간을 통합한 하나의 큰 실체다. 우주는 형질(形質)을 갖춘 무한대한 유기물인 동시에, 순간도 쉬지 않고 무궁한 회전운동을 지속하고 있다.

② 우주는 하나의 큰 생명체다. 우주 속에는 「천지 자연 만물 및 인간」이 「다같이 태어나 살고 무럭무럭 자라고, 음과 양이 합치고 변화해서 새 생명을 낳고 번식하고, 인간

의 경우에는 역사와 문화를 발전케 하고 있다.」

③ 실체로 존재하고 회전하면서 동시에 만물을 품고 한결같이 「생육화성(生育化成)」하는 우주 자연의 법칙을 천도(天道), 혹은 천리(天理)라고 한다.

④ 바꾸어 말하면 「천지 자연 만물」은 「천도 천리」에 의해서 「생육화성」한다.

⑤ 단 하늘에 의해서 주어진 「천도 천리」는 만물마다 다 다르다. 수레〔車〕에는 수레의 도리가 있고, 배〔船〕에는 배의 도리가 있다. 그와 마찬가지로 동물에는 동물의 도리가 있고, 사람에는 사람의 도리가 있다.

⑥ 동물은 동물적 본성에 맞는 동물적 도리만이 있다. 즉 동물은 먹고 개체(個體)를 보전하고, 암수〔雌雄〕가 어울려 종족을 번식할 뿐이다.

⑦ 인간도 기본적으로는 동물이다. 그러므로 먹고 개체를 보전하고, 남녀가 짝짓기를 하여 자손을 낳고 종족을 번식한다. 그러나 인간과 인류는 동물과는 차원이 다른 본성과 특성이 있다. 우선 인간은 숭고한 정신이 있다. 그러므로 정신적으로 하늘〔天〕과 하늘의 도리〔天道〕를 깨닫고 따르고 실천하는 특성이 있다.

그러므로 사람이 따르고, 가야 하고, 지키고, 실천해야 할 「사람의 길과 도리, 즉 인도(人道)」는 절대적으로 동물의 도리와는 다르게 마련이다. 그와 같은 숭고하고 고귀한 인간의 특성과 도를 따라서, 개별적인 인간, 집단적인 인류는 「윤리 도덕적 공동체 생활을 영위하면서 역사와 문화를 계승 발전케 하고 있는 것이다.」

⑧ 이와 같이 하늘은 만물에게 만물의 특성에 맞는 도리를 부여해 주었다. 하늘을 나는 새에게는 새의 특성에 맞는 도리를 주고, 물고기에게는 물고기의 도리를 주고, 네발짐승에게는 네발짐승의 도리를 주었다.

⑨ 이와 같이 하늘이 절대명령으로 만물에게 준 도리는 저마다의 만물에 딱 맞는 가장 합당하고, 언제나 따르고 지켜야 할 도리다. 그래서 그것을 특히 「중용(中庸)」이라는 명칭으로 부른 것이다.

⑩ 「중용」은 「만물에게 주어진 저마다의 천도천리(天道天理)」를 일컫는 용어다. 동시에 사람이 「딱 맞는 도리로 사물을 처리하는 것」도 「중용」이라고 한다.

【참고 설명】 도통(道統)사상의 확대

(1) 「중용」의 일차적인 기본 의의는 「우주 천지 만물을 지배하는 천도(天道)는 모든 현상이나 만물에 딱 들어맞고 영원히 변치 않는 진리이며, 또 만물을 조화 속에 다같이 발전케 하는 도리이다.」 즉 천도가 편재(偏在)하고 불변(不變)하는 특성에 초점(焦點)을 맞춰 중용이라고 한 것이다.

(2) 그와 같은 천도를 깨닫고 따르고 행하는 본성을 하늘은 사람에게 주었다. 그러므로 사람은 자신의 삶을 살거나 사물을 처리하거나 「중용, 즉 천도」를 따르고 지키고

행해야 한다. 그것이 바로 인도(人道)다.

(3) 「중용」이란 책은 바로 그와 같은 「천도와 인도」를 알고 행하기를 가르친 것이다.

【참고 설명】 도심(道心)과 인심(人心)

(1) 사람은 이중적(二重的) 존재다. 육신을 지닌 동물이면서 동시에 정신을 가진 신성한 영물이다. 「동물적 존재로서의 인간」은 「동물적 · 본능적 · 이기적 욕구를 바탕으로 동물적 · 육체적 · 현실적 삶을 산다.」 그러나 동시에 「영적(靈的) · 정신적(精神的) 존재로서의 인간」은 「천도천리(天道天理)를 깨닫고 윤리 도덕을 실천하고 인류대동(人類大同)의 평화세계를 창건할 도덕정치를 지향(志向)한다.」

(2) 사람의 마음은 하나다. 그 하나의 마음속에 「동물적 욕구와 관능적 쾌락을 채우려는 이기심(利己心)」과 「천도천리를 따라 서로 사랑하고 함께 잘살려는 도덕심(道德心)」이 공존한다. 중국에서는 전자를 인심(人心), 후자를 도심(道心)이라고 했다.

(3) 주자(朱子)가 쓴 「중용장구서(中庸章句序)」에 다음 같은 말이 있다. 자사(子思)가 중용을 저술한 목적은 「도통(道統)」을 전하기 위해서다. 도통은 곧 「요순(堯舜)」 같은 성제(聖帝)가 도심을 바탕으로 덕치(德治)를 한 전통을 말한다. 옛날에 순(舜)임금이 우(禹)에게 「인간의 사사로운 욕심은 위태롭다. 하늘이 사람에게 내려준 도심은

은미하지만 정성(精誠)되고 한결같다. 그러므로 그 속마음을 잘 지키고 행해야 한다(人心惟危 道心惟微 惟精惟一 允執厥中)」라고 했다.

(4) 「윤집궐중(允執厥中)」의 「중(中)」은 곧 「은미(隱微)하고 정성(精誠)되고, 또 한결〔惟一〕」 같은 「도심」이다. 사람은 만물의 영장(靈長)이다. 그러므로 하늘은 사람에게만 「도심」을 주었다. 「도심」은 곧 「천도천리」를 따르고 행하는 「도덕심」이다. 이는 인간의 본성이자 도리를 따르려는 이성(理性)이기도 하다.

(5) 그래서 주자는 「성즉리(性卽理)」라고 했다. 사람은 만물의 영장이지만 동시에 육신을 가진 동물이다. 그러므로 「동물적 욕구, 이기적 욕구」가 없을 수 없다. 그와 같은 「동물적 욕구, 이기적 욕구」를 인심(人心)이라고 했다. 인심은 「형기지사(形氣之私)」에서 나온다.

(6) 「동물적 욕구, 관능적 쾌락을 추구하는 이기적 인심」으로는 덕치를 할 수 없다. 그래서 「인심유위(人心惟危)」라고 한 것이다. 평천하(平天下)의 덕치를 이루기 위해서는 「유미(惟微) 유정(惟精) 유일(惟一)」한 「도심」을 지켜야 한다. 그것이 곧 「윤집궐중」이다. 「중(中)」은 곧 「도심」이다.

【참고 설명】 도(道)와 학문

(1) 「도(道)」를 길〔路〕, 혹은 도리(道理)로 풀이한다. 사람이 태어나 살다가 죽을 때까지 따르고 가야 할 바른

행로는 길이다. 한편 사물에 대하고 처리할 때에는 바른 도리라고 한다.

(2) 도리의 기준은 천도(天道)다. 유교는 인격신(人格神)을 믿거나 내세우지 않는다. 그 대신 우주 천지 자연 만물의 생성 변화를 통괄하는 절대(絶對)를 「하늘〔天〕, 태극(太極)」이라 하고, 그 「절대선의 도리」를 「천도, 혹은 천리(天理)」라고 한다.

(3) 특히 주자(朱子)는 「천(天)자도 빼고 그냥 이(理)」라고 부르는 경우가 많았다. 사람이나 만물은 다 하늘에 의해서 창조되었다. 그러므로 하늘은 사람이나 「만물의 본성 속에 저마다의 생존의 도리」를 부여해 주었다. 식물은 식물의 도리를 따르고, 동물은 동물의 도리를 따라 생존하게 되어 있다.

(4) 사람은 서로 사랑하고 협동하여 착한 공동체를 꾸미는 도덕성을 따라야 한다. 사람이면서 「남을 죽이고 남의 재물을 탈취하려는 동물성」을 따르면 안 된다. 특히 하늘은 사람에게 형이상(形而上)의 도리를 터득하고 행할 수 있는 탁월한 특성을 부여해 주었다. 그와 같은 것을 깨닫고 실천케 하는 것이 학문 교육이다. 사람의 육신은 먹고 운동을 하면 성장한다. 그러나 내면적 인격이나 도덕성은 학문이나 교육 같은 정신적 양식을 통해서만 성장할 수 있다.

【참고 설명】 예기(禮記)에 있는 대동세(大同世)

大道之行也 天下爲公 選賢與能 講信修睦

故人不獨親其親 不獨子其子 使老有所終
壯有所用 幼有所長 矜寡孤獨廢疾者 皆有所養
男有分女有歸 貨惡其棄於地也 不必藏於已
力惡其不出於身也 不必爲已 是故謀閉而不興
盜賊亂賊而不作 故外戶而不閉 是謂大同.

천도를 기준으로 한 대도의 덕치는 천하를 만민의 공유물로 삼는다. 현명하고 유능한 사람을 선출하고 신의를 지키고 화목한다. 그러므로 자기 부모만을 친애하거나 내 자식만을 자애하지 않고 모든 부모 자식들도 사랑한다. 늙은 사람으로 하여금 천수를 누리게 하고, 젊은 사람을 활용하고, 어린아이를 잘 양육한다. 홀아비·과부·고아·외톨이 및 노약자들도 돌보고 생활을 보장해 준다. 남자에게는 직업을 주고, 여자는 시집가게 한다. 재물을 땅에 버리거나 개인이 독점하지 않는다. 사람의 능력을 발휘하여 공동이익을 추구한다. 그러므로 사람들이 권모술수를 농하지 않게 되며, 도적이나 난동하는 자들도 나타나지 않는다. 이에 대문을 닫지 않고 살 수 있다. 이를 대동세라 한다.

저자의 특별 후기(後記)

금년 10월은 특히 많은 선현이나 애국지사들이 영적으로 저자를 지원해 주었다. 특히 금년 10월 3일은 개천절과 추석이 겹쳐서 많은 신령들이 강림했다.

10월 1일은 약 90년 전에, 명문당을 창설한 김혁제 사장님의 신령이 저자를 특별히 도왔다.

9일 한글날에는 세종대왕의 동상이 수백년 만에 서울 광화문으로 돌아온 날이다. 그래서 이순신 장군과 함께 사람들을 영적으로 깨어나게 했다.

아울러 지금은 고인이 된 허웅 교수에게도 영적으로 감사한다. 생전에 한글학회 회장이면서 저자와 친했던 허교수는 항상 말했다. 「동양의 탁월한 공자 사상을 한글로 써서 우리나라 사람에게 널리 읽게 해야 한다.」

10월 26일은 안중근 의사 의거 백주년 기념일이다.

기타 고인이 된 애국지사, 역사학자 등 모든 신령에게 감사한다. 모든 신령의 덕택으로 이 책을 쓰게 된 것이다.

고조선에 대한 관심이 높게 일고 있다. 우리도 한민족의 자주성과 도덕성을 높이자.

색 인

ㄱ

ㅁ

ㅂ

ㅅ

ㅇ

ㅈ

ㅊ

ㅌ

ㅍ

ㅎ

한민족의 자주성과 도덕성

초판 인쇄 – 2009년 11월 26일
초판 발행 – 2009년 11월 30일

저 자 – 張 基 權
발행인 – 金 東 求
발행처 – 명 문 당(창립 1923년 10월 1일)
서울특별시 종로구 안국동 17-8
우체국 010579-01-000682
전 화 (02) 733-3039, 734-4798
FAX (02) 734-9209
Homepage www.myunmundang.net
E-mail mmdbook1@kornet.net
등록 1977.11.19. 제1-148호

교 정 – 李 恩 周

* 낙장 및 파본은 교환해 드립니다.

* 정가 15,000원
ISBN 978-89-7270-939-8 (03150)